本书受到西南民族大学"双一流"项目(MKS2023034)与人才引进项目(RQD2023049)的资助

# 解决农村相对贫困的长效机制研究

RESEARCH ON THE LONG-TERM MECHANISM SOLUTION OF RELATIVE POVERTY IN RURAL AREAS

何莉琼 ◎著

社会科学文献出版社
SOCIAL SCIENCES ACADEMIC PRESS (CHINA)

# 目 录

绪 论 ………………………………………………………… 1

## 第一章　理论基础 …………………………………………… 39
　　第一节　马克思主义关于贫困与反贫困的理论 ………… 39
　　第二节　国外其他关于相对贫困的理论 ………………… 65

## 第二章　建立解决农村相对贫困长效机制的理论认知 …… 74
　　第一节　建立解决农村相对贫困长效机制的"元问题" … 74
　　第二节　建立解决农村相对贫困长效机制的时代诉求 … 80
　　第三节　建立解决农村相对贫困长效机制的有利条件 … 91

## 第三章　农村相对贫困的基本研判和多维特征 …………… 105
　　第一节　农村相对贫困的标准制定 ……………………… 105
　　第二节　农村相对贫困的基本研判 ……………………… 116
　　第三节　农村相对贫困的多维特征 ……………………… 142

## 第四章　农村相对贫困的生成原因与破解难点 …………… 154
　　第一节　农村相对贫困的生成原因 ……………………… 154
　　第二节　农村相对贫困的破解难点 ……………………… 171

## 第五章　解决农村相对贫困的识别监管机制 ……………… 190
　　第一节　农村相对贫困的识别内容 ……………………… 190
　　第二节　农村相对贫困人口的精准识别机制 …………… 203
　　第三节　农村相对贫困人口的监测管理机制 …………… 210

**第六章　解决农村相对贫困的实践推进机制** …………………… 221
　　第一节　乡村振兴战略是推动城乡均衡发展的必由之路 ……… 221
　　第二节　农村集体经济是实现农村内部共同发展的根基 ……… 239
　　第三节　加强农村"软硬件"建设是农村发展的支撑 ………… 248

**第七章　解决农村相对贫困的多维保障机制** …………………… 259
　　第一节　完善党领导解决农村相对贫困的工作机制 …………… 259
　　第二节　坚持和完善多元主体协同减贫的联动机制 …………… 267
　　第三节　坚持和完善体系化的制度和政策支撑机制 …………… 274
　　第四节　坚持和完善减贫成效考核机制 ………………………… 281

**结　语** ………………………………………………………………… 290

**后　记** ………………………………………………………………… 297

# 绪　论

消除贫困、改善民生、实现共同富裕，是社会主义的本质要求，是我们党的重要使命，[①] 是中国式现代化的重要特征。[②] 在中国共产党的带领下，我国实现了"全面小康"，"历史性地解决了绝对贫困问题"[③]，成功开创了一条中国式贫困治理现代化的新道路，为全球减贫事业提供了"中国范本"。脱贫攻坚战的全面胜利，意味着我国在实现共同富裕的道路上向前迈进了一大步，与此同时，绝对贫困的消除意味着相对贫困的解决成为实现共同富裕的关键抓手。只有有效地解决相对贫困问题，才能真正实现共同富裕。在实现第二个百年奋斗目标的新征程中，面对城乡之间、区域之间发展的差距以及农村发展的不充分问题，农村相对贫困的治理道阻且长，共同富裕的实现任重道远。

## 一　研究缘起

贫困是人类社会一直存在的经济社会文化现象，从古至今反贫困斗争和贫困研究是人类持续不断的社会历史性活动。新中国成立以来，相对贫困和绝对贫困一直共存于我国社会之中，站在"两个一百年"奋斗目标交接的历史关口，我国减贫重心从消除绝对贫困转向防止返贫、缓解相对贫困。党的十九届四中全会和2020年中央一号文件明确提出要研究"建立解决相对贫困的长效机制"，这为乡村振兴背景下的贫困治理提供了根本遵循。

---

[①] 习近平：《习近平谈治国理政》第1卷，外文出版社，2018，第189页。
[②] 习近平：《扎实推动共同富裕》，《求是》2021年第20期。
[③] 习近平：《在庆祝中国共产党成立100周年大会上的讲话》，人民出版社，2021，第2页。

## （一）问题缘起

人类社会的历史就是一部不断与贫困作斗争并摆脱贫困的历史。随着经济社会的发展，人类对贫困的认识经历了从静态到动态、从客观到主观、从一维到多维的转变。[①] 随着绝对贫困的全面消除，相对贫困问题成为当前实现共同富裕的阻碍。

**1. 绝对贫困的全面消除意味着贫困治理重心的转移**

建党百年来，中国共产党不断与贫困作斗争，在2020年全面整体性地消除了绝对贫困，实现了第一个百年奋斗目标。改革开放以来，中国改革"由表及里""由浅到深"，从"改革开放"到"全面深化改革"，人民的生活水平逐步改善并迈入小康，农村贫困人口显著减少，人均收入大幅提升。1981年至2013年，我国减贫人口数量占世界的78%。[②] 2012年至2020年，我国减贫9899万人，提前十年完成联合国提出的减贫目标。我国减贫为世界减贫作出了巨大贡献。[③] 然而，摆脱绝对贫困并不意味着贫困问题的彻底消除和贫困议题的终结，反而意味着贫困治理重心的转移，即从以消除绝对贫困为主转变为以缓解相对贫困为主，贫困的主要表现从不能满足基本生存的物质需求转变为城乡、区域发展的不均衡和农村发展的不充分问题。因此，《乡村振兴战略规划（2018—2022年）》（以下简称《规划》），明确指出"加快建立健全缓解相对贫困的政策体系和工作机制"[④]；党的十九届四中全会提出"建立解决相对贫困的长效机制"[⑤] 的目标任务；党的十九届五中全会通过的《中共中央关于制定国民经济和社会发展第十四个五年规划和二〇三五年远景目标的建议》（以下简称《建

---

① 朱信凯、彭超等：《中国反贫困：人类历史的伟大壮举》，中国人民大学出版社，2018，第17页。
② 朱信凯、彭超等：《中国反贫困：人类历史的伟大壮举》，中国人民大学出版社，2018，第14页。
③ 黄承伟：《中国新时代脱贫攻坚的历史意义与世界贡献》，《南京农业大学学报》（社会科学版）2020年第4期。
④ 《乡村振兴战略规划（2018-2022年）》，人民出版社，2018，第25页。
⑤ 《中共中央关于坚持和完善中国特色社会主义制度 推进国家治理体系和治理能力现代化若干重大问题的决定》，人民出版社，2019，第27页。

议》）提出，促进共同富裕和人的全面发展"取得更为明显的实质性进展"①。这一系列文件的颁布，充分体现了党对减贫转型客观规律的把握，为解决相对贫困提供了战略指导和行动指南。

**2. 农村相对贫困问题的解决是实现共同富裕的关键**

"共同富裕是社会主义的本质要求，是中国式现代化的重要特征"②，农村仍然是实现共同富裕最薄弱的环节。当前相对贫困主要表现为发展的不均衡、不充分以及分配的不合理，其中农村发展不充分是相对贫困的主要问题。换言之，农村相对贫困问题的解决是实现共同富裕的关键。而中西部地区农村，即原深度贫困地区仍然是我国解决相对贫困的"主战场"和相对贫困人口的主要聚集区。脱贫不稳定户和边缘易致贫户是需要重点关注的人群。尽管在现行标准下我国贫困人口已全部脱贫、贫困县已全部摘帽，区域性贫困已整体解决，但如何防止规模性返贫，持续解决贫困人口长效脱贫和持续增收是摆在我们面前的一个重大现实挑战。尤其是原深度贫困地区，政策性脱贫多，易地扶贫搬迁比重大，易返贫致贫③；这些地区存在大量贫困边缘户和低收入户，政策"悬崖效应"很容易使他们成为新的贫困户，特别是这些边缘户生计脆弱性明显，因自然灾害、教育和疾病等其他风险而陷入贫困的概率更大。

目前，我国仍存在农村发展不充分、城乡发展不均衡问题。我国农村在城乡二元结构的影响下处于"失血""贫血"的状态，欠账过多、基础薄弱，并且在市场机制的作用下，生产要素自发向城市单向流动，城乡差距没有明显缩小，反而在某些方面呈扩大趋势。调查发现，我国的基尼系数④早已达到世界警戒线（0.4），2002年为0.55，2012年高达0.73，财富分布不均衡，最下层25%的人口仅拥有1%的财产，而最上层1%的人口

---

① 《中共中央关于制定国民经济和社会发展第十四个五年规划和二〇三五年远景目标的建议》，人民出版社，2020，第5页。
② 习近平：《扎实推动共同富裕》，《求是》2021年第20期。
③ 张克俊、杜婵：《后全面小康社会我国贫困治理的任务变化与政策转型》，《中州学刊》2020年第10期。
④ 根据国际惯例，基尼系数在0.2以下为收入绝对平均，0.2~0.3为收入比较平均，0.3~0.4为收入相对合理，0.4~0.5为收入差距较大，当基尼系数达到0.5以上时，则表示收入悬殊。

却拥有全国1/3财产。① 不仅如此，我国农村贫困人口还面临着多维剥夺。有学者基于多维相对贫困标准和中国家庭追踪调查（CFPS）（以下简称"CFPS"）② 2018年数据测算发现我国城乡多维剥夺较为严重，城市的主要剥夺维度为教育、健康和住房，而农村则为教育、健康和劳动能力。③

与绝对贫困相比，相对贫困具有动态性、多维性、次生性、复杂性等特征。如何保证广大脱贫人口脱真贫、真脱贫，防止返贫致贫，实现稳定长效脱贫，以及如何缩小城乡区域差距，促进经济包容性增长，增加低收入群体的经济机会，是当前横亘在我们面前的现实难题。在新的发展阶段，系统建立解决农村相对贫困的长效机制，是实现乡村振兴的题中应有之义，是实现共同富裕的关键抓手。马克思主义反贫困理论，能够为我国农村相对贫困治理提供理论指导。我们要坚持马克思主义的基本要求，将其运用到具体问题的解决当中，在实践中发展中国化的马克思主义。

（二）研究价值

本书以我国农村相对贫困问题为研究对象，将其置于新发展阶段背景下，以马克思主义理论为指导，以国外相对贫困理论为借鉴，以改善中国相对贫困治理为方向，探索新发展阶段下解决中国农村相对贫困的长效机制，具有一定的理论与实践价值。

**1. 理论价值**

其一，正本清源，梳理马克思主义关于相对贫困的理论，回应学术界关于马克思未直接提及"相对贫困"的观点，为中国农村相对贫困的解决提供理论支撑。马克思减贫理论的核心是制度减贫，他还创造性地提出绝对贫困和相对贫困的概念，勾勒出一幅贫困理论的辩证图景。马克思主义

---

① 谢宇、张晓波、李建新、于学军、任强：《中国民生发展报告2014》，北京大学出版社，2014，第10页。

② 中国家庭追踪调查（CFPS）是由北京大学中国社会科学调查中心实施，涵盖了收入、支出、资产、教育、婚姻、家庭、养老、住房、医疗保障、价值观等多个维度，能够较为全面地反映中国家庭和个人的现状。由于疫情的发生，2020年的追踪数据存在不全和不准确的情况，因此本书采用2018年的数据，以获取更为全面和真实的数据。随着全面小康社会的建成，实际的相对贫困状况会比本书测出来的稍好一些，但总体趋势差距不大。

③ 仲超、林闽钢：《中国相对贫困家庭的多维剥夺及其影响因素研究》，《南京农业大学学报》（社会科学版）2020年第4期。

经典理论家和中国共产党领导人坚持马克思主义的基本立场、观点和方法，立足于具体实际，揭示了相对贫困的概念、解决相对贫困的路径和最终目的等问题，为新发展阶段农村相对贫困治理提供了理论指南。全面梳理马克思主义关于相对贫困的思想，从中汲取智慧，有助于理解相对贫困治理的本质要求和最终目的，在实践中更好地解决相对贫困问题。

其二，拓宽视野，将马克思主义理论融入中国农村相对贫困问题，既明确了我国贫困治理的社会主义方向，又丰富了马克思主义中国化的理论与实践。中国相对贫困治理是马克思主义中国化的具体实践领域。将马克思主义理论与中国相对贫困问题相结合，有助于深化相关研究。一方面，基于马克思主义的理论视角，研究相对贫困问题的国内外学者较少，西方学者大多从阿马蒂亚·森的"可行能力"视角和社会排斥等层面解释相对贫困问题，而我国学者也主要从社会学、经济学和政治学视角研究相对贫困问题。关于马克思主义相对贫困问题的研究一定程度上处于"失语"和"失声"的状态。另一方面，将马克思主义理论与中国相对贫困问题相结合进行系统研究，与西方的贫困治理作对比，能够体现我国相对贫困治理的社会主义本质，并丰富马克思主义中国化的理论视野和实践经验。

其三，创新发展，梳理中国消除绝对贫困的实践经验，从马克思主义中国化视野出发，为解决中国农村相对贫困提供理论框架。一方面，从横向比较中剖析国外贫困治理的理论与实践，为解决中国相对贫困提供借鉴。另一方面，从马克思主义中国化的视角研究解决农村相对贫困，从政治学、管理学、社会学、经济学角度进行学理分析，研判我国农村相对贫困的现状和特征，解析有利条件和约束条件，构建解决相对贫困的充要条件，并跳出贫困治理本身，在"两个一百年"奋斗目标和城乡一体化的框架下，探求解决农村相对贫困的长效机制和有效路径。从"识别—行动—保障"三个维度构建长效机制，丰富了马克思主义中国化视域下解决相对贫困的理论体系。

**2. 实践价值**

其一，聚焦问题，分析中国农村相对贫困的状况与原因、机遇与挑战，有助于找到解决相对贫困问题的切入点和着力点。结合学术界对中国农村相对贫困的研究,本书坚持问题导向,查阅大量文献资料并构建多维相对贫困标准,在已有数据分析的基础上,深入剖析中国农村相对贫困的整体情况,并具体分析了相对贫困的主要诱因、现实机遇、时代背景以及建立长效机制面临的挑战等一系列问题。这样既有利于从宏观和中观层面把握相对贫困的整体概况,也有利于精准把握具体问题。

其二,完善机制,提出解决中国农村相对贫困的识别监管机制、实践推进机制以及多维保障机制,为解决农村相对贫困问题,进而为实现共同富裕提供参考。全面建成小康社会,意味着我国贫困的类型由解决人的基本生存需要的物质贫困转变为解决人的发展和精神需要的多维贫困。并且,贫困的许多特点也会随之发生转变,如从集中在农村转变为城乡并存、从集中在农民到多元群体,从物质贫困到多维贫困。因此,贫困治理的周期更长,手段更复杂,难度也更大。2020年后,解决贫困需考虑物质和精神两个维度,不仅解决贫困人口的物质需要,更要满足其发展性的多维需求。同时,相对贫困人口分布空间并没有发生根本性的变化,西部农村地区仍然是相对贫困治理的集中区和"主战场"。[①] 因此,本书在深入分析我国农村相对贫困的特征、贫困致因的基础上,分析我国农村相对贫困的现实机遇与挑战,由此提出建立解决相对贫困的识别机制、推进机制、保障机制等长效机制。这些具体的机制为2020年后相对贫困治理提供了选择,为缓解我国社会主要矛盾、实现乡村振兴、推动共同富裕提供了参考。

其三,立足国际,建立解决农村相对贫困的长效机制,为其他国家解决相对贫困问题提供"中国药方"。改革开放以来,我国减贫事业成就举世瞩目,为世界减贫作出巨大贡献;在以解决相对贫困为重点的时期,一以贯之地做好减贫事业,建立好长效机制,可以继续为世界减贫事业贡献力量,并为其他国家减贫提供中国方案。

## 二 研究范畴界定

概念是思维的基本形式之一,反映客观事物的一般的、本质的特征。

---

[①] 邢成举、李小云:《相对贫困与新时代贫困治理机制的构建》,《改革》2019年第12期。

《现代汉语词典》中的解释为,"人类在认识过程中,把所感觉到的事物的共同点抽出来,加以概括,就成为概念"。[①] 因此,概念是对一类事物进行抽象概括出来的共性特征。对事物概念的清晰界定是研究的前提。因此,解决农村相对贫困的长效机制研究,前提是厘清贫困等相关概念,这就需要对贫困、绝对贫困、相对贫困以及长效机制进行界定。

(一) 贫困

贫困的概念界定是研究贫困问题的起点,国内外学术界已对其作了丰富的解释。最初学术界主要从不能满足最基本的生存状态的物质维度定义贫困,随着经济社会的发展,学者们开始从多个维度定义贫困,包括物质、文化、能力等多个方面。因此,贫困既是绝对的,又是相对的,是不断变化的[②]。不同时期对贫困的理解,主要包括以下几种。

第一,认为贫困是"收入不足"。英国管理学家希伯姆·朗特里最早从物质维度定义了贫困,他认为贫困就是家庭的基本生存需求不能得到满足[③],这也是早期使用最多的一种界定。这种定义主要是针对绝对贫困而言的,是一种最基本的物质需求缺乏的状态。

第二,认为贫困是"能力不足"。是否贫困主要与个人能力的大小以及可以利用的资源多寡有关。能力不足导致收入不足,这种定义认为贫困的根源是能力的缺乏,以致不能很好地获得教育、卫生等服务。主要代表者阿马蒂亚·森提出了"可行能力理论",认为脱贫意味着实现自由,这种理论主要指向的是相对贫困。后来学者在此基础上提出能力不足是多种原因造成的,从而衍生出多维贫困理论。2007年5月,牛津大学贫困与人类发展研究中心(OPHI)认为贫困还有许多维度,这些维度是目前没有意识到的"缺失的维度"。因而,越来越多的人开始思考贫困的外延。

第三,认为贫困是"社会排斥"。欧盟国家逐渐认为"社会排斥"是贫困的重要表现,贫困群体的社会融入(social inclusion)问题是解决贫困

---

① 中国社会科学院语言研究所词典编辑室编:《现代汉语词典》第7版,商务印书馆,2016,第419页。
② 王俊文:《当代中国农村贫困与反贫困问题研究》,博士学位论文,华中师范大学,2007,第22页。
③ B. S. Rowntree, *Poverty: A Study of Town Life* (London: Macmillan, 1901).

必须考虑的问题。①欧盟认为，社会排斥是一些人由于贫困或缺乏基本能力，或者被歧视而无法参与社会，被挤压到社会边缘的过程。②联合国开发计划署将"社会排斥"定义为公民缺乏基本的社会权利而无法融入社会，或者说缺乏实现这些基本权利的政治和法律体制的途径。③将贫困理解为"社会排斥"，进一步丰富了贫困理论，使人们更加关注贫困的本质和根源，更加深入思考政治、经济、文化和社会制度的缺陷，是对贫困认识的一次理论升华。

第四，认为贫困是"权利剥夺"。马克思认为贫困是阶级剥削导致的，是由资本主义制度产生的，并提出，尽管工人的工资没有下降，但随着资本主义的发展，其"相对工资以及他的相对社会地位，却会下降"④。此外，德雷兹和森也提出饥荒的产生是由于权利的不平等和各方面权利的不足，一部分社会成员无法享受一般社会成员所享有的基本权利，进而遭受排斥而陷入贫困。⑤

从亚当·斯密在《国富论》中认为没有获得"必需品"就成为"贫困之人"，到朗特里从基本物质需求层面对贫困进行定义，再到森从能力、权利的视角解释贫困。可以发现，贫困是具体的、历史的。因此，贫困不仅是一个数量概念，也是一个历史概念。⑥上述定义从不同的维度界定了贫困。但这些定义主要从贫困的致因层面理解贫困，是贫困的内生变量（原因）或者外生变量（结果），没有抓住贫困的根本（元内核）⑦。贫困的元内核即人的生存和发展的基本需要，若不能满足这一内核则为贫困。因而，贫困首先是一个物质范畴，还包括能力、权利、文化和心理感受等

---

① 林闽钢：《如何面对贫困和消除贫困——贫困视角及其政策转换的社会历程》，《南国学术》2018年第1期。
② World Bank, "Social Exclusion and the EU's Social Inclusion Agenda", Paper Prepared for the EU8 Social Inclusion Study, Document of World Bank, 2007.
③ 丁开杰：《西方社会排斥理论：四个基本问题》，《国外理论动态》2009年第10期。
④ 《马克思恩格斯全集》第16卷，人民出版社，2007，第158页。
⑤ 让·德雷兹、阿玛蒂亚·森：《饥饿与公共行为》，苏雷译，社会科学文献出版社，2006，第23页。
⑥ 王国敏：《新阶段我国农村贫困与扶贫问题研究》，《开发研究》2005年第5期。
⑦ 杨菊华：《贫困概念"元内核"的演进逻辑、认识误区与未来反思》，《江苏行政学院学报》2021年第3期。

多个维度，是一个综合性的概念。

以上是基于社会学和经济学视角谈贫困的概念内涵，而根据马克思在《资本论》中的相对剩余价值和绝对剩余价值学说以及马克思、恩格斯关于劳动力特殊商品的论述，本书认为贫困表现为绝对贫困和相对贫困，且二者一般并存于一定时空。贫困是劳动者用自己的劳动换取的价值不足以维持一定社会条件下最基本的生存与发展活动，而处于社会一般生活水平之下的状态。

（二）绝对贫困

根据贫困的内核、外延和深度，可以将贫困分为绝对贫困和相对贫困。当然贫困本身就是相对的，就算是绝对贫困仍然蕴含着不同时空环境下与他人的对比，确定绝对贫困的标准也是相对的，这个标准也会随着社会的发展、时空的变化而变化。朗特里将贫困分为"初级贫困"和"次级贫困"，而初级贫困即收入不能满足最低生活必需品的状态，这被视为关于绝对贫困的最早界定。《中国农村贫困监测报告2000》提出绝对贫困又称生存贫困，表现为个人和家庭不能满足基本生存需求的状态。[1] 而基本的生存需求是维持正常生命活动所必需的消费需求。因此，本书认为绝对贫困是指在一定的社会经济条件下，不能满足最基本的生存需求的一种状态。它是指物质层面的生活需求得不到满足或者由于某种突发情况短期生活消费下降到最基本的需求水平以下，而形成的一种"食不果腹、衣不蔽体"的状态。

（三）相对贫困

相对性是相对贫困的根本特性，但不能忽视相对贫困的"元要素"，即贫困的"元内核"。亚当·斯密在《国富论》中提出，贫穷就是没有一件亚麻衬衫。[2] 朗特里提出的"次级贫困"概念是指收入足够维持基本生活，但其他方面陷入贫困。汤森提出贫困意味着"相对剥夺"，个人不能

---

[1] 包括生产和生活两个维度。在生产方面，不能扩大再生产；在生活方面，不能满足最基本的衣食住行的生存需要，生活不得温饱、劳动力本身再生产难以维持。参见国家统计局农村社会经济调查总队《中国农村贫困监测报告2000》，中国统计出版社，2000，第130页。

[2] 亚当·斯密：《国富论》（下），郭大力、王亚南译，译林出版社，2011，第403页。

完全得到"充分的生活条件，如饮食、便利设施和服务"[①]，无法充分发展。可以发现，相对贫困产生的主要原因是相对性，即要么是参照绝对贫困线的"低线相对贫困"，要么是参照社会一般社会水平的"高线相对贫困"[②]。因此，相对贫困的界定总是需要一定的参照系。

基于此，本书认为相对贫困是收入不足（发展不充分）和分配不均（发展不平衡）导致的一部分社会成员能够满足基本生存的物质需求，但不能达到社会公认的社会平均生活水平以及不能满足发展性需求的一种生活状态，是"相对"表象和"绝对"本质的集中体现。因此，相对贫困既包含"贫困"，又体现"相对性"，在制定解决机制时，既要解决发展的不充分问题，也要解决发展的不平衡问题，不仅要促进经济增长，更要考虑基本公共服务维度，实现社会保障。

（四）长效机制

机制（mechanism）一词最早源于希腊文。其本义指机械的构造和运作原理；后来，生物学和医学将其用于生物机体的组织关系和各种反应、作用以及调节的方式；再后来，学者将其引入经济学、社会学，在经济学中，意指在经济体中各要素之间的联系和关系及其作用功能，在社会学中，意指在一个有机体中，促使和协调各部分有效运转的运作方式。机制的建立离不开体制和制度。体制是一些具体的机构设置和运转，是更具体的东西，制度是指办事规则和行动准则。而机制是指某种作用的系统，是规范主体推动制度发挥作用的运作系统。因此，体制和制度构成了机制建立的前提和基础，而机制则是推动体制和制度运转的系统。

长效机制，顾名思义，即能够推动制度有效运行且发挥持续效用的制度体系。它不是固定的，而是会随着时空和条件的变化而发生变化。其主要特征包括：有效性，即制度运行要达到某种目的；稳定性，需要在既有目标规定时间里相对稳定地发挥效用；可持续性，这些机制的作用可以连

---

[①] Townsend, P, *The International Analysis of Poverty* (London: Harvester Wheatsheaf, 1993), p.36.

[②] 李棉管、岳经纶：《相对贫困与治理的长效机制：从理论到政策》，《社会学研究》2020年第6期。

续不断地发挥，是可持续性的。

## 三　研究述评

贫困是困扰人类上千年的难题。20世纪以来，为了消除贫困，中外学术界对贫困进行了大量的研究，成果丰硕。从国内来看，由于我国一直处于以解决绝对贫困为主的阶段，所以学者的关注点主要为绝对贫困，但自党的十九届四中全会提出政策指导以及脱贫攻坚战取得胜利之后，学者们逐渐将研究转移到解决相对贫困中，为解决我国相对贫困提供了研究基础。从国外来看，发达国家自"二战"后就开始关注相对贫困问题，研究开始时间较早，成果十分丰富。充分挖掘国外相对贫困研究成果能够为我国解决相对贫困提供借鉴。

（一）国内研究现状

贫困问题一直是国内学术界研究的焦点和重点课题，尤其是党的十八大以来，随着脱贫攻坚战的纵深推进，对中国减贫问题的研究越来越深入，研究的视角也更为多元，产生诸多学术著作和学术论文。这些研究成果既有对中国的贫困与反贫困道路、理论与实践的整体研究，也有聚焦于某一种贫困类型或贫困的某一方面的研究。在2018年之前，我国学术界主要聚焦于绝对贫困与脱贫攻坚的研究，自2018年中共中央、国务院印发《乡村振兴战略规划（2018—2022年）》以及党的十九届四中全会提出"建立解决相对贫困的长效机制"之后，学界开始转向"后扶贫时代脱贫"以及"2020年后相对贫困治理"的研究。目前从整体上对相对贫困和农村相对贫困的内涵特征、致贫因素、贫困标准和测量、解决路径等已产生较为丰富的研究成果。

本书主要以中国知网（CNKI）全文数据库为数据来源，检索北大核心期刊、CSSCI核心期刊（含扩展版）、硕博学位论文、国家社科基金立项项目和出版专著，在检索过程中以"相对贫困"为主题进行精准检索。基于1996~2021年的研究成果，共检索出1218篇核心期刊文献，885篇硕博学位论文（其中硕士论文699篇，博士论文186篇），仅有4本以"相对贫困"为主题的专著，有涉及马列、经济学、社会学、管理学、民族学等多个学科的 96 个国家社科基金项目。关于"相对贫困"的研究自 2018 年开始，发文量呈井喷式增长，从 2018 年至 2021 年，发文量达 843 篇，且未来也将呈持续增长趋势（见图 0-1）。

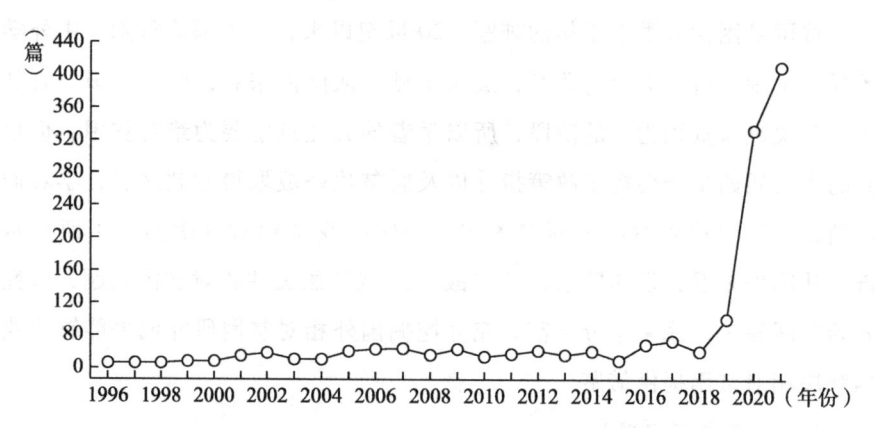

图 0-1 知网 1996~2021 年以"相对贫困"为主题的发文量

资料来源：笔者基于中国知网（CNKI）数据绘制。

### 1. 相对贫困研究的主要议题

第一，相对贫困的内涵、特征。关于相对贫困的内涵，已有的研究主要从三种视角阐释了相对贫困的内涵，即客观的经济视角、主观的心理感受视角与综合视角（见表 0-1）。客观视角是基于社会平均水平而言的一种落后状态，这是由客观经济发展条件决定的；主观视角是基于主观的心理感受和价值判断，是部分群体针对特定参照系而言的；综合视角涉及主体感受和客体评价，包括物质方面和社会参与不足等维度。

表 0-1 中国研究者对相对贫困的理解

| 序号 | 视角 | 内涵 |
| --- | --- | --- |
| 1 | 客观视角 | ·满足了基本生存需求之后与社会一般水平相比的一种落后状态[1]<br>·同一时期，区域和阶层差距形成的收入差距导致的贫困[2]<br>·指与社会平均生活水平有较大差距的一种状况[3] |
| 2 | 主观视角 | ·包含了更高层次的精神需求[4]；更强调人的主观感受[5]<br>·更多地强调一种脆弱性、无发言权、社会排斥等社会层面的"相对剥夺感"[6] |

续表

| 序号 | 视角 | 内涵 |
|---|---|---|
| 3 | 综合视角 | ● 家庭生活水平低于社会平均水平、遭受社会排斥，安全感和话语权缺乏、个体能力弱，抗风险能力差[7]<br>● 涉及主体感受和客体评价[8] |

资料来源　①邢成举、李小云：《相对贫困与新时代贫困治理机制的构建》，《改革》2019年第12期；②王国敏：《中国西部地区农村贫困与反贫困研究——兼谈西部地区农村小康社会建设的艰巨性》，《四川大学学报》（哲学社会科学版）2003年第6期；③王卓：《中国现阶段的贫困特征》，《经济学家》2000年第2期；李强：《绝对贫困与相对贫困》，《中国社会工作》1996年第5期；④左停、贺莉、刘文婧：《相对贫困治理理论与中国地方实践经验》，《河海大学学报》（哲学社会科学版）2019年第6期；⑤黄忠晶：《"绝对贫困与相对贫困"辨析》，《天府新论》2004年第2期；⑥郭熙保：《论贫困概念的内涵》，《山东社会科学》2005年第12期；⑦张琦、杨铭宇、孔梅：《2020后相对贫困群体发生机制的探索与思考》，《新视野》2020年第2期；⑧吴振磊：《相对贫困治理特点与长效机制构建》，《红旗文稿》2020年第12期。

基于学者的定义可以发现，相对贫困是一个比较的概念，总是存在一个参照标准。大多数学者从经济学的视角阐释了这一概念，对其内涵达成一致意见，认为相对贫困是基于社会平均水平而言的"收入不平等"和"分配不公平"。部分学者较为全面地阐述了相对贫困的内涵，但从已有文献来看，国内学者对相对贫困中的社会排斥和主观心理感受强调得较少，没有深入阐述收入差距与相对贫困的区别，也未注意区分相对贫困与多维贫困的异同，甚至将其混用，这些问题都需要进一步研究。

关于相对贫困的特征。学者们不仅阐述了相对贫困的本质特性，而且还研究了我国相对贫困的总体特征以及我国农村相对贫困的特征。一是关于相对贫困的本质特性，罗必良认为相对贫困具有比较性、主观性、多元性和长期性等基本性质。① 二是，就全国而言，贫困转型后，我国贫困呈现多维性、流动性和发展性②，我国的相对贫困人口数量大、剥夺维度多且致因复杂③，其中多维性不仅反映在物质维度，也反映在社会保障、主

---

① 罗必良：《相对贫困治理：性质、策略与长效机制》，《求索》2020年第6期。
② 雷勋平、张静：《2020后中国贫困的特征、治理困境与破解路径》，《现代经济探讨》2020年第8期。
③ 高强、孔祥智：《论相对贫困的内涵、特点难点及应对之策》，《新疆师范大学学报》（哲学社会科学版）2020年第3期。

观心理等方面。① 贫困散点分布于城乡，老弱病残为主要贫困群体。② 此外，陆汉文、杨永伟认为，对于后小康社会的中国来说，政治性、长期性、相对性和风险性是相对贫困四个最重要的特征。③ 总之，在大多学者看来，我国的相对贫困具有相对性、复杂性、多维性等特征。三是，就我国农村相对贫困而言，大体与全国相对贫困的特征一致，但在具体的致因和表现上有所差别，如韩广富、辛远认为，农村相对贫困呈现动态性、多维性、长期性的特征④，且多位学者认为农村相对贫困是结构性、次生性贫困。

第二，我国相对贫困的致因分析。相对贫困的形成不仅有客观原因还有主观原因。因此，与绝对贫困相比，相对贫困的致贫因素更多、更复杂，是多维的和次生性的。具体的贫困致因可归纳为制度归因论、资源环境论、社会排斥论、能力贫困论、历史文化论、多维贫困论等不同的观点（见表0-2）。制度归因论认为我国相对贫困的致因主要是制度因素，包括城乡二元体制和收入分配制度等；资源环境论认为我国相对贫困的致因主要包括自然资源的缺乏以及社会公共资源的不足等；社会排斥论和能力贫困论基于阿马蒂亚·森提出的"可行能力理论"和"权利贫困"理论，认为相对贫困是社会排斥造成的，导致贫困群体能力缺失以及权利被剥夺；历史文化论认为受我国"安贫乐道"传统文化以及儒释道三教合流的伦理文化的影响所形成的"贫困文化"导致贫困的产生且固化；多维贫困论认为相对贫困的致因和表现不是单一的，而是多维的。目前来看，大多数学者都赞同多维贫困论，认为我国农村贫困人口面临着多维剥夺。但仍有部分学者认为某些地区的相对贫困是某一主导因素导致的。

---

① 杨舸：《流动人口与城市相对贫困：现状、风险与政策》，《经济与管理评论》2017年第1期。
② 叶兴庆、殷浩栋：《从消除绝对贫困到缓解相对贫困：中国减贫历程与2020年后的减贫战略》，《改革》2019年第12期。
③ 陆汉文、杨永伟：《从脱贫攻坚到相对贫困治理：变化与创新》，《新疆师范大学学报》（哲学社会科学版）2020年第5期。
④ 韩广富、辛远：《农村相对贫困的特征、境遇及长效解决机制》，《福建论坛》（人文社会科学版）2020年第9期。

**表 0-2　国内学术界关于相对贫困致因的研究**

| 序号 | 类别 | 代表作者和观点 |
| --- | --- | --- |
| 1 | 制度归因论 | ●陷入贫困的原因可能是在权利的不公平分配下部分人的可行能力被剥夺[①]<br>●收入分配不均衡，社会保障制度不健全[②]<br>●公共财政支出结构不合理是农村相对贫困形成的重要因素。[③]<br>●城乡二元结构是社会性根源[④] |
| 2 | 资源环境论 | ●自然灾害与农村贫困呈正相关关系[⑤]<br>●大量剩余劳动力聚集农村，人地关系紧张[⑥]<br>●非竞争性的公共服务的缺失、不足和分配不公[⑦] |
| 3 | 社会排斥论 | ●部分人获得生活资料和参与经济社会活动的权利被剥夺[⑧]<br>●我国农村长期在政治、经济、社会、制度、文化五个方面遭受社会排斥[⑨]<br>●"社会排斥"即把某些个人或群体排斥到主流社会之外使之"边缘化"[⑩] |
| 4 | 能力贫困论 | ●从代际传递视角看，父亲的教育和政治面貌总体上显著影响新生代农民工的多维相对贫困[⑪]<br>●人的素质差，"从事商品生产和经营的人的素质"导致中国贫困地区的贫穷[⑫] |
| 5 | 历史文化论 | ●"安贫乐道"的"贫困文化"和"贫困观念"，限制了穷人的认知"宽带"[⑬]<br>●西部农村贫困恶性循环的根源就是贫困文化[⑭] |
| 6 | 多维贫困论 | ●相对贫困家庭的形成既与家庭特征等个人因素有关，也与村社以及户籍制度等结构因素相关[⑮]<br>●相对贫困的致因极其复杂，包括经济和非经济因素、结构性因素和贫困者个体主客观因素以及公共产品供给因素等[⑯] |

资料来源　①刘明宇：《分工抑制与农民的制度性贫困》，《农业经济问题》2004年第2期；②李强：《绝对贫困与相对贫困》，《中国社会工作》1996年第5期；③秦建军、戎爱萍：《财政支出结构对农村相对贫困的影响分析》，《经济问题》2012年第11期；④王俊文：《当代中国农村贫困与反贫困问题研究》，湖南师范大学出版社，2010；⑤王国敏：《农业自然灾害与农村贫困问题研究》，《经济学家》2005年第3期；⑥孙立平：《"厨师困境""剪刀差"与农民的相对贫困》，《财政研究》2001年第1期；⑦李小云：《巩固拓展脱贫攻坚成果的政策与实践问题》，《华中农业大学学报》（社会科学版）2021年第2期；⑧关信平：《中国城市贫困问题研究》，湖南人民出版社，1999；⑨银平均：《社会排斥视角下的中国农村贫困》，《思想战线》2007年第1期；⑩林卡：《绝对贫困、相对贫困以及社会排斥》，《中国社会保障》2006年第2期；⑪杨帆、庄天慧：《父辈禀赋对新生代农民工相对贫困的影响及其异质性》，《农村经济》2018年第12期；⑫王小强、白南风：《富饶的贫困：中国落后地区的考察》，四川人民出版社，1986；⑬唐任伍：《贫困文化韧性下的后小康时代相对贫困特征及其治理》，《贵州师范大学学报》（社会科学版）2019年第5期；⑭孙哲：《贫困文化——探寻西部农村贫困恶性循环的根源》，《理论界》2009年第2期；⑮仲超、林闽钢：《中国相对贫困家庭的多维剥夺及其影响因素研究》，《南京农业大学学报》（社会科学版）2020年第4期；⑯吴振磊：《相对贫困治理特点与长效机制构建》，《红旗文稿》2020年第12期。

总的说来，我国相对贫困的致因是复杂的，是经济、文化、社会、自然、历史以及个体因素综合作用的结果。其中，农村相对贫困的主要致因有自然环境的恶劣、经济的相对落后、工农产品之间的"剪刀差"、城乡二元结构以及公共服务的短缺和可行能力的短板等,因此要综合施策。城市相对贫困治理,尤其需要注意流动人口的贫困问题,尽管他们在农村不属于低收入群体,但面对城市高昂的生活成本和公共服务的不均等,他们仍面临多方面的致贫风险,如教育、医疗、失业等。

第三,我国相对贫困的识别与测量。关于相对贫困的识别标准,大多数学者赞成使用收入比例法确定识别标准,也有部分学者认为应该用多维的贫困标准。

关于按收入比例法确定识别标准。邢成举和李小云、叶兴庆和殷浩栋借鉴国际经验,认为应基于我国现实情况按照一定的收入比例确定相对贫困线,并逐步提高这一比例,实现与国际接轨。[①] 如"十四五"时期可采用40%的收入中位数比例,确定10%的帮扶对象。程蹊、陈全功基于国际识别标准,认为应该确立两条贫困线,一条为收入比例法的相对贫困线,一条为基于价格水平调整的绝对贫困线。[②] 沈扬扬和李实认为应该采取收入比例法从40%逐渐调整到50%。[③] 周力认为应基于人均收入50%的比例确定相对贫困线,并一年或者两年一调。[④] 可以发现,大多数学者都赞成收入比例法,且认为应该将比例确定为40%~50%,并1年、5年或者10年调整一次。但相对贫困标准比例设定的基数不完全相同,大多数学者认为按人均可支配收入为基数最合理,也有学者认为可以按照"人均等值收入"或"人均收入"为基数,如陈宗胜等建议将0.4~0.5的均值系数作为"相对贫困线",将农村居民平均收入水平作为基数[⑤],程永宏等建议将

---

[①] 邢成举、李小云:《相对贫困与新时代贫困治理机制的构建》,《改革》2019年第12期;叶兴庆、殷浩栋:《从消除绝对贫困到缓解相对贫困:中国减贫历程与2020年后的减贫战略》,《改革》2019年第12期。

[②] 程蹊、陈全功:《较高标准贫困线的确定:世界银行和美英澳的实践及启示》,《贵州社会科学》2019年第6期。

[③] 沈扬扬、李实:《如何确定相对贫困标准?——兼论"城乡统筹"相对贫困的可行方案》,《华南师范大学学报》(社会科学版)2020年第2期。

[④] 周力:《相对贫困标准划定的国际经验与启示》,《人民论坛·学术前沿》2020年第14期。

[⑤] 陈宗胜、沈扬扬、周云波:《中国农村贫困状况的绝对与相对变动——兼论相对贫困线的设定》,《管理世界》2013年第1期。

人均收入作为基数①。此外，究竟这个比例定为多少合适，学者们认为可按照政府的财政实力和社会经济承受能力确定。②关于相对贫困标准的设置和动态调整，主要分歧为是否统筹城乡贫困标准，城乡一条线。沈扬扬、李实认为，由于城乡差距较大，分城乡设置相对贫困标准更合理，并5年调整一次，最终实现统一，确定为收入中位数的50%。③但何秀荣认为应该在城市贫困线的基础上确定农村贫困线，为城市贫困线的X%。④同时，有学者提出，地方贫困标准可以在国家标准下动态调整，基于当地经济发展水平，可以高于或者低于国家标准，但不能过高或者过低。⑤

关于按多维贫困标准确定识别标准。张琦、沈扬扬认为，相对贫困一般体现为多维贫困。⑥王小林、冯贺霞根据国外发达国家和发展中国家的贫困标准以及我国绝对贫困标准的实践经验，认为我国应确立多维相对贫困标准，既要体现"贫"中的收入不足，又要反映"困"中的发展性维度，还要包括生态环境相关指标。⑦檀学文基于共同富裕的实现构建了一个递进的多元贫困标准体系，对应着不同的人口比例和支持政策。⑧王国敏、何莉琼认为2020年后应设置收入与非收入多维相对贫困标准，非收入维度主要包括主观维度和客观维度两方面，其中客观维度包括教育、医疗、住房、就业、卫生、信息获取等指标，收入维度一年调整一次，而非收入维度五年调整一次。⑨

---

① 程永宏、高庆昆、张翼：《改革以来中国贫困指数的测度与分析》，《当代经济研究》2013年第6期。
② 邢成举、李小云：《相对贫困与新时代贫困治理机制的构建》，《改革》2019年第12期。
③ 沈扬扬、李实：《如何确定相对贫困标准？——兼论"城乡统筹"相对贫困的可行方案》，《华南师范大学学报》（社会科学版）2020年第2期。
④ 何秀荣：《改革40年的农村反贫困认识与后脱贫战略前瞻》，《农村经济》2018年第11期。
⑤ 邢成举：《政策衔接、扶贫转型与相对贫困长效治理机制的政策方向》，《南京农业大学学报》（社会科学版）2020年第4期。
⑥ 张琦、沈扬扬：《不同相对贫困标准的国际比较及对中国的启示》，《南京农业大学学报》（社会科学版）2020年第4期。
⑦ 王小林、冯贺霞：《2020年后中国多维相对贫困标准：国际经验与政策取向》，《中国农村经济》2020年第3期。
⑧ 檀学文：《走向共同富裕的解决相对贫困思路研究》，《中国农村经济》2020年第6期。
⑨ 王国敏、何莉琼：《我国相对贫困的识别标准与协同治理》，《新疆师范大学学报》（哲学社会科学版）2021年第3期。

关于相对贫困的测量。按照收入比例法测算，沈扬扬、李实利用中国家庭收入调查（CHIP）（下文简称"CHIP"）2018年数据计算，按照"全国一条线"（收入中位数的40%）标准，测算出相对贫困率为14%，城乡相对贫困人口分别为1.7亿人和0.3亿人；分城乡来看，按照居民收入中位数的40%的相对贫困标准，计算得到中国城乡贫困发生率和人口分别为11%、9%和0.6亿人、0.7亿人，加总得到的全国相对贫困人口共计约1.3亿人，由此得出结论分城乡计算相对贫困更合理。[①] 李莹等对城乡相对贫困人口的测算分别采用居民收入中位数的40%和50%，经测算，2019年全国总的相对贫困率为12%，贫困人口数量为1.68亿，城乡相对贫困率分别为5.8%和21.5%，城乡贫困人口分别为0.49亿人和1.19亿人。[②] 高强、曾恒源以宽、中、窄三种口径估算我国农村低收入人口规模，在3000万至1亿左右。[③] 此外，一些学者基于AF多维贫困测量法[④]或者FGT指数测算相对贫困发生率。张璇玥与姚树洁基于国际多维贫困标准（MPI），结合我国实际，构建了我国脱贫攻坚时期的12个多维贫困指标，测算出我国的多维贫困状况和分布。[⑤] 王小林和Alkire通过AF法，测算了我国城乡多维贫困，得出农村多维相对贫困高于当时的农村绝对贫困[⑥]。姚兴安等[⑦]采用AF法对中国东、中、西部的农村家庭多维相对贫困进行比较测算，发现农村整体相对贫困发生率高，且中西部显著高于东部。学者们采用多种方法测算我国相对贫

---

[①] 沈扬扬、李实：《如何确定相对贫困标准？——兼论"城乡统筹"相对贫困的可行方案》，《华南师范大学学报》（社会科学版）2020年第2期。

[②] 李莹、于霆、李帆：《中国相对贫困标准界定与规模测算》，《中国农村经济》2021年第1期。

[③] 高强、曾恒源：《中国农村低收入人口衡量标准、规模估算及思考建议》，《新疆师范大学学报》（哲学社会科学版）2021年第4期。

[④] 由阿尔基尔（Alkire）和福斯特（Foster）提出的多维贫困测量法，是目前国际上应用比较广泛的多维贫困测量方法，又称"双阈值法"，能够测算出每个维度以及整体维度的贫困发生率。

[⑤] 张璇玥、姚树洁：《2010—2018年中国农村多维贫困：分布与特征》，《农业经济问题》2020年第7期。

[⑥] 王小林、Sabina Alkire：《中国多维贫困测量：估计和政策含义》，《中国农村经济》2009年第12期。

[⑦] 姚兴安、朱萌君、季璐：《我国农村相对贫困测度及其地区差异比较》，《统计与决策》2021年第5期。

困率,从人数、空间分布和剥夺维度多个层面反映了我国农村和城市相对贫困现状,为之后的研究打下了坚实的基础。

第四,我国相对贫困的治理。相对贫困治理的关键词有经验启示、长效机制、包容性发展、绿色减贫、社会救助、社会保障、内生动力、乡村振兴、非农就业等。本书主要围绕国内外相对贫困治理的实践启示、重难点、长效机制和多维路径四个维度展开。

关于相对贫困治理的实践启示。就国内实践而言,主要是从绝对贫困治理,即脱贫攻坚、精准扶贫中找到对后脱贫时代有益的实践经验。如王小林认为脱贫攻坚的减贫经验启示我们,要构建益贫性经济增长、包容性社会发展、绿色发展新机制。[①] 潘文轩认为要继续发挥好制度优势和政治优势、完善多元主体协同减贫治理机制、建立健全多维相对贫困治理机制、提升相对贫困主体自我发展能力、探索益贫式经济增长模式、完善社会保障制度等。[②] 此外,蒋永穆等从中国的制度优势出发,认为未来的减贫要发展制度优势、完善"三有"减贫体系以及构建长效机制。[③] 陈济冬等认为,要加快收入分配制度改革、创新经济发展模式、提升社会治理水平来解决相对贫困。[④] 就国外贫困治理实践而言,叶兴庆与殷浩栋分析了美国、欧盟等发达国家的主要贫困治理实践,提出要理性看待相对贫困的长期存在,分类救助低收入群体,警惕"福利依赖"等问题。[⑤] 也有学者通过具体分析某一发达国家的减贫实践谈启示,如王志章、黄明珠基于英国的减贫实践,得出我国应该完善社会保障制度、增强政府与社会组织的合作、加强基础设施和社会资本投入等。[⑥] 王哲根据美国的减贫政策体系

---

[①] 王小林:《新中国成立 70 年减贫经验及其对 2020 年后缓解相对贫困的价值》,《劳动经济研究》2019 年第 6 期。

[②] 潘文轩:《中国消除绝对贫困的经验及对 2020 年后解决相对贫困的启示》,《兰州学刊》2020 年第 8 期。

[③] 蒋永穆、万腾、卢洋:《中国消除绝对贫困的政治经济学分析——基于马克思主义制度减贫理论》,《社会科学战线》2020 年第 9 期。

[④] 陈济冬、曹玉瑾、张也驰:《在持续稳定增长中减贫:我国的减贫历程与经验启示》,《改革》2020 年第 6 期。

[⑤] 叶兴庆、殷浩栋:《发达国家和地区的减贫经验及启示》,《西北师大学报》(社会科学版)2020 年第 4 期。

[⑥] 王志章、黄明珠:《英国反贫困的实践路径及经验启示》,《广西社会科学》2017 年第 9 期。

指出我国要建立以家庭为单位的贫困线，运用现代信息技术识别贫困，实行分类保障和救助，促进贫困地区的数字网络建设等。① 我们应该根据本国具体情况，借鉴国外举措，制定出符合我国实际情况的减贫举措。

关于相对贫困治理的重难点。许多学者根据国内相对贫困现状，分析了我国治理相对贫困的重点和难点，以对症下药，找到治理相对贫困的"良方"。就相对贫困治理的重点而言，吴振磊和王莉认为2020年后治理相对贫困的重点包括科学的制度安排、生产组织化水平的提高以及解决相对贫困的内在动能的提升。② 白永秀和刘盼认为，2020年后反贫困重点集中在识别标准、产业发展、城乡反贫困体系和农民工问题。③ 韩广富和辛远认为贫困治理的战略重点应集中于脱贫成果巩固、政策稳定性、对农村贫困进行综合治理等。④ 汪三贵和刘明月认为应重点加强标准制定、低收入群体和欠发达地区的发展扶持等⑤。这些学者普遍认为标准制定、低收入群体、产业发展等是治理相对贫困的重点问题。就相对贫困治理的难点而言，韩广富和辛远认为贫困标准的制定、可持续发展以及内生动力、体制机制创新是难点。⑥ 陆汉文和杨永伟认为相对贫困治理包含三个重难点，即特殊群体相对贫困及其再生产问题、城乡分割的影响、区域差距的影响。⑦ 郑会霞认为，后扶贫时代，我国贫困者治理面临返贫风险高、产业基础薄弱、内生动力不足等挑战。⑧ 总的来看，学者们认为贫困治理的重

---

① 王哲：《美国的减贫政策体系及启示》，《宏观经济管理》2019年第12期。
② 吴振磊、王莉：《我国相对贫困的内涵特点、现状研判与治理重点》，《西北大学学报》（哲学社会科学版）2020年第4期。
③ 白永秀、刘盼：《全面建成小康社会后我国城乡反贫困的特点、难点与重点》，《改革》2019年第5期。
④ 韩广富、辛远：《2020年后中国贫困治理的战略重点、难点与对策》，《行政管理改革》2020年第9期。
⑤ 汪三贵、刘明月：《从绝对贫困到相对贫困：理论关系、战略转变与政策重点》，《华南师范大学学报》（社会科学版）2020年第6期。
⑥ 韩广富、辛远：《2020年后中国贫困治理的战略重点、难点与对策》，《行政管理改革》2020年第9期。
⑦ 陆汉文、杨永伟：《从脱贫攻坚到相对贫困治理：变化与创新》，《新疆师范大学学报》（哲学社会科学版）2020年第5期。
⑧ 郑会霞：《"后扶贫时代"的贫困治理：趋势、挑战与思路》，《河南社会科学》2020年第10期。

难点集中在返贫、产业发展、内生动力等问题上。

关于解决相对贫困的长效机制。针对上面提到的重点和难点，学者们从不同的维度提出了建立解决相对贫困的长效机制，大都包括识别机制、协同治理机制。如白永秀和吴杨辰浩认为，缓解相对贫困要从识别、教育、收入分配、保障、协同几个维度构建长效机制。[①] 林闽钢认为要建立公共服务基础上的基础性机制、多元主体参与的整体性机制、代际传递的阻断机制。[②] 吕方提出了建立相对贫困长效机制的"三力模型"，即充分发挥多元主体的回应力、益贫力、参与力。[③] 城乡统筹治理机制也是学者们关注的重点，长期以来，我国一直聚焦于解决农村贫困，而城市贫困在一定程度上受到忽略，需要构建城乡一体的减贫体系[④]，否则难以应对贫困性质和状况的转变[⑤]。此外，许多学者认为农村相对贫困的治理要与乡村振兴统筹衔接，汪三贵和冯紫曦强调相对贫困治理是乡村振兴的重要任务，要完善低收入人群利益联结机制[⑥]。要在乡村振兴的统筹下，巩固脱贫成果，缓解相对贫困，实现长效持续脱贫。[⑦] 还有学者从人的主体性视角出发构建长效机制，范和生与武政宇针对贫困现状和困境，提出构建能力建设机制、人文发展机制和心理服务机制。[⑧] 牟成文和吕培亮基于马克思主义主体论视角，从贫困主体、社会、国家和人类命运共同体四大主体

---

[①] 白永秀、吴杨辰浩：《论建立解决相对贫困的长效机制》，《福建论坛》（人文社会科学版）2020年第3期。

[②] 林闽钢：《相对贫困的理论与政策聚焦——兼论建立我国相对贫困的治理体系》，《社会保障评论》2020年第1期。

[③] 吕方：《迈向2020后减贫治理：建立解决相对贫困问题长效机制》，《新视野》2020年第2期。

[④] 陈志钢、毕洁颖、吴国宝等：《中国扶贫现状与演进以及2020年后的扶贫愿景和战略重点》，《中国农村经济》2019年第1期。

[⑤] 李小云、许汉泽：《2020年后扶贫工作的若干思考》，《国家行政学院学报》2018年第1期。

[⑥] 汪三贵、冯紫曦：《脱贫攻坚与乡村振兴有机衔接：逻辑关系、内涵与重点内容》，《南京农业大学学报》（社会科学版）2019年第5期。

[⑦] 王国敏、何莉琼：《巩固拓展脱贫攻坚成果与乡村振兴有效衔接——基于"主题—内容—工具"三维整体框架》，《理论与改革》2021年第3期。

[⑧] 范和生、武政宇：《相对贫困治理长效机制构建研究》，《中国特色社会主义研究》2020年第1期。

出发，提出建立自觉机制、共赢机制、宏观机制、合作机制。[①]

关于相对贫困治理的多维路径。大多数学者都认可我国2020年后的贫困治理不应再局限于从经济学视角去解决物质贫困，而应该从多维视角去解决相对贫困，即从人文关怀、社会救助等多个层面保障贫困群体的权利和能力。具体来讲，唐任伍等从文化视角出发，认为要重点解决相对贫困人口的"精神贫困"，拓展认知"宽带"，加强制度建设。[②] 高卉从主体性视角或发展人类学出发，认为后脱贫时代农村贫困治理要着眼于农村贫困人口，通过满足、依靠、引导、提升等方法，助力贫困人口脱贫。[③] 张彦和孙帅从人的全面发展视角出发，认为当前不合理的分配秩序导致社会排斥和正义失序，要求构建相对贫困的伦理关怀，按照"生存"、"尊严"和"自由"依次排序，最终实现从简单生存到多维发展的不断递进。[④] 张传洲从社会制度视角出发建议深化市场体制、教育体制和社会保障制度等方面的改革。[⑤] 林闽钢认为，要完善公共服务，完善就业帮扶、生活减免、医疗救助等制度，提高对低收入人群的保障。[⑥]

**2. 相对贫困研究的动态演进**

尽管我国相对贫困研究起步较晚，但研究的内容比较全面。基于现有研究可以归纳总结出我国相对贫困动态研究的阶段性特征和趋势。

第一阶段（1996~2007年）是相对贫困研究起步阶段。从文献数量来看，仅2001~2004年文献量达10篇以上且发文量呈缓慢增长态势。总的来说，该阶段学术界对相对贫困的关注度比较小。从时代背景来看，进入

---

① 牟成文、吕培亮：《论建立解决2020年后中国相对贫困的长效机制——基于马克思主义主体论的视角》，《贵州社会科学》2020年第7期。
② 唐任伍、肖彦博、唐常：《后精准扶贫时代的贫困治理——制度安排和路径选择》，《北京师范大学学报》（社会科学版）2020年第1期。
③ 高卉：《后脱贫时代农村贫困治理的进路与出路——基于发展人类学的讨论》，《北方民族大学学报》2020年第2期。
④ 张彦、孙帅：《论构建"相对贫困"伦理关怀的可能性及其路径》，《云南社会科学》2016年第3期。
⑤ 张传洲：《相对贫困的内涵、测度及其治理对策》，《西北民族大学学报》（哲学社会科学版）2020第2期。
⑥ 林闽钢：《相对贫困的理论与政策聚焦——兼论建立我国相对贫困的治理体系》，《社会保障评论》2020年第1期。

21世纪以来，我国的收入差距较大，相对贫困问题凸显，因此学者开始关注相对贫困问题。相关研究的关键词主要有相对贫困、绝对贫困、贫困线、城市贫困、农村。这一阶段研究成果主要围绕贫困、相对贫困的概念内涵、贫困标准等问题展开，总体来看，研究成果较少、研究方法较为单一、发展不成熟。

第二阶段（2008~2017年）是相对贫困研究发展阶段。从文献数量来看，相较于前一阶段，发文量略有上升，年度发文量保持在10~30篇之间。学者们主要关注绝对贫困，同时也开始更多地关注相对贫困。这一阶段的研究开始从贫困状况的考察拓展到实践探索，围绕财政支出、经济增长、社会保障和贫困标准，开始探讨财政状况、劳动力要素、收入分配等导致的相对贫困，并提出具体的改革路径。研究呈现多元状态，从理论拓展到实践。

第三阶段（2018~2021年）是相对贫困研究飞跃阶段。此阶段文献数量激增，2019年66篇，2020年达322篇，2021年更是高达407篇。从政策背景来看，我国进入新时代以来，社会主要矛盾发生转变，并且随着脱贫攻坚战的全面胜利，我国减贫重心已发生转移。2018年，学界掀起了相对贫困研究的热潮。研究围绕乡村振兴、贫困治理、多维贫困、长效机制等主题展开，主题较为集中，但主要侧重于理论研究，实证研究较少。总体看来，无论是微观层面相对贫困的研究，还是宏观层面顶层设计的探讨，相对贫困不仅是近几年的热点问题，也将继续成为未来研究的热点。

（二）国外研究现状

国外对贫困的关注和研究比我国早、成果更丰富，对贫困的认识也不断演变和深化，涌现出一大批影响深远的贫困治理研究成果，如《贫困与饥荒》《以自由看待发展》《稀缺：我们是如何陷入贫穷与忙碌的》《贫穷的本质：我们为什么摆脱不了贫穷》等经典著作。此外，外文期刊文献中关于相对贫困问题的研究也颇为丰富，Web of Scienc 核心合集中的文章关键词主要有 poverty、inequality income、health、mortality、relative deprivation等。具体而言，国外学者主要围绕贫困与相对贫困的内涵、致贫因素、贫困的测量标准和治理、中国等国家的贫困等展开研究。

## 1. 关于贫困与相对贫困的内涵和致因

国外学者关于贫困的研究首先从贫困概念的内涵着手，对贫困的认识不断深化。贫困的定义也经历了从物质维度、个体维度、社会维度到多维贫困的演变。具体来讲，朗特里认为家庭总收入不足以维持家庭基本生存即为贫困[1]。相对贫困的概念最早由彼得·汤森提出，他认为贫困是一种"相对剥夺"，社会资源和权利的缺失导致"缺乏获得各种食物、参加社会活动和最起码的生活和社交的条件"[2]。奥本海默认为贫困是多维的，表现为"物质上的、社会上的和情感上的缺乏"[3]，与社会平均水平相比处于一个较低状态。美国经济学家加耳布雷思提出，"贫穷部分是物质上的事情……当人们的收入虽然足够生存，但若明显落后于其他人时，那他们是贫困的……他们不能维持社会上的大多数人认为的体面生活的最低限度的东西"[4]，这说明贫困的定义和衡量不仅与个人心理感受、社会评价和社会一般生活水平有关[5]，而且也与所生活居住的地区有关。这表明相对贫困本身就是相对的，具有时空相对性。

此后，阿马蒂亚·森用权利方法来分析贫困与饥荒的产生，并于1999年提出"可行能力不足"导致贫困，脱贫是实现自由。[6] 在能力贫困理论的基础之上，许多学者开始拓展贫困的多维属性，对贫困的社会排斥和脆弱性展开研究。Chambers 认为贫困还表现为脆弱性和无话语权，脆弱性意味着缺少应对突发性风险的能力，由此，拉开了权利贫困研究的序幕。[7] Strobe 指出，社会排斥是个体被社会排斥，享受不到应有的权利。[8] 迪帕·

---

[1] Rowntree, C., *Poverty: A Study of Town Life* (London: Macmillan, 1901).
[2] Townsend, P., *Poverty in the United Kingdom: A Survey of Household Resources and Standards of Living* (Berkeley: University of California Press, 1979), p. 53.
[3] Oppenheim, C., *Poverty: The Facts* (London: Child Poverty Action Group, 1993), p. 78.
[4] 加耳布雷思：《丰裕社会》，徐世平译，上海人民出版社，1965，第271页。
[5] Ferragina, E., Tomlinson, M., and Walker, R., "Poverty and Participation in Twenty-First Century Multicultural Britain," *Social Policy and Society* 16 (4) (2016): 1-25.
[6] 阿马蒂亚·森：《以自由看待发展》，任赜、于真译，中国人民大学出版社，2013，第6页。
[7] Chambers, R., "Poverty and Livelihood: Whose Reality Counts?" *Environment & Urbanization* 1 (1995): 173-204.
[8] 转引自郭熙保、罗知《论贫困概念的演进》，《江西社会科学》2005年第11期。

## 绪 论

纳拉扬等通过调研发现,在穷人看来,各种权利的缺失是贫困的核心。[①]他们还基于此创造出"参与式贫困评价法"(PPA),从穷人的角度出发展开对贫困的评价。世界银行从多个维度定义贫困,包括物质、教育、健康、权利等。[②] 此外,塞德希尔·穆来纳森和埃尔德·莎菲尔认为个体思维的"带宽"不足会导致贫困。[③] 马克思认为资本主义制度导致工人陷入贫困,呈现相对贫困化,并提出随着资本主义社会的发展,工人的工资可能有所增长,"但他的相对工资以及他的相对社会地位……却会下降"[④]。可以发现,国外学者对相对贫困内涵和致因的认识逐渐丰富,不过更多从致因层面和表现维度阐释相对贫困。

关于贫困产生的原因有几种代表性观点。18世纪,马尔萨斯提出了人口理论,他认为人口的增长速度会超过生活资料的增长速度,生活资料缺乏将导致贫困的产生。19世纪中叶,蒲鲁东指出人类贫困的根源是私有制。而马克思在批判蒲鲁东的基础上提出资本主义制度是无产阶级贫困的根源。20世纪以来,学者们对贫困的研究不断深入,对于为何产生贫困形成了诸多理论。讷克斯提出由于资本匮乏而产生"贫困恶性循环"[⑤]。纳尔逊提出了"低水平均衡陷阱理论"[⑥]。冈纳·缪尔达尔提出了"循环积累因果关系理论"[⑦],解释一些国家陷入贫困循环的原因,并提出"回波效应"理论(在经济扩张发展的地方,周边的发展将变慢)与"扩散效应"理论(经济增长扩散到周边,帮助减贫)。奥斯卡·刘易斯提出贫困文化理论[⑧]。他认为,穷人的生活习惯和生活方式会产生一种贫困亚文化,生活在其中

---

[①] 迪帕·纳拉扬、拉伊·帕特尔、凯·沙夫特、安妮·拉德马赫、萨拉·科克舒尔特:《谁倾听我们的声音》,付岩梅、姚莉、崔惠玲、董筱丹、孙文博译,中国人民大学出版社,2001。
[②] 世界银行:《2000/2001年世界发展报告:与贫困作斗争》,中国财政经济出版社,2001,第15页。
[③] 塞德希尔·穆来纳森、埃尔德·莎菲尔:《稀缺:我们是如何陷入贫穷与忙碌的》,魏薇、龙志勇译,浙江人民出版社,2014。
[④] 《马克思恩格斯全集》第16卷,人民出版社,2007,第158页。
[⑤] 讷克斯:《不发达国家的资本形成问题》,谨斋译,商务印书馆,1966。
[⑥] 即收入增长的速度将抵不过人口增长的速度,而产生贫困。参见纳尔逊《不发达国家的一种低水平均衡陷阱理论》,《美国经济评论》1957年第5期。
[⑦] 冈纳·缪尔达尔:《亚洲的戏剧:对一些国家贫困的研究》,谭力文、张卫东译,北京经济学院出版社,1992,第3~19页。
[⑧] 奥斯卡·刘易斯于《五个家庭:墨西哥贫穷文化案例研究》(1959年)一书中首次提出。

的人会习得该文化。这种文化会导致生活在其中的人具有一些固定的思维和人格特点，进而陷入贫困桎梏无法脱离。① 此外，舒尔茨提出"人力资本理论"，即贫困是由人的能力和素质不足所导致。阿马蒂亚·森提出能力贫困理论，指出"可行能力"不足会导致贫困。迪帕·纳拉扬等提出多维致贫理论，认为贫困并非由单一原因所致，而是来自"许多相关因素的共同作用"②，而个体所处的自然和社会环境是最直接的元素。可以发现，国外学者对于贫困的致因分析，经历了从经济因素、文化因素、个体因素（权利和能力）再到多维因素的转变。

**2. 关于贫困与相对贫困的测度**

贫困的测度也是国内外关注的热点问题，它主要包括两个问题，一个是贫困识别，即制定某种标准，以此来界定是否陷入贫困；另一个是贫困度量，即制定某种指标测量全国的贫困状况。③ 与贫困识别相比，贫困度量研究十分丰富，已从单一的收入测度转变为多维指数测量的方法。

国外学者对贫困的度量研究较为丰富，且经历了从单维度量到多维度量的转变。最早，朗特里以最基本的生活必需品来衡量贫困，并据此制定了贫困标准。④ 后来，汤森提出相对剥夺理论，基于居民平均收入，建立指标体系，计算剥夺指数。⑤ 之后，阿马蒂亚·森提出了贫困的两种测量方法（直接法和收入法）和两个步骤（识别和加总）。直接法是通过观察将消费不能满足基本需求的人识别出来，而收入法是通过计算满足社会需要所匹配的最低收入，将无法满足的人视为贫困。⑥ 并且，森还构建了森指数（Sen index）来测量贫困。Watts推导出了Watts贫困指数（Watts poverty index），该指数简单、直观，但测量的广度和宽度不够，实用性不

---

① 王思斌：《社会学教程》第3版，北京大学出版社，2010。
② 迪帕·纳拉扬、拉伊·帕特尔、凯·沙夫特、安妮·拉德马赫、萨拉·科克舒尔特：《谁倾听我们的声音》，付岩梅、姚莉、崔惠玲、董筱丹、孙文博译，中国人民大学出版社，2001，第36页。
③ 池振合、杨宜勇：《贫困线研究综述》，《经济理论与经济管理》2012年第7期。
④ Townsend, P., "The Meaning of Poverty," *British Journal of Sociology* 13 (3) (1962): 210.
⑤ Townsend, P., *Poverty in the United Kingdom: A Survey of Household Resources and Standards of Living* (Oakland: University of California Press, 1979), p. 248.
⑥ 阿马蒂亚·森：《贫困与饥荒》，王宇、王文玉译，商务印书馆，2001，第38页。

强。以上这些测量方法主要是基于收入和消费来测度贫困的,维度较为单一。

随着贫困研究的发展,学者们开始探讨多维测量方法。Chakravarty 等在 Watts 单维贫困指数的基础上,构建了人口类别可区分、维度可分解的多维贫困指数[①]。Atkinson 通过分析社会福利、对比计数方法,测度了欧洲国家贫困的多维剥夺状况。[②] Brandolini 运用多维贫困指数对法国、德国、意大利和英国的健康与收入不平等情况进行了分析,提出了多维贫困测量可以通过逐个比较、非加总和加总法进行。[③] 人类贫困指数(HPI)由联合国开发计划署于 1997 年发布,该指数由读写能力、预期寿命和生活质量构成,可以分析不同国家的贫困概况。Alkire 和 Santos 在人类贫困指数的基础上提出了人类发展指数(HDI),对前者进行了补充完善。联合国开发计划署与牛津大学贫困与人类发展研究中心联合发布了多维贫困指数(MPI),设计了包括 3 个维度 10 个指标的贫困指数,以测量不同维度的贫困程度。[④] 此外,更多的国外研究者采用的是 FGT 贫困指数(Foster-Greer-Thorbecke index)[⑤],该指数对贫困的深度和强度反映得更直接。

贫困的识别标准一般根据贫困类型来制定,学术界一般通过制定绝对贫困线、相对贫困线来识别贫困人口。我国目前所使用的即为绝对贫困线,根据最低生活需求测算得来。目前测量绝对贫困的方法主要有以下几种。①基本需求法。通过计算维持居民生产所需要的食物和非食物最低需求的价格得出贫困线。②食物支出份额法。计算居民食物支出占总支出的

---

① Chakravarty, S. R., Deutsch, J., and Silber, J., "On the Watts Multidimensional Poverty Index and Its Decomposition," *World Development* 36 (6) (2008): 1067–1077.

② Atkinson, A. B., "Multidimensional Deprivation: Contrasting Social Welfare and Counting Approaches," *Journal of Economic Inequality* 1 (2003): 51–65.

③ Brandolini, A., "On Applying Synthetic Indices of Multidimensional Well-being: Health and Income Inequalities in France, Germany, Italy, and the United Kingdom," *Bank of Italy Temi-di Discussion Working Paper*, No. 668, 2008.

④ Alkire, S. and Santos, M. E., "Acute Multidimensional Poverty: A New Index for Developing Countries," *OPHI Working Paper*, No. 38, 2010. 具体维度和指标包括:健康:营养状况、儿童死亡;教育:儿童入学率、受教育水平;生活水平:饮用水、电、炊用燃料、住房、耐用消费品。

⑤ Foster, J., Greer, J., and Thorbecke, E., "A Class of Decomposable Poverty Measure," *Econometrica* 52 (3) (1984): 761–766.

份额，再使用恩格尔系数确定食物支出占全部支出的比例，低于该比例的即为贫困。如美国的奥珊斯基通过农业部公布的食物贫困线确定食物占整个支出的比例制定了贫困线。① ③马丁法。通过计算最低消费支出确定最低食物支出和非食物支出，并基于高、低非食物贫困线确立高、低两条贫困线，低于低贫困线的贫困户是特困户。我国自1991年开始，贫困标准就是按照马丁法的计算方式得出的，是较低的贫困线，如果该贫困线都没有达到，将面临生存危机。④食物能量摄入法。该方式是通过人体所需要的能量确定消费的数量和货币量来确定贫困线。我国之前的绝对贫困标准就是根据家庭所需要的能量确定收入标准线的。

目前测量相对贫困的标准线主要有两类方法。①收入法，包括两种。一种为收入比例法，通过一定时期人均收入的某一比例确定贫困线，目前国外大多数发达国家采用该方法测量相对贫困，如欧盟国家将相对贫困线定为全国居民收入中位数的50%或者60%②。另一种为收入平均法，通过确定人均收入，再用全部居民人均收入除以2或者3所得。③ ②多维贫困测量方法，包括收入加非收入维度，目前发展中国家特别是拉美国家使用此方法较多，该方法能够较为全面地反映贫困的多维剥夺，识别更准确，但数据获取和测量难度较大。

**3. 关于贫困与相对贫困的治理**

关于如何治理贫困，国外学者提出了涓滴效应理论和回波效应理论，认为可以通过先发展的地区带动贫穷地区的经济发展，先富带后富。亚洲开发银行强调完善社会保障政策，通过经济的包容性增长和益贫性的社会发展来保障贫困群体的利益④。世界银行认为增加贫困人口发展机会是脱贫的关键，为此，要加强完善贫困人口的教育、培育、医疗卫生和社保体系。⑤ 美国著名经济学家加耳布雷思认为美国的贫困已经不是一般国家的

---

① 转引自 Fisher, G. M., "Development and History of the Poverty thresholds," *Social Security bulletin* 55 (4) (1992): 43-46.
② 林闽钢:《国外关于贫困程度测量的研究综述》,《经济学动态》1994年第7期。
③ 林闽钢:《国外关于贫困程度测量的研究综述》,《经济学动态》1994年第7期。
④ Asian Development Bank, *Understanding Poverty in India*, Publication Stock No. BKK113448.
⑤ World Bank, *World Development Report 2009*.

贫困，而是丰裕社会的贫困，这种贫困所表现出来的是"极端贫困"和"私人富足"并存，贫富差距大。而解决丰裕社会的贫困，关键要靠政府的作用，如实施收入分配改革、增加政府在公共服务方面的开支。[①] 治理贫困有增量式扶贫和存量式扶贫两种方式，大多数发展中国家使用的是增量式扶贫，即通过经济增长带动脱贫，而在发达国家和丰裕社会，则较多使用存量式扶贫，即通过社会保障扶贫。

**4. 对中国相对贫困的研究**

国外关于中国相对贫困的研究主要是对中国相对贫困的现状进行分析和测量。并且，这些研究采用的均是收入比例法。世卫组织分析了1992年和1994~1998年中国城市居民的收入贫困状况。Gustafsson和Wei基于1988年和1995年的CHIP数据通过FGT指数测算对比分析了中国当时的贫困状况。他们将1988年中国整体的贫困线设定为当年中国家庭收入中位数的50%，1995年贫困线则利用零售价格指数做了更新。测算结果为中国整体的贫困发生率从1988年的13.49%下降到1995年的10.63%，农村贫困发生率从1988年的17.57%下降到1995年的14.91%，而城市贫困发生率分别为0.37%和0.17%，城乡差距较大，并且中国西部农村贫困发生率从1988年至1995年呈增长态势，从26.51%增至31.21%。[②] Osberg和Xu分析了1995年的CHIP数据，并将收入中位数的50%确立为当时的贫困线，从而证实了中国农村和城市贫困率的巨大差异。[③] Saunders使用2000年收集的数据来关注老年人贫困。他比较了中国城市和富裕国家的相对贫困，将贫困线定义为被调查地区平均收入的50%。Saunders的结论是，中国城市老年人的相对贫困率与许多欧洲国家一样高，在某些方面，接近英国和美国老年人的贫困率。[④] Gustafsson和Ding Sai使用1988年、1995年、

---

① 加耳布雷思：《丰裕社会》，徐世平译，上海人民出版社，1965。
② Gustafsson, B., and Wei, Z., "How and Why Has Poverty in China Changed? A Study Based on Microdata," *China Quarterly* 164 (2000): 983-1006.
③ Osberg, L., and Xu, K., "How Should We Measure Poverty in A Changing World? Methodological Issues and Chinese Case Study," *Review of Development Economics* 12 (2008): 419-441.
④ Saunders, P., "Comparing Poverty Among Older People in Urban China Internationally," *China Quarterly* 170 (2007): 451-465.

2002年、2007年和2013年的CHIP数据,分析得出大多数中国城市相对贫困居民是成年人,他们一般受教育程度低且生活在家庭平均收入相对较低的城市。中国城市居民的相对贫困与家庭生活密切相关,在这些相对贫困家庭中,成年人一年中的部分时间或全年都没有工作。户主受教育程度低、生活在低收入城市、有子女、达到领取养老金年龄但没有养老金是增加城市相对贫困的风险。虽然城市居民的绝对贫困率从1988年及以后有所下降,2007年已经相当低,但相对贫困率从1988年到2007年一直在稳步上升。2013年,中国城市的相对贫困率为20%,略高于整个欧盟的比率。[1] Zhao和Xia基于中国中西部地区633户家庭的调查数据,采用生活满意度方法研究了乡村贫困治理对农村家庭主观幸福感的影响,并估算了贫困治理的货币价值。研究表明农村贫困治理可以帮助增加农村家庭的主观幸福感,此外,农村贫困治理对非贫困家庭的福祉具有显著的积极影响,但对贫困家庭的福祉影响较小。鉴于这种差异,应增加贫困家庭参与农村贫困治理的能力,并应提高贫困群体的能力,以防止程序不公平和资源分配不均。[2] 杨力超和Walker认为,不平等的收入分配是相对贫困发生的直接原因。[3] 有少数国外学者对中国的整体贫困以及城市相对贫困进行了研究,但较少对农村相对贫困开展深入研究。

(三) 总体评述

通过梳理国内外关于贫困与相对贫困的理论与实践的研究,可以发现,减贫一直是学术界研究的焦点问题。学者们对贫困的内涵特征、贫困的测量标准、贫困治理等各方面进行了深入研究,成果丰硕。

借助中国知网的相关核心期刊文献,本书对相对贫困研究的现状、主题热点和演进路径进行了分析。研究发现:其一,我国相对贫困的研究大致经历了三个阶段,即起步、发展和飞跃阶段,特别是2018年《规划》

---

[1] Gustafsson, Bjorn. and Ding Sai, "Growing into Relative Income Poverty: Urban China, 1988-2013," *Social Indicators Research* 147 (2020): 73-94.

[2] Zhao, Q. and Xia, X., "Village Poverty Governance and the Subjective Well-Being of Households in Central and Western Rural China," *Local Government Studies* 8 (2020): 910-930.

[3] 杨力超、Robert Walker:《2020年后的贫困及反贫困:回顾、展望与建议》,《贵州社会科学》2020年第2期。

颁布和党的十九届四中全会召开之后，发文量激增，许多学者和研究机构对其开展了深入研究，成果丰硕，这说明我国相对贫困的研究与国家扶贫政策高度相关。其二，我国学者主要围绕我国相对贫困的内涵、致贫因素、测量标准以及治理路径展开研究，研究视角和方法经历了从单一到多维的变化。其三，相对贫困的研究与我国贫困的现实状况和国家政策紧密相关，由于我国已全面消除绝对贫困，2020年后巩固拓展脱贫攻坚成果、治理相对贫困及其与乡村振兴的衔接将成为学术界研究的热点。

并且，通过分析中文文献和外文文献的关键词可以发现，中文文献主要围绕贫困的内涵、根源、类型、精准扶贫和精准脱贫等进行研究，关键词有相对贫困、美好生活、消费支出、收入贫困、收入分配、贫困代际传递；但外文文献的研究内容较为广泛，对贫困的概念、测评研究较多，关键词有收入、健康、不平等、脆弱性、相对剥夺等。两者都关注多维贫困，但外文的前沿热点研究较多，研究范围较广。这也说明，未来的贫困大多会呈多维贫困的表现形式，国内外学者都在加强多维贫困和贫困治理的研究。

国内外学术界对相对贫困的研究较为丰富，研究视角较为多元，但仍存在可以拓展的空间。第一，我国农村相对贫困的基础性问题研究不足，比如，对我国相对贫困的理论认知、现实判断和实践路径缺乏系统研究，提出的治理措施也较为宏观。第二，研究视角有待拓展、学者和机构之间的合作有待加强，虽然目前有学者从社会学、经济学等视角进行了研究，但从行政学、心理学、法学等学科视角开展的研究较少，尤其是交叉学科研究更少，如缺少从马克思主义理论、经济学和社会学相结合开展的研究。第三，研究方法较为单一，实证研究不足，缺乏基于统计数据对全国农村的相对贫困现状的分析。除了指标体系构建，将理论分析和实证分析相结合的研究文献也较少。

随着全面小康社会的建成和新发展阶段的到来，贫困的性质和特点已发生改变，我国贫困治理重心也已发生转移，这对贫困治理工作提出了新的要求。为此，应着重加强以下几方面的研究。

第一，加强巩固拓展脱贫成果同乡村振兴有效衔接的研究。习近平总书记庄严地宣告我国绝对贫困已全部消除,如何保证广大脱贫人口脱真贫、真脱贫,防止低收入人群返贫致贫,实现稳定长效脱贫,是当前横亘在我们面前的现实难题。这就需要通过乡村振兴巩固脱贫成果,并促进相对贫困的解决。因此,有必要深入拓展关于二者衔接的研究。

第二,深化相对贫困的基础理论研究。这些理论包括相对贫困的概念、内涵以及在我国的表现形态和致贫原因,只有明确了相对贫困在我国的内涵、表现和致贫原因等,才能更好地精准施策、精准治理。相对而言,国外对相对贫困的内涵和治理理论的研究内容和成果更丰富,有必要挖掘和研读国外学者对相对贫困理论的论述,为解决我国相对贫困提供理论借鉴。

第三,加大对解决农村相对贫困长效机制的研究。当前,大多数学者基于全国相对贫困现状提出了解决相对贫困的长效机制,而对解决农村相对贫困的长效机制研究甚少。由于农村和农民仍然是我国解决相对贫困的"主阵地",要针对农村提出有别于城市贫困治理的长效机制。此外,尽管目前有许多学者提出了我国相对贫困治理的长效机制和治理路径,然而,长效机制具体应该包括哪些机制,怎样才能保证"长效",还需进行细化和可操作化研究。这就需要按照"理论—现状—治理—评估"的流程,通过政府、市场、社会、个体等多元主体对相对贫困的协同治理,建立系统的长效机制。目前在识别机制的建立方面,学界尚未达成一致意见,有必要通过党中央和国务院的评估以及专家的讨论来确定具体识别机制。

第四,推动研究方法多元化,鼓励开展跨学科研究和系统研究。贫困本身是一个多学科命题,涉及经济学、社会学、政治学等学科,长期以来学者们从各自的研究领域对贫困进行了深入研究,但鲜有跨学科研究。因此有必要将贫困治理放在马克思主义中国化的视域下,辅之以社会学和经济学的方法,综合分析我国农村相对贫困问题。此外,要加强对相对贫困的实证分析。相对贫困的研究在我国仍处于起步探索阶段,无论是相对贫困的测量,还是解决路径的探索,大都是学理分析,基于数据和调研的实证研究还较少。未来要不断推动研究方法多元化,如加强定性和定量研究的结合,提出更具实践指导意义的措施。

概言之，面对中国特色社会主义进入新发展阶段的历史机遇，解决相对贫困问题是实现第二个百年奋斗目标的关键，是实现共同富裕的现实难题。农村相对贫困问题是解决中国相对贫困问题的关键，应具体问题具体分析，建立系统、完善的解决农村相对贫困的长效机制。本书基于现有研究成果，以马克思主义理论为指导，系统研究中国农村相对贫困的现状、历史机遇和挑战，借鉴国外相对贫困治理的理论和经验，提出"三大机制"，具有一定的理论和实践价值。

## 四 研究设计

### （一）研究思路

本书采取"理论分析—现实分析—实践分析"相结合的研究思路（见图0-2），遵循从理论到实践、从历史到现实、从国内到国外、从问题到对策的研究理路。首先，本书分析了解决农村相对贫困长效机制的"元问题"、本质规定性和有利条件等，从必要性和可能性回答了为何研究解决农村相对贫困的长效机制问题。其次，通过制定相对贫困标准，结合现有研究，分析了我国贫困的现状、基本特征、贫困生成机理和现实困境，回答了何谓我国农村相对贫困问题。最后，基于现状分析和实践经验建构了我国解决农村相对贫困的长效机制，包括识别机制、推进机制和保障机制，回答了如何解决我国农村相对贫困问题。

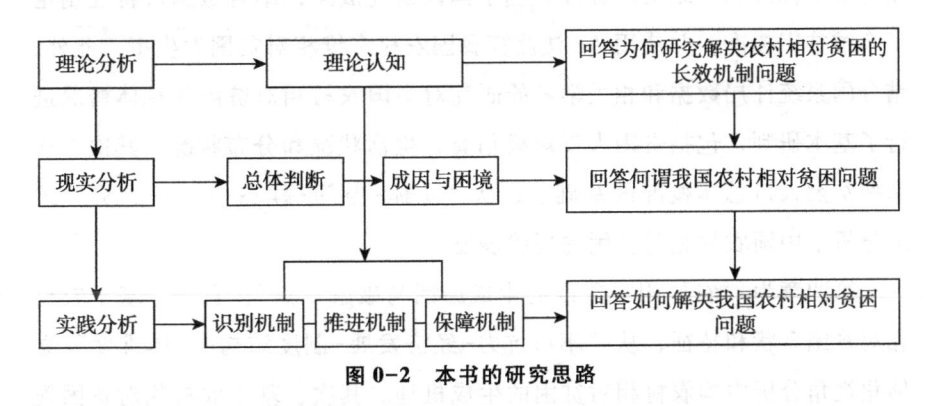

图0-2 本书的研究思路

### （二）研究内容

本书包括绪论、正文和结语，其中，正文共七章。全书具体安排如下。

绪论主要介绍研究缘起、研究价值、研究思路等内容。首先，从选题缘由及研究意义入手，剖析研究对象是什么，为何要开展中国解决农村相对贫困的长效机制研究，并结合研究主题，梳理和评述已有研究成果，为本书选题提供理论支撑、研究基础和研究视角。其次，厘清核心概念和研究思路，选择恰当的研究方法，阐述主要内容，提出研究的创新点与不足，为后文的正式写作打下基础。

第一章为"理论基础"。主要包括：马克思主义经典作家的贫困与反贫困相关理论，这是解决相对贫困的理论根基；中国共产党领导人的贫困与反贫困思想，特别是习近平总书记关于消除贫困、实现共同富裕的论述；国外相对贫困相关理论思想资源，包括相对剥夺理论、权利贫困和能力贫困理论、包容性增长理论和绿色减贫理论等。

第二章为"建立解决农村相对贫困长效机制的理论认知"。在理论维度厘清建立解决农村相对贫困的长效机制的逻辑是本研究的重要前提。相对贫困本身的内涵释义和本质属性是建立解决农村相对贫困长效机制的"元问题"；实现共同富裕是建立解决农村相对贫困长效机制的本质规定性；从党的领导、制度保障、经验启示、价值引领和战略机遇等维度分析了长效机制建立的可能性和有利条件。

第三章为"农村相对贫困的基本研判和多维特征"。首先，借鉴国外相对贫困标准和多维贫困标准，基于国内研究成果，结合数据可得性制定了多维贫困标准，并使用 AF 法测算我国农村多维相对贫困发生率。此外，结合国家统计局数据和相关学者的研究对中国农村相对贫困的总体概况进行了基本研判，包括贫困人口规模估算、生活状况和分布状况。其次，在掌握贫困人口总体概况的基础上，从"主体-空间-样态-成因-趋势"维度分析了中国农村相对贫困的现状表征。

第四章为"农村相对贫困的生成原因与破解难点"。首先，基于农村相对贫困现状和特征，从"不可抗力-经济发展-制度结构-个体维度"立体化视角分析中国农村相对贫困的生成机理。其次，基于农村相对贫困现状特征和生成机理，指出了解决中国农村相对贫困面临着"难识别""难持续""难均衡""难转换"的现实困境。

第五章为"解决农村相对贫困的识别监管机制"。首先，基于前文提出的我国农村相对贫困标准的具体内容，构建了包括货币和非货币的多维相对贫困标准，并制定了相对贫困人口认定标准和识别内容，包括人口、成因和区域的识别；其次，根据制定的相对贫困标准构建精准识别机制，以历史和发展的眼光动态调整农村相对贫困标准，整合多维数据，基于多元主体对贫困人口进行筛选；再次，构建农村相对贫困监测管理机制，既要预防返贫，又要监测已识别人口，坚持线上与线下动态监测；最后，对贫困人口的进入和退出进行动态管理，不断更新贫困人口数据库。

第六章为"解决农村相对贫困的实践推进机制"。本章基于我国农村相对贫困的现状特征以及面临的"难持续、难均衡"困境，构建了"可持续""促长效"的解决相对贫困推进机制。首先，乡村振兴战略是实现城乡均衡发展的必由之路，需要畅通城乡区域经济循环、促进产业可持续发展、培育人才队伍、开展乡风文明建设以及绿色减贫等。其次，发展壮大集体经济是实现农村内部共同富裕的根基，要基于"农情""区域情"发展壮大集体经济。最后，加强农村"软硬件"建设，不断改善农村人居环境、基础设施，统筹城乡基本公共服务并织密社会保障安全网。

第七章为"解决农村相对贫困的多维保障机制"。针对"难转换"的挑战，基于"识别-行动-保障"的思路，首先，分析了解决农村相对贫困的主体保障，即坚持和完善党的领导，以及构建多元主体参与的贫困治理共同体；其次，分析了解决农村相对贫困的政策保障，包括人才、土地、财政、金融和科技政策；最后，构建了考核治贫成效的机制，从考核内容、方法和结果三个维度阐述了考核机制的构建。

（三）研究方法

方法是研究的基本手段，研究方法的选择要从问题本身出发来选择。习近平总书记也指出，研究中国的现实问题，"要坚持辩证唯物主义和历史唯物主义的方法论，从历史和现实、理论和实践、国内和国际等的结合上进行思考"[1]。我国农村相对贫困问题的研究，兼具理论性和实践性，涵

---

[1] 《习近平谈治国理政》第2卷，外文出版社，2017，第61页。

盖古今中外，涉及马克思主义理论、政治学、经济学等多个学科。因此，本研究以马克思主义理论为指导，主要采用如下方法进行研究。

**1. 唯物辩证的方法**

历史唯物主义与辩证唯物主义是马克思主义的根本研究方法。相对贫困是一个错综复杂的现象，既要坚持用历史的分析方法看待和研究，又要坚持以辩证的方法实事求是地分析相对贫困问题的不同面向。因此在研究的过程中，既要将其置于具体的历史环境中考察，对其进行全域化分析；又要注重在事物的矛盾运动中分析其运动、变化、发展的过程，对其进行动态化调适；更要注重透过贫困表象，借助抽象思维认识其本质和发展规律，在此基础上设计解决相对贫困的长效机制。

**2. 整体性的分析方法**

贫困问题本是一个多学科交叉课题，学术界已有关于贫困问题的研究大多集中于经济学、管理学、社会学和政治学等领域，缺乏从马克思主义中国化角度出发开展解决相对贫困长效机制的研究，从而缺乏对解决农村相对贫困的社会主义"本质规定性"的解构。本研究正是着眼于整体性解决机制建构的短板，尝试从理论、现实和实践相结合的维度分析我国农村相对贫困的对象、归因和解决等一系列问题。

**3. 从抽象到具体的研究方法**

从抽象到具体是马克思主义研究的基本方法，即从一个抽象的逻辑起点开始，一步步解释研究对象的内在矛盾，达到思维具体的过程，这是思维的发展和深化。本书从相对贫困的抽象概念出发，解析我国相对贫困的现状、基本特征、生成缘由以及治理困境。只有一步步深化和具体化分析我国农村相对贫困问题，才能对症下药，提出有针对性的解决农村相对贫困的长效机制。

**4. 定性分析与定量分析相结合的方法**

贫困问题是量和质的统一。因此，在研究相对贫困问题时要坚持将量和质相结合进行分析。在分析我国相对贫困的特征、致因时更多地用定性分析，而在分析相对贫困的现实状况时更多地采用定量分析。在分析相对贫困问题时，将定性分析与定量分析相结合，取长补短，有助于正确把握贫困的现状和特点，为建立解决相对贫困的长效机制提供理论依据和现实支撑。

## 五 研究的创新点

第一，研究视角的创新。本研究针对既有研究的短板，尝试从理论、现实和实践相结合的维度整体分析解决中国农村相对贫困长效机制研究的"元问题"、本质规定性、现实评估以及解决机制等内容，跳出相对贫困看相对贫困，拓展了贫困问题研究的视野，尤其是拓展了共同富裕目标下推进相对贫困解决的研究。

第二，研究内容的创新。具体包括三个方面。

首先，本书认为绝对贫困与相对贫困不是两种截然对立的贫困形态，而是从不同的视角和程度定义贫困，绝对贫困是从贫困者个体生理需求定义，而相对贫困是从社会一般需求定义。因此，相较于绝对贫困而言，相对贫困的范围更广，层次更高。一般而言，相对贫困与绝对贫困同时存在且相对贫困人口包含绝对贫困人口。因此，绝对贫困与相对贫困的区别主要在于其"需要"的范围和程度不同。也就是说，在消除绝对贫困阶段，相对贫困同样存在，只是相较于相对贫困，不能满足温饱问题的绝对贫困问题更为严峻。而在新发展阶段，相对贫困则更为凸显。此外，从"全面小康"到"全面现代化"，我国实现了历史任务的转向，实现共同富裕是"民族复兴"的重要内容，而农村相对贫困的解决是共同富裕的关键一环。

其次，本书借鉴国外多维贫困标准的实践经验，根据我国农村相对贫困人口的具体实际，结合数据可获得性，制定了我国农村多维相对贫困标准，即包含货币与非货币的多维贫困标准。并基于 CFPS 2018 数据，使用 AF 法对我国 2018 年农村相对贫困进行了测算。研究发现，以临界值 K = 30% 为例，我国 2018 年农村多维贫困发生率为 32.76%，此外，研究还得出结论如下。①我国农村相对贫困人口规模大，以多维贫困为识别标准规模为 1.8 亿人，以收入为识别标准规模为 1.13 亿人；②我国农村相对贫困程度深，农村贫困人口面临着多维剥夺，不仅表现为物质贫困，还表现为精神、权利和公共服务等多方面的贫困；③我国农村相对贫困分布广，集中分布于中西部地区。在此基础上，本书提出我国解决农村相对贫困存在"难识别""难持续""难均衡""难转换"的"四难"困境。

再次，我国农村相对贫困的解决，既要解决"不平等"问题，又要解决"发展不充分"问题。因此，构建长效机制时，需要将保障性机制和发展性机制结合，实现经济增长和社会保障的良性互动。此外，解决农村相对贫困的立体化、系统性长效机制应包含"贫困识别""具体行动""多维保障"三个维度。因此，本书构建了识别监测机制以解决贫困对象瞄准问题，构建了包含发展性政策和保障性政策在内的长效推进机制，构建了包含主体力量保障、体系化政策保障的长效保障机制，以实现农村相对贫困问题的系统解决。其中，就长效推进机制而言，本书特别指出乡村振兴是实现城乡均衡发展的必由之路，农村集体经济是实现农村内部共同发展的根基，基础设施和公共服务是乡村振兴和集体经济发展的支撑。

# 第一章 理论基础

理论是实践的先导。理论与实践紧密相连，相互依托。马克思指出："理论在一个国家实现的程度，总是决定于理论满足这个国家的需要的程度。"[①] 解决中国农村相对贫困需要科学的理论指导。坚持以马克思主义贫困理论为指导，不断将中国解决农村相对贫困的实践向前推进，同时借鉴国外经典的相对贫困相关理论，阐述本书的分析思路，以此阐明本研究的内在逻辑。

## 第一节 马克思主义关于贫困与反贫困的理论

自我国实现"全面小康"，进入实现共同富裕的新发展阶段，相对贫困问题成为实现共同富裕的关键抓手，并成为政界和学界关注的社会性公共议题。回溯马克思主义相对贫困的基本理论和基本观点，不仅具有重大的学术价值，而且对于构建解决相对贫困的长效机制具有极其重要的实践价值。

### 一 马克思主义经典作家关于贫困与反贫困的理论

马克思、恩格斯、列宁等马克思主义经典作家，运用阶级分析法、矛盾分析法，系统剖析了贫困的类型、相对贫困产生的制度性根源、治理的路径和最终的价值取向问题。列宁还深刻阐释了社会主义国家贫困存在的原因和破解路径，为新发展阶段相对贫困的治理提供了丰富的理论支撑。

---

[①] 《马克思恩格斯选集》第1卷，人民出版社，2012，第11页。

(一) 马克思、恩格斯关于贫困与反贫困的理论

马克思、恩格斯批判地继承了亚当·斯密、大卫·李嘉图等人的贫困理论,并在此基础上形成了博大精深的贫困理论体系。马克思、恩格斯围绕无产阶级的绝对贫困和相对贫困的概念内涵、产生原因、破解路径和价值取向等内容,作了大量的论述,提出了一系列科学系统的理论观点。

**1. 贫困的类型:绝对贫困和相对贫困**

马克思从现实境况与理想社会的张力出发,在理论层面上提出了贫困的两种样态,即绝对贫困和相对贫困。① 这一对概念具有强烈的辩证色彩,二者相互依存。在马克思看来,无产阶级的贫困表现为物质、精神、权利等多维贫困。

关于绝对贫困。马克思认为资本主义生产条件下绝对贫困问题十分严重,因为劳动者"被剥夺了劳动资料和生产资料"②,与本身的现实性完全分离了,工人身体仅仅作为商品存在,与货币相对立了。而在《资本论》中,他指出,随着资本主义的发展,产生了大量的"相对过剩人口",最终导致"不断增大的各阶层的贫困"③。也就是说,在马克思看来,绝对贫困在资本主义社会普遍存在,是资本主义私有制和雇佣劳动制下剩余价值规律与资本积累共同作用的结果,劳动者(工人)被剥夺了生产资料,成为除了劳动力一无所有的赤贫者,他们只是"作为劳动能力与物质的、实际的财富相对立"④。

关于相对贫困。资本主义社会的相对贫困主要是指无产阶级所创造的劳动价值高于所获得的工资或者物质资料的状态,以及与资本家相比,无产阶级所占有的社会财富和生活水平处于社会低水平的状态。马克思认为相对贫困是在对比中显现的,且是一种主观判断。他借助房屋的对比说明这一问题,如果一个地方都是小房屋,居民不会有什么意见,但"在这座

---

① 郑继承:《中国特色反贫困理论释析与新时代减贫战略展望》,《经济问题探索》2021年第1期。
② 《马克思恩格斯全集》第47卷,人民出版社,1979,第39页。
③ 《马克思恩格斯文集》第5卷,人民出版社,2009,第742~743页。
④ 《马克思恩格斯全集》第47卷,人民出版社,1979,第40页。

小房子近旁耸立起一座宫殿,这座小房子就缩成茅舍模样了"①,那么小房子居住者就会感到不满和压抑。"我们在衡量需要和享受时是以社会为尺度……因为我们的需要和享受具有社会性质,所以它们具有相对的性质。"② 因此,马克思认为相对贫困具有相对的性质。随着科技的进步、利润的增长,工人的工资也不断增加,但马克思认为与资本家所增长的享受相比,就社会的平均水平而言,"工人所得到的社会满足的程度反而降低了"③,也就是说,与资本家相比,工人的工资与地位"却会下降"④,即二者差距越来越大。这说明在资本主义制度下,工人始终处于社会底层,生产总量的增加,只能缓解绝对贫困,相对贫困会越来越严重,工人面临的不仅是物质资料贫瘠,还有精神生活贫乏、社会地位低下以及社会权利不足等问题。正如马克思所讲:"一切肉体的和精神的感觉都被这一切感觉的单纯异化即拥有的感觉所代替。"⑤ 在这里,自由和人权是无上权威的婢女,在资本统治下工人的精神和人格被严重压迫,工人战战兢兢、畏缩不前,资本家笑容满面、雄心勃勃。

在资本主义社会,工人的绝对贫困和相对贫困并存,且呈现相对贫困范围逐渐扩大的趋势。资本主义积累的一般规律导致贫富分化,进一步加剧相对贫困。在剩余价值生产中,无产阶级所占的比重越来越小。随着"总体工人"的产生和生产力的提高,逐渐产生相对过剩人口,无产阶级的贫困进一步加剧。马克思正是看到了无产阶级贫困的悲惨状态,开始探究资本主义社会贫困的根源以及解决贫困的举措。

**2. 绝对贫困和相对贫困产生的制度性根源**

马克思从生产关系出发论述了资本主义社会贫困产生的制度性根源,无论是绝对贫困还是相对贫困都源于资本主义私有制下的雇佣劳动制度,资本积累和剩余价值规律是贫困产生的直接原因。

第一,生产资料和劳动者相分离是商品经济以及资本主义产生的历史

---

① 《马克思恩格斯文集》第1卷,人民出版社,2009,第729页。
② 《马克思恩格斯文集》第1卷,人民出版社,2009,第729页。
③ 《马克思恩格斯文集》第1卷,人民出版社,2009,第729页。
④ 《马克思恩格斯全集》第21卷,人民出版社,2003,第201页。
⑤ 《马克思恩格斯文集》第1卷,人民出版社,2009,第190页。

前提，也是贫困产生的历史前提。18世纪的"圈地运动"导致农民"游离"于土地之外，除了劳动力，一无所有。正如马克思所言，分工一方面增加社会财富，提升劳动生产率，另一方面，"却使工人陷于贫困直到变为机器"①。劳动一方面为资本家带来财富，促进资本的积累和生产资料的集中，另一方面使得工人愈来愈依附于资本家，成为为自己的生存而劳作的工具。

第二，资本主义私有制及雇佣劳动制是贫困产生的根源。恩格斯深刻认识到"贫困是现代社会制度的必然结果"②，并提出工人物质贫困、社会地位低下的原因"应当到资本主义制度本身中去寻找"③。工人被迫出卖劳动力而获得没有保障的工资，工作条件和生活条件极其恶劣。不仅如此，工人的贫困是从"现代劳动本身的本质中产生的"④，由于劳动是纯劳动，是被剥夺了生产资料的劳动，工人生产的财富不能为其所有。工人只能占有很少的一部分生活资料且依附于资本而存在，工资水平相对地不断下降，从而导致资本主义制度下资本家和无产者之间产生巨大的"鸿沟"并固化和蔓延开来。

第三，资本积累与剩余价值规律是贫困产生的直接原因，且无产阶级呈现绝对贫困和相对贫困并存的状态。资本生产的目的在于实现价值增值，获得尽可能多的剩余价值并实现资本积累，进而扩大再生产，攫取更大的剩余价值。资本的本性就是追逐剩余价值，因此，"工人的状况必然随着资本的积累而恶化"⑤。资本积累和剩余价值的生产，最终导致工人陷入绝对贫困，"一极是财富的积累，同时在另一极……是贫困、劳动折磨、受奴役、无知、粗野和道德堕落的积累"⑥。不仅如此，由于生产的剩余价值不合理分配，即在资本和劳动之间分配不合理，贫富差距越来越大，工人相对贫困凸显，随着资本积累的增加，"工人阶级的就业手段即生活资

---

① 《马克思恩格斯文集》第1卷，人民出版社，2009，第123页。
② 《马克思恩格斯全集》第2卷，人民出版社，1957，第561页。
③ 《马克思恩格斯文集》第1卷，人民出版社，2009，第368页。
④ 《马克思恩格斯文集》第1卷，人民出版社，2009，第124页。
⑤ 《马克思恩格斯文集》第5卷，人民出版社，2009，第743页。
⑥ 《马克思恩格斯文集》第5卷，人民出版社，2009，第743~744页。

料就相对地缩减得越厉害"[①]。因此，马克思在批判李嘉图时指出，"以生产者群众的相对贫困为基础的生产形式，决不能……是财富生产的绝对形式"[②]。这说明资本主义制度下的相对贫困不仅是由于财富生产而产生的，而且是由于资本主义分配关系下财富分配不平等而产生的。资本家凭借其资本所有权无偿榨取工人的剩余价值，导致无产阶级日益相对贫困。相对贫困总是不断变化的，且在对比中显现，是一种主观性判断，随着经济总量的增长，"需要、欲望和要求也提高了……而相对的贫困可能增加"[③]。这就是说，尽管经济在发展，工人的工资可能有所提升，但工人的工资相对于社会的平均水平，或者相对于资本家所赚取的利润而言，是不断下降的。并且，在不断追逐剩余价值的过程中，随着科技的进步和资本有机构成的提高，还会产生大量相对过剩人口，这也更加加剧了工人的绝对贫困和相对贫困。

第四，社会主义制度下贫困产生的原因。在资本主义社会，无产阶级的绝对贫困和相对贫困是生产关系及其制度本身造成的。制度缺陷导致周期性的经济危机，反过来又束缚了生产力的发展，进一步导致无产阶级的相对贫困状态。劳动者或者说工人是生产力中最活跃和关键的因素，但由于一直处于被剥削和相对贫困化的状态，其劳动能力得不到有效施展，进一步阻碍了生产力的进步。进入马克思所提出的共产主义社会或者社会主义社会，将不再有束缚人的发展和制约生产力发展的生产关系，从而能够彻底解决贫困问题。然而，社会主义制度框架下仍然存在相对贫困和绝对贫困，这不是由于社会制度本身，而是由于社会主义发展初期生产力发展不充分，发展不平衡。此外，个体禀赋、个体能力、健康状况、受教育程度的差异以及享有社会权利的不平等，都会导致发展的差异，从而产生相对贫困。因此，社会主义制度下，贫困不是制度本身导致的，而是发展不充分和个体差异导致的。

**3. 绝对贫困和相对贫困的破解路径**

马克思、恩格斯基于资本主义制度提出了无产阶级绝对贫困和相对贫

---

① 《马克思恩格斯文集》第1卷，人民出版社，2009，第742~743页。
② 《马克思恩格斯全集》第35卷，人民出版社，2013，第135页。
③ 《马克思恩格斯文集》第1卷，人民出版社，2009，第125页。

困思想,尽管与当下中国的相对贫困有所区别,但相对贫困的主要特质是一样的,马克思、恩格斯关于解决贫困的思想和方法仍值得借鉴,比如通过制度来减贫的思想在今天对我们仍有启发。

第一,建立共产主义制度,实行生产资料公有制。资本主义社会的贫困(绝对贫困和相对贫困)都是由资本主义私有制导致的,马克思认为,想要消除贫困,首先要消除资本主义私有制。在资本主义私有制下,资本家通过资本积累和扩大再生产加大剥削,不断榨取工人的剩余劳动,最终导致相对过剩人口的产生和无产阶级的"失业性贫困",贫富差距逐渐拉大。因此,只有建立共产主义制度,才能从根本上消除由资本主义制度导致的贫困问题。随着资本主义社会的发展和弊端的暴露,开始体现出对自身制度的否定,这种否定是螺旋式上升的否定,是在资本主义制度所创造的物质财富的基础上,实行生产资料的共同占有,进而对生活资料建立"个人所有制"[1],实现贫困人口对产品的交换和占有的权利。恩格斯指出,在推翻资本主义制度后,"当代的阶级差别将消失"[2]。但是,这种旧社会的痕迹在"共产主义社会第一阶段,是不可避免的"[3]。也就是说,在社会主义社会相对贫困仍然可能存在,因为实行"按劳分配"而没有实现"按需分配",没有完全消除分配上的不平等。只有到了共产主义高级阶段,实现按需分配之后,才能完全消除相对贫困。

第二,大力发展生产力。生产力的极大丰富和发展是实现共产主义的前提。因此,无产阶级夺取政权之后,首要的事情就是"尽可能快地增加生产力的总量"[4]。消除贫困既需要大力发展生产力,也需要促进经济的包容性增长,在社会主义制度的保障下可以大力发展生产力,只有消除阻碍生产力发展的桎梏,逐渐稳步实现共产主义社会和按需分配,才能真正完全消除贫困。因此,生产力的发展是消除贫困的前提,只有促进经济增长,才能缓解贫困。

---

[1] 《马克思恩格斯文集》第5卷,人民出版社,2009,第847页。
[2] 《马克思恩格斯文集》第1卷,人民出版社,2009,第709页。
[3] 《马克思恩格斯文集》第3卷,人民出版社,2009,第435页。
[4] 《马克思恩格斯文集》第2卷,人民出版社,2009,第52页。

第三，充分发挥无产阶级的主体性作用，消灭剥削，"剥夺剥夺者"。广大无产阶级想要彻底摆脱剥削，必须拿起"武器"，用理论武装自己，"理论一经掌握群众，也会变成物质力量"①。在马克思减贫理论的武装下，无产阶级能够正确地开展革命，逐步消灭剥削。资本主义生产方式逐渐成为发展的桎梏，导致资本主义私有制与生产社会化的矛盾日益严重，"资本主义私有制的丧钟就要敲响了。剥夺者就要被剥夺了"②。因此，贫困使得阶级对立尖锐，无产阶级因为长期被剥削而具有革命的彻底性，他们是新的生产力的代表，具有组织性和纪律性。只有充分发挥无产阶级在这场革命和反贫困中的主体性作用，才能真正消除贫困。

**4. 反贫困的最终目的**

马克思、恩格斯从来不掩盖自己理论的阶级属性，即代表着无产阶级和人民大众的利益，始终站在为人类谋解放和谋发展的高度，深入批评资本主义私有制及其对无产阶级的剥削，不断为解放全人类、促进自由全面发展和共同富裕而奋斗。

第一，共同富裕是马克思、恩格斯反贫困的基本目的，也是他们对未来社会的憧憬。马克思、恩格斯摆脱了空想社会主义的乌托邦式幻想，将共同富裕的实现置于唯物史观的基础之上，并指明了实现共同富裕的发展方向。

马克思最早提到共同富裕是在《政治经济学批判（1857-1858年手稿）》中。他指出，在共产主义社会，"生产将以所有人的富裕为目的"③。马克思、恩格斯认为，资本主义生产方式本身要求生产资料和劳动者相分离，实现集中生产，由此扩大生产规模，但生产的剩余价值却被资产阶级无偿占有，而无产阶级的相对收入和地位却呈现下降趋势，想要改变这种状况，无产阶级必须觉醒，推翻资产阶级的统治，成为自己的主人，建立社会主义制度。在这种制度之下，建立"财产共有制"，即所有人共同拥有生产资料并按照共同的协议分配社会财富，也就是说实现社会共有制是

---

① 《马克思恩格斯文集》第1卷，人民出版社，2009，第11页。
② 《马克思恩格斯文集》第5卷，人民出版社，2009，第874页。
③ 《马克思恩格斯文集》第8卷，人民出版社，2009，第200页。

实现共同富裕的前提，这些生产部门需要"为了共同的利益、按照共同的计划"①，共同参与和经营。贫富差距、阶级差距的消灭要以生产力的高度发展为前提，否则会导致"贫穷、极端贫困的普遍化"②。一方面，生产力的发展能促进共产主义成为世界历史性的运动；另一方面，共产主义的普遍建立反过来也可以促进生产力的发展。共产主义建立在社会主义公有制基础之上，无产阶级可以组织全国力量大力发展生产力，为共同富裕提供物质前提。因此，在共产主义社会，社会生产力将迅速发展，实现"各尽所能、按需分配"。

第二，实现人的自由而全面发展是马克思、恩格斯反贫困的最终目的。建立公有制，实现共同富裕是共产主义社会的基本目标，而共同富裕蕴含着"每个人的自由发展"③。在这时，劳动已不再是维持生活的必需，而是乐生的需要，人类第一次成为自然界的自觉的、真正的主人，可以合理地调节物质之间的变换，成为社会和自己的主人，不再受制于人，不再被剥夺。在马克思看来，在未来社会，人的发展不再片面和支离破碎，而是"占有自己的全面的本质"④。人的自由全面发展为我国的贫困治理提供了理论指南。

马克思、恩格斯从一系列经济事实和经济现象出发分析了人的本质，并提出实现人的全面发展的条件和路径。

首先，分析了人的全面发展的丰富内涵。一是人的劳动的自由全面发展。劳动是人类的本质，是人存在的根本方式。在共产主义社会，人可以自由自觉地活动，实现工作职能的自由转换，"今天干这事，明天干那事，上午打猎，下午捕鱼，傍晚从事畜牧，晚饭后从事批判"⑤，从而实现人的劳动内容的丰富性、完整性和自由性，达到全面发展的目的。二是人的社会关系的充分发展。人的社会实践活动或劳动在现实性上就是社会关系，即人的本质的现实性表现。因此，社会关系的全面发展是必然的，正如马

---

① 《马克思恩格斯文集》第1卷，人民出版社，2009，第683页。
② 《马克思恩格斯文集》第1卷，人民出版社，2009，第538页。
③ 《马克思恩格斯文集》第2卷，人民出版社，2009，第53页。
④ 《马克思恩格斯文集》第1卷，人民出版社，2009，第189页。
⑤ 《马克思恩格斯文集》第1卷，人民出版社，2009，第537页。

克思所讲,"个人的全面性……是他的现实联系和观念联系的全面性"①。三是人的个性的自由全面发展。人的个性是人与人相区别的根本性特征,是人的文化道德素质和体力智力等的综合表现。马克思将人类社会的发展划分为三个阶段②,只有在共产主义社会中,人终于可以摆脱各种束缚,"成为自身的主人——自由的人"③。四是人的个体需要的全面满足。正是因为有需要,人的活动才有动力,这是人区别于动物的主要特质,即"以其需要的无限性和广泛性区别于其他一切动物"④。也就是说,人的需要具有目的性和多样性,并随着时代发展的变化而变化,需要的丰富性使得"人的本质得到新的充实"⑤。五是人的能力的充分发展。这是人的其他方面发展的前提和目的,恩格斯认为在共产主义社会,人能够自由发挥自己的能力,最终实现全面发展和个性自由。

其次,人的全面发展的实现路径。一是生产力的高度发展和空余时间的增加。生产力的高度发展可以为人类提供丰富的物质财富,为实现人的全面发展提供必要的物质基础。在满足温饱的基础上,才能帮助其"体力和智力获得充分的自由的发展和运用"⑥。只有满足温饱,使人们摆脱生存贫困状态,人们才能够去追求更高更全面的发展。生产力的发展在推动了新需要的产生和满足新需要的同时,也提高了劳动生产效率,人们就有更多的自由时间去思考衣食住行以外的事情,从而挖掘其他方面的才能。因此,马克思强调"时间是人类发展的空间"⑦。这充分说明马克思深刻认识到生产力发展的巨大作用,以及人的才能发挥需要时空作为载体。二是旧式分工的消除和公有制的实现。分工的产生与生产力的发展没有使无产阶级摆脱贫困、实现发展,反而使无产阶级异化,束缚自身发展,这主要源于资本主义私有制和旧式分工的片面性与强制性。工人阶级想要全面发展

---

① 《马克思恩格斯文集》第8卷,人民出版社,2009,第172页。
② "三个阶段"即"人的依赖性阶段"、"以物的依赖性为基础的人的独立性阶段"和"人的全面而自由发展阶段",分别对应前资本主义社会、资本主义社会和共产主义社会。
③ 《马克思恩格斯文集》第3卷,人民出版社,2009,第566页。
④ 《马克思恩格斯全集》第49卷,人民出版社,1982,第130页。
⑤ 《马克思恩格斯文集》第1卷,人民出版社,2009,第223页。
⑥ 《马克思恩格斯文集》第9卷,人民出版社,2009,第299页。
⑦ 《马克思恩格斯文集》第3卷,人民出版社,2009,第70页。

必须消除"使精神活动和物质活动、享受和劳动、生产和消费由不同的个人来分担"的旧式分工①,否则他们仅能劳动而不能享受、仅能生产而较少消费。此外,必须消灭资本主义私有制,实行社会主义公有制,才能使所有人占有生产资料、实现发展。生产资料私有制导致社会财富两极分化,贫富不均,阶级对立。因此,只有消灭私有制,才能实现人的全面发展。三是社会关系和人与自然关系的和谐。一方面,社会关系的和谐需要建立在一定生产力的基础上,马克思、恩格斯指出,"一个人能够发展到什么程度"②是社会关系决定的。在和谐的社会关系中,人才能够自由选择自己的劳动,进而实现人与人之间的发展互为前提,即人的全面发展表现为人的交换的普遍性和人的社会关系的和谐。另一方面,马克思、恩格斯特别强调人与自然要和谐相处,"合理地调节他们和自然之间的物质变换"③。在资本主义生产方式下,人与自然关系紧张,环境污染严重,工人处于恶劣的环境之中。因此,要消除人与自然异化的体制机制,尊重自然规律,认识自然、改造自然,实现人与自然的和解。四是教育与实践活动的开展。马克思指出,生产力发展要靠教育,教育更是"造就全面发展的人的唯一方法"④。恩格斯也指出,教育可以根据社会需要或者爱好使年轻人自由选择职业,由此,可以促使其"摆脱现在这种分工给每个人造成的片面性"⑤。教育不仅能使人们掌握更多的工作技能、提高素质能力,还能促进科技的进步,进而促进社会的进步。实践活动是实现人的全面发展的根本途径,人需要在开展实践和劳动中实现发展,"生产劳动和教育的早期结合是改造现代社会的最强有力的手段之一"⑥。因此,马克思、恩格斯从主客观多个维度论述了实现人的全面发展的条件。

(二)列宁关于贫困与反贫困的理论

列宁继承了马克思和恩格斯的贫困思想并进行了创新,面对垄断资本

---

① 《马克思恩格斯文集》第1卷,人民出版社,2009,第535页。
② 《马克思恩格斯全集》第3卷,人民出版社,1960,第295页。
③ 《马克思恩格斯文集》第7卷,人民出版社,2009,第928页。
④ 《马克思恩格斯文集》第5卷,人民出版社,2009,第557页。
⑤ 《马克思恩格斯文集》第1卷,人民出版社,2009,第689页。
⑥ 《马克思恩格斯文集》第3卷,人民出版社,2009,第449页。

主义的新时代和新特点,在探索经济文化落后的社会主义国家如何巩固新生政权、消除贫困方面,作了有益的探索。关于相对贫困,列宁严厉地抨击了资本主义制度,提出了"相对贫困化"概念以及消除贫困的具体举措,极大地丰富了马克思主义贫困理论。

**1."绝对贫困化"和"相对贫困化"**

"贫困化"即"使之贫困",是一个动态的过程。马克思、恩格斯在对资本积累一般规律的论述中,深刻揭示了资本主义制度下贫困是不断加深和演化的。针对当时俄国以及其他资本主义国家的贫富分化现象,以及一些错误的修正主义观点,如"资本主义社会没有发生群众的贫困化""有产者同无产者之间的鸿沟不是在加深,而是在缩小"等言论[①],列宁在《资本主义社会的贫困化》中提出,"工人的贫困化是绝对的",即愈来愈穷,然而其"相对贫困化,即他们在社会收入中所得份额的减少更为明显"[②]。列宁继承了马克思关于绝对贫困与相对贫困的思想。"绝对贫困化"即在资本主义社会,工人的工资和生活水平越来越绝对地下降。列宁在《帝国主义是资本主义的最高阶段》中还分析了资本主义进入垄断阶段的概况,提出资本家以"剪息票"为生,帝国主义极其腐朽,是社会主义的前夜的观点。工人的绝对贫困化在一定时期内相对存在,如资本有机构成提高、经济危机发生时,无产阶级的生活水平会绝对地下降。"相对贫困化"即无产阶级劳动者的收入在国民收入中的比重越来越小,在自己所创造的价值中的比重逐渐下降。可以说,在资本主义社会,绝对贫困化是相对的,相对贫困化是绝对的。

列宁还阐述了贫困产生的原因和表现。在《国家与革命》中,列宁深刻地批判了资本主义生产关系所导致的劳动者的贫困和阶级对立,正是由于"资本主义剥削制度",农民、工人和小手工业者成为"雇佣奴隶",他们"被贫困压得喘不过气"[③]。列宁特别强调不只工人,还有农民和小手工业者都受到资本主义的剥削和压迫,他们的生产资料不断被剥夺。由于生

---

[①] 《列宁全集》第22卷,人民出版社,2017,第239页。
[②] 《列宁全集》第22卷,人民出版社,2017,第239~240页。
[③] 《列宁全集》第31卷,人民出版社,2017,第83页。

活没有保障,"剥削的压迫和各种屈辱"① 使平民逐渐沦为出卖劳动力的无产阶级工人,这就是广大劳动群众贫困化的过程,无产阶级成为"全体劳动居民的代表"。列宁认识到贫困人口的范围和数量都在逐渐扩大,相对贫困也越来越严重,不仅表现在物质方面,还表现在政治和文化层面。就物质贫困而言,列宁不仅认识到部分资本主义刚开始渗入的国家有较为严重的"物质上的贫困……群众挨饿的现象"②,还深刻认识到这一切都是"生产力不足造成的"③。就政治权利贫困而言,资本主义制度下,广大劳动群众"无暇过问"其政治权利,他们"被排斥在社会政治生活之外"④,而政治组织和公职人员却有"变为官僚的趋势"⑤,逐渐脱离群众、凌驾于群众之上。就文化贫困而言,列宁看到资本主义社会中,人性丧失、道德沦丧的图景,许多人走上了"流氓无赖、卖身投靠、尔虞我诈、丧失人格的道路"⑥。其中,文化氛围也是贫困产生的重要原因,因此,想要摆脱贫困,需要提高广大人民群众的文化水平。

**2. 关于社会主义国家的贫困及破解**

列宁在分析了资产阶级社会贫困的基础上,基于第一个社会主义国家建立的实践基础和现实状况,认为社会主义国家也存在贫困,包括相对贫困和绝对贫困,并提出了具体的减贫路径。

第一,关于社会主义国家依然存在贫困。马克思、恩格斯立足于资本主义制度下无产阶级的贫困现状,提出消除贫困必须进行制度变革,建立共产主义制度,通过批判资本主义制度,鼓励无产阶级发生暴力革命,建立无产阶级专政。之后,列宁通过分析具体的历史条件,认为社会主义也可以在一国取得胜利,并带领处于资本主义薄弱环节的俄国冲破资本主义的壁垒,建立了第一个社会主义国家。但俄国当时的经济文化比较落后,列宁清醒地认识到俄国的发展程度介于西方的发达文明和东方的落后文明

---

① 《列宁全集》第6卷,人民出版社,2013,第192页。
② 《列宁全集》第4卷,人民出版社,2013,第183页。
③ 《列宁选集》第4卷,人民出版社,2012,第350页。
④ 《列宁全集》第31卷,人民出版社,2017,第83页。
⑤ 《列宁全集》第31卷,人民出版社,2017,第111页。
⑥ 《列宁全集》第33卷,人民出版社,2017,第211页。

之间，还没有达到实现社会主义的条件，而"西欧和北美各先进国家才已成熟到可以实现社会主义的地步"①。因此，在建立无产阶级政权之后，迫切需要消除贫困，以巩固新生的无产阶级政权。他首先发展了马克思关于社会主义国家也存在贫困的观点，他清醒地认识到，在首先通过政治革命实现制度变革的国家，其文化和社会发展领域仍然十分落后，需要长时间逐渐地"在文化上和经济上消化它们"②。这种"消化"主要基于文化上和经济上的变革，大力发展生产力和进行"文化革命"，以创建适应新社会需要的经济和文化基础，而完成这项艰巨的任务或许"需要整整一个历史时代"③。

第二，社会主义国家的贫困治理问题。列宁深入地分析了"何为社会主义贫困"、"何以致贫"以及"如何脱贫"。社会主义国家的贫困有绝对贫困和相对贫困，而主要致贫原因是生产力发展的不足而不是制度。为此，他提出了反贫困的具体路径，一是大力发展生产力，特别是处于资本主义薄弱环节，经济文化较为落后的国家首要任务就是生产力的发展，满足人民群众的生活。"劳动生产率，归根到底是使新社会制度取得胜利的最重要最主要的东西"④，共产主义能够创造出较资本主义更高的生产率，大力增加生产力的总量，以满足更高的物质文化需求，展现社会主义制度的优越性。二是加强"文化革命"，建设新政权或者发展新经济都需要全新的文化与之相适应，列宁在为党的十一大起草的政治报告提纲中明确提出：当前的任务与物质贫困和文化贫困之间存在"脱节"⑤，而当时俄国"文化贫困"较为严重，既包括文化知识水平较低的工具性文化贫困，也包括小农思想、沙文主义等意识形态文化问题⑥，而国家机关则是"资产阶级和沙皇制度的大杂烩"⑦。因此，必须进行"文化革命"，抓住意识形

---

① 《列宁全集》第28卷，人民出版社，2017，第151页。
② 《列宁全集》第42卷，人民出版社，2017，第520页。
③ 《列宁全集》第34卷，人民出版社，2017，第360页。
④ 《列宁全集》第37卷，人民出版社，2017，第18页。
⑤ 《列宁全集》第43卷，人民出版社，2017，第408页。
⑥ 张英琇、李健：《打好摆脱社会主义"文化贫困"的持久战——列宁"政治遗嘱"中的文化忧思》，《马克思主义研究》2019年第10期。
⑦ 《列宁选集》第4卷，人民出版社，2012，第756页。

态的领导权，提高农民的社会主义觉悟，以巩固政权。三是加强无产阶级政党的建设。基于国内经济文化落后的现状，不断改进和完善党的领导，强化其对反贫困实践的指导，才能取得实质的成就。他强调，加强改善党的领导，"使党能够领导苏维埃的经济建设"①。同时，要不断提升党的领导能力、改进工作方式，提高党的建设质量。四是坚持人民群众的主体地位，列宁认为，社会主义建设不仅仅是共产党的事业，更是"全体劳动群众的事业"②，要充分动员广大人民群众参与，密切联系群众；同时，充分想群众之所想，以满足农民需要，"切实帮助他们摆脱赤贫和饥饿"③。五是利用商品、货币和市场发展经济，摆脱贫困。列宁深刻认识到落后的社会主义国家要想发展经济，必须承认商品和市场的作用，"学会做生意"④。这些举措对当今我国解决相对贫困也有借鉴意义，如要加强党的建设、发挥农民的主体性作用、加强内生性扶贫、增强扶贫的内生动力和可持续性。

## 二 中国化马克思主义关于贫困与反贫困的重要论述

马克思、恩格斯和列宁对贫困作了十分丰富的阐述，中国共产党历届领导人对其进行了继承和发展，丰富了马克思主义反贫困思想的理论宝库，实现了马克思主义减贫思想的中国化。

### （一）毛泽东关于贫困与反贫困的重要论述

在毛泽东同志的领导下，我们党顽强斗争，逐步建立了社会主义制度并开始探索社会主义建设道路，取得了丰硕的成果，创立了毛泽东思想，在此进程中形成了丰富的反贫困思想，实现了马克思主义贫困理论中国化。当时中国一穷二白，绝对贫困尤为突出，毛泽东主要关注广大农民群众的绝对贫困问题，致力于发展社会主义工业化，实现国家富强。毛泽东并没有明确地区分绝对贫困和相对贫困，但对当时贫困问题的归因、目标和消除贫困的对策进行了分析，不过并没有形成系统的反贫困思想。

---

① 《列宁全集》第40卷，人民出版社，2017，第37页。
② 《列宁全集》第43卷，人民出版社，2017，第95页。
③ 《列宁全集》第43卷，人民出版社，2017，第113页。
④ 《列宁全集》第42卷，人民出版社，2017，第468页。

第一章 理论基础

第一，关于我国贫困问题的根源。毛泽东认为近代中国贫穷落后的根源是对外遭受帝国主义的压迫，对内遭受本国封建势力和官僚资本主义的压迫，中国想要改变现状，必须推翻"三座大山"，实现国家独立与富强。这就需要在实现民族独立之后，建立没有剥削和压迫的社会主义制度，只有社会主义制度才能救中国。在新民主主义革命时期，毛泽东等中国共产党人紧紧依靠群众，将群众的利益放在首位，成功地建立了社会主义制度，赢得了人民群众的信任和支持。

第二，关于消除贫困的目标。实现"四个现代化"[①] 以及共同富裕是新中国成立以后的目标追求。毛泽东发现在农村内部，贫富分化愈来愈严重。因此，他于1955年在《关于农业合作化问题》中提出"共同富裕"的概念，指出必须实现农业合作化，改变所有制关系，发展集体经济，才能"使全体农村人民共同富裕起来"[②]。为了应对各种突发情况，为了抵御灾荒、改善人民生活，全国人民必须团结起来，建设社会主义。而这一思想主要是针对全体农民提出的，以合作化为组织形式、以工业化为动力，不断缩小收入差距来解决城市、农村中的贫富差距问题。

第三，关于反贫困的策略路径。一是通过改变生产关系反贫困。在明确了通过社会主义制度实现共同富裕的目标之后，毛泽东确立了实现"三大改造"以及优先发展重工业的战略步骤，逐步实现向社会主义制度过渡，并实现了社会主义公有制和集体所有制。通过建立农业合作社，经历了上千年贫穷的中国农民，"经济生活和文化生活都开始改变了面貌"[③]。二是通过解放和发展生产力反贫困。新中国成立初期，毛泽东认识到中国存在的落后和普遍贫穷的境况，提出"社会主义革命的目的是解放生产力"[④]。在我国确立社会主义制度后，毛泽东提出解放和发展生产力是根本任务，且要重视科学技术推动生产力的发展。三是通过土地改革缓解贫困。1947年，为了支持解放战争，中共中央颁布了《土地法大纲》，将地

---

[①] 1954年，第一届全国人民代表大会提出要实现工业、农业、交通运输业和国防四个现代化的目标。
[②] 《毛泽东文集》第6卷，人民出版社，1999，第437页。
[③] 《毛泽东文集》第6卷，人民出版社，1999，第455页。
[④] 《毛泽东文集》第7卷，人民出版社，1999，第1页。

主的土地分配给无地和少地的农民，这为建立农业合作化和实现农村土地集体所有奠定基础。四是在探索社会主义建设时期，毛泽东在救济、医疗和教育方面采取了多种具体措施。在救济方面，初步建立了"五保"制度，即各地对无依无靠的孤老病残社员实行保吃、保穿、保烧、保教（孤儿）、保葬的"五保"供养①。在医疗方面，高度重视农村医疗卫生，倡导推广"农村合作医疗"，并建立"赤脚医生"政策。在教育方面，毛泽东提出，"严重的问题是教育农民"②，并通过建立"扫盲运动"、建立农民技校和农民夜校、成立农技站等举措推动农民素质能力的提升。这一系列举措极大地缓解了农村贫困。

同时，毛泽东在缓解贫困方面也提出了一系列的方法论和原则，他认为实现共同富裕要循序渐进，需要若干年的奋斗，"才能将全体人民的生活水平逐步提高起来"③，并提出"两步走"发展战略。此外，他强调，在社会主义事业发展中，要坚持中国共产党的领导，坚持农民群众的主体力量，通过实现工业化和农业社会化摆脱贫困，"没有农业社会化，就没有全部的巩固的社会主义"④。这些思想和原则是符合当时实际的，对我国当下的反贫困事业也有启示意义。

（二）邓小平关于贫困与反贫困的重要论述

改革开放之初，中国仍然十分贫穷落后，如何正确认识社会主义制度以及怎样摆脱贫穷等现实问题摆在眼前，邓小平同志审时度势，提出了"社会主义本质论""社会主义发展阶段论"等论断，为统一全国人民思想、大刀阔斧改革奠定基础。由于当时的中国面临着普遍贫困，党中央把主要精力放在如何使中国摆脱贫穷、满足温饱问题上，对相对贫困关注较少，但我们仍然能从邓小平对绝对贫困的关注中看出其对相对贫困的态度和观点。

第一，共同富裕是社会主义本质。"贫穷不是社会主义，更不是共产

---

① 熊晞：《党的三代领导集体对实现共同富裕的探索与创新》，《中国特色社会主义研究》2006年第3期。
② 《毛泽东选集》第4卷，人民出版社，1991，第1477页。
③ 《毛泽东文集》第7卷，人民出版社，1999，第221页。
④ 《毛泽东选集》第4卷，人民出版社，1991，第1477页。

主义。"① 新中国成立之后，经过对社会主义建设的探索，我国的贫困面貌得到一些改变。邓小平认识到，生产力的极大发展才能真正实现社会主义，才能使物质财富"涌流"和"按需分配"。社会主义和共产主义与贫困不是矛盾体，社会主义的制度优越性能够为大力发展生产力扫清障碍，且社会主义"生产力比资本主义发展得更快一些"②。因此，他指出共同富裕才是社会主义的特点，共同致富是"社会主义原则"③。邓小平从纠正传统的、错误的贫困观开始，肃清意识形态错误，将对贫困的认识提高到一个更高的水平。

第二，消除贫困、实现共同富裕的具体战略举措。邓小平对于消除贫困、提高人民的生活水平，提出了一系列举措，形成了丰富的反贫困观点。一是大力发展生产力。毛泽东主要从生产关系层面反贫困，邓小平认识到在生产关系发生变革之后，必须发展生产力，革命的目的就是"国家的富强、人民生活的改善"④。二是实行改革开放，提出"一个中心，两个基本点"。邓小平认为"中国要谋求发展，摆脱贫穷和落后，就必须开放"⑤，必须改革旧的体制机制，必须实行对外开放，封闭只能落后，若是不改革、不开放、不大力发展生产力，"只能是死路一条"⑥。在改革方面，从农村的土地承包制改革到城市的工商业和科技教育的全面改革，极大地解放和发展了生产力，提高了人民的生产积极性和生活水平。在对外开放方面，邓小平提出要包容互鉴，学习和借鉴"一切对我们有益的知识和文化"⑦，促进经济与文化交流，才不会退到贫穷落后的状态。三是提出"三步走"的时间布局。从实现温饱到小康到现代化，需要循序渐进地完成，这也是邓小平反贫困的目标。四是从沿海到内陆循序推进的策略，即实行"先富"带"后富"。邓小平认为"先进地区帮助落后地区是

---

① 《邓小平文选》第3卷，人民出版社，1993，第64页。
② 《邓小平文选》第3卷，人民出版社，1993，第63页。
③ 《邓小平文选》第3卷，人民出版社，1993，第172页。
④ 《邓小平文选》第2卷，人民出版社，1994，第231页。
⑤ 《邓小平文选》第3卷，人民出版社，1993，第266页。
⑥ 《邓小平文选》第3卷，人民出版社，1993，第370页。
⑦ 《邓小平文选》第3卷，人民出版社，1993，第44页。

一个义务"①，也就是服从"两个大局"的思想，这为当前我们实行的对口支援、西部大开发战略奠定基础。五是要充分发挥人才的作用。邓小平认为人才是摆脱贫困的关键，勇于思考、探索和创新的人才可以助推我国赶超其他国家。②他还提出知识分子是工人阶级的一部分，以及重视农民的首创精神和主体地位。

（三）江泽民关于贫困与反贫困的重要论述

随着改革开放的深入推进和我国扶贫政策的调整，我国的贫困状况得到极大缓解，大面积连片贫困区域和贫困人口减少。但由于之前实行的"两个大局"战略以及自然环境等因素，城乡和区域间差距以及收入分配差距逐渐拉大，江泽民同志开始注重缓解发展不平衡问题和相对贫困问题。

第一，从共产党的宗旨的高度阐明反贫困的重要性。扶贫是共产党宗旨的鲜明体现。江泽民指出，"不断改善人民生活"，是共产党的宗旨和"三个代表"重要思想的必然要求。江泽民还制定了反贫困目标，大力推进"八七扶贫攻坚计划"，即到20世纪末，基本解决现有贫困人口的温饱问题。针对当时城乡、区域和阶层差距不断拉大的情况，江泽民指出要实现小康的目标，就"必须促进各个地区经济协调发展"③。此外，江泽民指出，消除贫困事关改革发展稳定大局，兼具经济性和政治性，贫困地区的发展关系到国家的发展和长治久安，尤其是民族和边疆地区长期贫困，"势必影响民族团结、边疆巩固，也会影响整个社会的稳定"④。历史和现实证明，如果一个国家贫困问题突出，势必会影响到国家的稳定和执政根基，进而影响执政合法性与政府公信力，也就谈不上改革和发展。因此，必须从政治、经济和社会各方面充分认识到扶贫工作的重要战略意义。

第二，从全面可持续发展角度拓展反贫困的新内涵。首先，重视保障人权。我国之前的扶贫工作主要侧重于解决人民群众的温饱问题，江泽民第一次将消除贫困与人的全面发展、人权联系起来，并提倡可持续发展。

---

① 《邓小平文选》第3卷，人民出版社，1993，第155页。
② 《邓小平文选》第2卷，人民出版社，1994，第143页。
③ 《江泽民文选》第1卷，人民出版社，2006，第549页。
④ 《江泽民文选》第1卷，人民出版社，2006，第550页。

最基本的人权是生存权和发展权,生存权的核心是温饱问题,如果连最基本的温饱都得不到解决,生存权得不到保障,也就谈不上发展权了。中国共产党和中国政府坚决维护人民的基本权利,并将保障人民的生存和发展权作为"维护人权最基础、最首要的工作"[①]。而通过扶贫开发,我国不仅解决了人们的温饱问题,保障了其生存权,而且为人们享受其他权利提供了前提和保障,有力地回击了西方敌对势力对我国的种种污蔑。其次,强调人的全面发展,不仅包括物质文化的发展,还包括人的素质和能力的提升。并且,"推进人的全面发展,同推进经济、文化的发展和改善人民物质文化生活,是互为前提和基础的"[②]。因此,要坚持将党的先进性和社会主义优越性落实到人的根本利益和人的全面发展上来。最后,反贫困不是短期的,要倡导可持续发展,要在实现富裕和消除贫困的过程中,"正确处理经济发展同人口、资源、环境的关系"[③],进而促进人民共享发展成果。

第三,从均衡发展维度缓解相对贫困问题。随着经济的发展和减贫的推进,我国贫困逐渐呈现地缘性特征,城乡区域差距逐渐拉大,这说明经济的发展和市场机制的引入一方面带动了一部分地区一部分人迅速脱贫致富,但另一方面也加剧了我国的相对贫困程度,行业间和区域间的贫富差距逐渐扩大。据统计,我国财产的基尼系数1995年为0.45,2002年为0.55,[④] 处于国际警戒线以上且居高不下。在这种情况下,我国开始调整扶贫政策,注重区域协调发展。江泽民强调,"逐步缩小地区之间的发展差距……达到全体人民共同富裕"[⑤],并十分重视东西协调发展。他意识到西部的发展关系到民族稳定、经济发展和实现共同富裕,全国要实现小康、稳定和现代化需要西部实现小康、稳定和现代化。对于如何啃难啃的"硬骨头"以及促进西部大开发,江泽民提出了多种措施,包括扶贫与扶

---

① 《十五大以来重要文献选编》(中),中央文献出版社,2001,第846页。
② 《江泽民文选》第3卷,人民出版社,2006,第295页。
③ 《江泽民文选》第3卷,人民出版社,2006,第295页。
④ 谢宇、张晓波、李建新、于学军、任强:《2014年中国民生发展报告》,北京大学出版社,2014,第10页。
⑤ 《江泽民文选》第2卷,人民出版社,2006,第340页。

志扶智相结合,"增强自我积累、自我发展的能力"①的根本出路以及"广泛动员全社会力量参与扶贫"②的重要方针。通过一系列的举措,中国的扶贫从体制改革推动减贫转向开发式扶贫模式,并走向了一条均衡发展和可持续发展的减贫之路,促进了东西的协调发展,但对于城乡的协调发展还需要予以更多的重视。

（四）胡锦涛关于贫困与反贫困的重要论述

进入21世纪,中国扶贫开发的重点已由解决温饱为主进入巩固提升、缩小差距的新阶段。随着市场经济的发展,我国城乡差距与区域差距逐年拉大,城乡基本公共服务不均衡发展问题突出,特别是在医疗和教育等领域。基于此,以胡锦涛同志为代表的第四代领导集体,面对新情况、新问题,不断开拓进取,在马克思主义中国化的实践过程中形成了科学发展观,并提出和谐社会与社会主义新农村建设,这些理论的提出为21世纪缩小城乡与区域发展差距提供了指南,尤其是科学发展观中的均衡协调思想,为我国反贫困事业赋予了新内涵和新目标。党的十八大报告中,胡锦涛同志提出"共同富裕是中国特色社会主义的根本原则"③,中国不断朝着共同富裕方向迈进。

第一,坚持以人为本、科学发展的反贫困理念。科学发展观与传统的追求效率、不可持续的发展观不同,更强调以人为本、可持续发展。发展是促进减贫的根本方法,更为重要的是科学发展,这种发展不是仅仅追求发展效率,更追求发展质量,强调绿色、协调、可持续发展,强调物质和精神发展并重。因此,实现科学发展,对"实现中华民族伟大复兴具有决定性意义"④。此外,坚持将人民的利益作为党和国家工作的根本出发点和落脚点⑤,始终以人的需求为核心,把提高贫困人口的发展能力、生活水平等摆在更加突出的位置,满足城乡人口的基本公共服务需求,解决攸关

---

① 《江泽民文选》第1卷,人民出版社,2006,第552页。
② 《江泽民文选》第1卷,人民出版社,2006,第555页。
③ 胡锦涛:《坚定不移沿着中国特色社会主义道路前进 为全面建成小康社会而奋斗——在中国共产党第十八次全国代表大会上的报告》,人民出版社,2012,第15页。
④ 《胡锦涛文选》第3卷,人民出版社,2016,第3页。
⑤ 《胡锦涛文选》第3卷,人民出版社,2016,第4页。

人民利益的现实问题。这种反贫困理念以人的发展为衡量贫困程度的标尺，集中反映了对人的尊严和价值的尊重，① 并且把贫困的内涵拓展到发展性维度，极大地拓展了贫困的内涵和贫困治理的空间。

第二，坚持协调可持续、统筹兼顾的反贫困原则。改革开放以来，我国的城乡居民收入差距从20世纪80年代的1.8∶1扩大到2003年的3.1∶1。②为此，2004年中央一号文件提出，要坚持"多予、少取、放活"的方针，发展农村，缩小城乡差距。基于科学发展观的基本要求，按照"五位一体"总体布局，促进全方位协调发展。特别是随着城乡差距和区域差距的拉大，相对贫困问题的日益凸显，更需要坚持统筹协调发展。科学发展要求"统筹兼顾"，这在客观上必然要求统筹好区域和城乡之间的发展，不断强化扶贫投入力度，较好较快地促进贫困地区的发展，从而实现区域协调发展。并且，党中央深刻认识到"三农"问题的严峻性和关键性，于2005年提出"建设社会主义新农村"，这是有利于城乡统筹的重大战略举措，旨在缩小城乡发展差距，不断改善农民的生产、生活条件，建立工农互促长效机制，促进城乡一体化。此外，在推动改革发展时，始终将改善人民生活作为前提，"统筹兼顾各方面群众关切"③。在推动收入分配改革时，也坚持统筹兼顾，认识到收入分配的重要性、紧迫性、艰巨性和复杂性。

第三，确立和谐社会、小康社会的反贫困目标。和谐社会的构建是实现全面小康的一项重要任务。④ 而和谐社会的深刻内涵要求我们不断消除贫困，缩小发展差距。同时，党的十六大、十七大对全面建设小康社会提出了具体的目标要求，并提出2020年实现我国"绝对贫困现象基本消除"，为我国贫困治理提供了新动力和新要求。在为之奋斗的过程中，胡锦涛也提出了全方位的扶贫方针，如开发式与保障式扶贫相结合，社会、行业和专项扶贫的大扶贫格局等，并重新制定扶贫标准，颁布了新的扶贫

---

① 华正学：《胡锦涛同志对马克思主义反贫困理论中国化的新贡献》，《毛泽东思想研究》2012年第3期。
② 田永胜：《统筹城乡重在以城带乡》，《光明日报》2004年3月8日。
③ 《胡锦涛文选》第3卷，人民出版社，2016，第480页。
④ 《胡锦涛文选》第2卷，人民出版社，2016，第274页。

发展纲要,为2011年之后的扶贫奠定基础,也为2020年后的相对贫困治理提供了诸多有益的经验。

(五)习近平总书记关于贫困与反贫困的重要论述

习近平总书记高度重视贫困问题,"先后7次主持召开中央扶贫工作座谈会,50多次调研扶贫工作,走遍14个集中连片特困地区"①,回答了我国减贫工作"为何开展""谁来开展""如何开展"等问题,形成了内涵丰富、层次鲜明的减贫理论体系。其中包括做到"六个精准"基本要求;提出"六个一批"的扶贫途径;坚持"三位一体"大扶贫格局、一把手负责制等。这些贫困治理理念和举措既是对马克思主义反贫困思想的继承和创新,也是对党百年贫困治理的经验总结,同时为未来的减贫工作提供了理论依据和经验。在脱贫攻坚取得绝对性胜利之后,习近平总书记高瞻远瞩,开始解决相对贫困问题,以实现共同富裕。

**1. 关于"为何开展"的论述**

第一,消除贫困是社会主义的本质要求。习近平多次从社会主义本质要求的高度强调反贫困的重要意义,并强调绝对贫困的消除是实现第一个百年奋斗目标的底线任务。在乡村振兴战略的背景下,相对贫困的解决、缩小发展差距是第二个百年奋斗目标的重要任务。因此,习近平指出,贫困问题要分阶段解决,"要有总体安排,创造条件分阶段逐步解决"②。我国将着眼于相对贫困,以实现共同富裕为目标,不断推进反贫困事业向前发展。并且,针对我国经济发展中分配不公平问题以及收入和公共服务的差距,习近平强调,要始终坚持以人民为中心,为实现共同富裕,"作出更有效的制度安排"③。因此,不断缩小发展差距、解决相对贫困,是社会主义制度的本质要求。

共同富裕是解决相对贫困的最终目的。党的十九大对全面小康社会实现后新的奋斗目标作了"路线图"和"规划表";随后,党的十九届五中全会提出2035年远景目标为"人民生活更加美好,人的全面发展、全体

---

① 习近平:《在全国脱贫攻坚总结表彰大会上的讲话》,人民出版社,2021,第9~10页。
② 习近平:《在解决"两不愁三保障"突出问题座谈会上的讲话》,《求是》2019年第16期。
③ 《习近平扶贫论述摘编》,中央文献出版社,2018,第9页。

人民共同富裕取得更为明显的实质性进展"①;党的十九届六中全会,在建党百年之际,再次强调要坚定不移走共同富裕道路,为我国促进共同富裕擘画了蓝图。因此,要在实现现代化的进程中逐步实现共同富裕,彰显社会主义制度的优越性。就"何为共同富裕",习近平认为,共同富裕不是一部分人的富裕,而是"全体人民共同富裕",是物质和精神的双重富裕,这种共同富裕不是平均主义,而是将居民的收入和消费水平差距"缩小到合理区间"②。关于"如何实现共同富裕",首先要分阶段推进、逐步缩小贫富差距,其次在高质量发展中促进共同富裕,推动分配制度改革等,尤其要关注人民精神生活的共同富裕和农村共同富裕。因此,共同富裕的实现是一个动态发展的过程,要坚定不移、久久为功。

第二,脱贫摘帽不是终点,而是新生活、新奋斗的起点。习近平清醒地认识到绝对贫困的消除只是意味着我国贫困治理重心的转移,全面脱贫后,"解决发展不平衡不充分问题、缩小城乡区域发展差距、实现人的全面发展和全体人民共同富裕仍然任重道远"③。目前,一些已脱贫地区存在脱贫水平不高、政策性脱贫和数字脱贫现象,脱贫群体的返贫概率大等问题。因此,习近平指出,对脱贫县设立五年过渡期,在过渡期坚持"四个不摘"④,接续推进脱贫地区全面推进乡村振兴。这些论述为2020年后的相对贫困治理指明了方向。在"十四五"时期,贫困治理的重点即为巩固脱贫成果,促进乡村振兴,以乡村振兴解决相对贫困问题。

**2. 关于"谁来开展"的论述**

消除贫困是一种非竞争性和非排他性的公共物品,是一种帕累托改进,全社会都可以从中获益。⑤ 因此,反贫困是全社会的责任。首先,消除贫困是党和政府义不容辞的责任,是"三农"工作的重心。中国在反贫

---

① 《中共中央关于制定国民经济和社会发展第十四个五年规划和二〇三五年远景目标的建议》,人民出版社,2020,第5页。
② 习近平:《扎实推动共同富裕》,《求是》2021年第20期。
③ 习近平:《在全国脱贫攻坚总结表彰大会上的讲话》,人民出版社,2021,第20页。
④ 习近平:《在决战决胜脱贫攻坚座谈会上的讲话》,人民出版社,2020,第11页。
⑤ 刘义圣、许彩玲:《习近平反贫困思想及对发展中国家的理论借鉴》,《东南学术》2016年第2期。

困实践中形成了省市县协调分工的"中央统筹、省（自治区、直辖市）负总责、市（地）县抓落实的扶贫开发工作机制"①，形成了五级书记抓扶贫和派驻扶贫工作队等工作机制，为我国农村绝对贫困治理提供了组织机制和人才支撑。同时，选好配强村级领导班子，加强村"两委"建设，发挥农村基层党组织的堡垒作用。

与此同时，习近平总书记也倡导，反贫困是每个公民和社会的共同责任，"要动员和凝聚全社会力量广泛参与"②，充分发挥政府、市场、社会组织和个人的作用，构建专项扶贫、行业扶贫、社会扶贫"三位一体"的大扶贫格局。一方面，加大东西部扶贫协作，注重"造血式"帮扶，加大产业扶持，实现互利双赢；另一方面，鼓励支持各类企事业单位、社会组织和个人参与扶贫，发挥各自优势，形成合力。因此，我国建立了"广泛参与、合力攻坚的社会动员体系"③，而这为农村相对贫困的治理奠定了坚实的群众基础。

此外，习近平十分重视发挥贫困群体的内生动力，充分发挥内因的作用。习近平指出，"摆脱贫困首要……是摆脱意识和思路的贫困"④。他认为人民群众才是反贫困的真正主体，一个地区的发展关键还是靠产业和劳动力，靠劳动群众的辛勤劳动和智慧来实现。因此，治贫先治愚、扶贫先扶智，"脱贫致富贵在立志"⑤，只要坚定信心，发扬自力更生的精神，艰苦奋斗，就一定能改变贫穷落后的面貌。早在福建工作时，习近平就认识到精神贫困、观念贫困的危害，提出群众要进行思想解放、观念更新，要明白"弱鸟可望先飞，至贫可能先富"的辩证法。⑥ 当然，扶贫先扶智，教育是脱贫致富的根本大计，是阻断贫困代际传递的治本之策⑦。同时，习近平强调，要对贫困群众加强职业技能培训，对其"授之以渔"，阻断

---

① 《习近平扶贫论述摘编》，中央文献出版社，2018，第65页。
② 《习近平扶贫论述摘编》，中央文献出版社，2018，第99页。
③ 《习近平扶贫论述摘编》，中央文献出版社，2018，第50页。
④ 《习近平扶贫论述摘编》，中央文献出版社，2018，第137页。
⑤ 《习近平扶贫论述摘编》，中央文献出版社，2018，第132页。
⑥ 习近平：《摆脱贫困》，福建人民出版社，1992，第2页。
⑦ 《习近平扶贫论述摘编》，中央文献出版社，2018，第68页。

"等靠要"思想，提升贫困群众的综合素质和能力，以激发贫困群体的主动性、积极性和创造性，实现持续稳固脱贫。目前尽管我国已全面消除绝对贫困，但仍有部分地区的群众依赖思想严重，离开政府的帮助容易返贫。因此，相对贫困的解决也要注重激发贫困群众的内生动力，才能实现发展的可持续性。

**3. 关于"如何开展"的论述**

第一，识别贫困群体是贫困治理的前提。2013年，习近平总书记提出精准扶贫理念，2015年提出"六个精准"[①] 的扶贫要求，首先要精准识别贫困户，"把扶贫对象摸清搞准，把家底盘清"[②]，进而找到每个贫困户的致贫原因和贫困类型，进行"建档立卡"、精准施策。在此基础上，还需要对现有贫困户进行精准管理，对贫困户的状况实时跟踪，开展"回头看"活动，并动态调整和更新贫困户数据库。只有把"贫困人口、贫困程度、致贫原因"搞清楚，才能做到"因户施策、因人施策"，以达到"扶真贫、真扶贫"[③]。习近平创造性地提出了"精准识别"和"建档立卡"的思路，能够瞄准贫困户，为相对贫困的解决提供了理论指南和实践经验。后小康社会的贫困，要遵循"精准"和"精细化"原则，根据具体的原因和类型帮助贫困地区和贫困人口脱贫致富，实现精准治理和可持续性发展。值得注意的是，"十四五"时期甚至到现代化实现之际，我国实现共同富裕，解决相对贫困，"最艰巨最繁重的任务依然在农村……解决好发展不平衡不充分问题，重点难点在'三农'"[④]，这意味着农村相对贫困是2020年后相对贫困治理的重中之重，要抓好农村这个场域解决相对贫困。

第二，坚持因人、因地、因贫困原因、因贫困类型精准施策。自改革开放以来，随着大规模区域性扶贫项目的实施，贫困的分布特征已经发生了显著变化，形成了一种"整体分散、局部集中"的插花式分布模式。在

---

① 即扶持对象精准、项目安排精准、资金使用精准、措施到户精准、因村派人（第一书记）精准、脱贫成效精准。
② 《习近平扶贫论述摘编》，中央文献出版社，2018，第59页。
③ 《习近平扶贫论述摘编》，中央文献出版社，2018，第63页。
④ 《中共中央国务院关于全面推进乡村振兴加快农业农村现代化的意见》，人民出版社，2021，第2页。

这种模式下，传统大水漫灌式的区域开发扶贫方法已不再适应新时代脱贫攻坚的需要。基于此，习近平提出精准脱贫、精准扶贫方略，强调根据贫困类型、贫困原因，采取不同的脱贫措施，坚持因人、因地、因贫困原因、因贫困类型精准施策。要坚持深入调研，摸清扶贫对象，找准"穷根"，靶向治疗。习近平告诫，"空喊口号、好大喜功、胸中无数、盲目蛮干不行，搞大水漫灌、走马观花、大而化之、手榴弹炸跳蚤也不行"[①]，并提出"六个精准"要求，实施"五个一批"工程[②]，实现帮扶的系统性、精准性和可持续性。

第三，保持现有扶贫政策总体稳定，巩固脱贫成果。2020年3月，习近平总书记强调，对脱贫人口、脱贫县设立5年"过渡期"，在过渡期内实行"四个不摘"，"扶上马送一程"，"保持现有帮扶政策总体稳定"[③]。现有扶贫政策的延续，能够有力地防止返贫，为相对贫困治理奠定坚实基础。同时，强调现有扶贫政策要逐项推进分类优化调整，"兜底救助类政策要继续保持稳定。落实好教育、医疗、住房、饮水等民生保障普惠性政策，并根据脱贫人口实际困难给予适度倾斜。优化产业就业等发展类政策"[④]。此外，巩固"两不愁三保障"成果、做好易地搬迁后续帮扶工作，健全低收入人口常态帮扶机制等都为防止规模性提供返贫，解决相对贫困问题提供了政策支撑。

第四，建立解决相对贫困的长效机制和制度。2020年，脱贫攻坚战的胜利只是意味着绝对贫困的消除，而相对贫困的缓解将成为贫困治理的长期任务，这就要求将"攻坚式"举措逐步调整为"制度式"和日常性的帮扶措施[⑤]，由集中作战转为常态推进，不断完善扶贫体制机制。为此，党中央提出，"建立解决相对贫困的长效机制，推动减贫战略和工作体系平

---

① 《习近平关于全面建成小康社会论述摘编》，中央文献出版社，2016，第156页。
② 五个一批是指发展生产脱贫一批、易地搬迁脱贫一批、生态补偿脱贫一批、发展教育脱贫一批、社会保障兜底一批。
③ 习近平：《在决战决胜脱贫攻坚座谈会上的讲话》，人民出版社，2020，第11页。
④ 《中共中央国务院关于实现巩固拓展脱贫攻坚成果同乡村振兴有效衔接的意见》，人民出版社，2021，第7页。
⑤ 习近平：《把乡村振兴战略作为新时代"三农"工作总抓手》，《社会主义论坛》2019年第7期。

稳转型"①。

第五，解决相对贫困要与乡村振兴战略统筹衔接。2019年、2020年、2021年连续3年中央一号文件都强调"做好脱贫攻坚与乡村振兴的衔接"以及通过乡村振兴解决贫困问题，表明消除绝对贫困之后，要将乡村振兴作为解决相对贫困的关键战略举措。2018年，国家对乡村振兴的目标任务作出了短期、中期和长期规划。短期目标为到2022年，初步健全乡村振兴的制度框架和政策体系，脱贫攻坚成果得以巩固；中期目标为到2035年，农业农村现代化基本实现，相对贫困进一步缓解，共同富裕进一步迈进；长期目标为到2050年，乡村全面振兴，农业强、农村美、农民富全面实现②。"十四五"时期，乡村振兴的主要任务和短期目标是巩固拓展脱贫成果。因此，需要规划设计乡村振兴统筹下如何巩固脱贫成果、现有脱贫成果如何拓展为乡村振兴。乡村振兴与解决相对贫困的发展和目标是同频共振的，乡村振兴与解决相对贫困都是实现社会主义现代化强国的重要举措，将二者衔接、协同推进，有利于节约行政资源，实现"双赢"。

习近平总书记关于反贫困的相关论述，是立足于社会主要矛盾的变化和新时代的历史定位，在一系列扶贫实践过程中逐渐形成的，不仅是对马克思主义反贫困理论的创新发展，更是我国解决相对贫困的科学指南。

## 第二节 国外其他关于相对贫困的理论

国外的贫困治理理论成果丰硕，众多学者和机构组织从经济学、社会学、管理学等多个领域对贫困进行了深入研究，经历了从收入贫困到权利和能力贫困，再到多维贫困的研究范式转换，并产生了物质贫困理论、权利贫困理论、能力贫困理论、多维贫困理论，等等。本研究选取国外学者经典的相对贫困理论，如相对剥夺理论、综合视角下的权利和能力贫困理论以及21世纪涌现的多元发展观下的反贫困理论，以期为解决我国农村相

---

① 《中共中央国务院关于抓好"三农"领域重点工作确保如期实现全面小康的意见》，人民出版社，2020，第5页。
② 《乡村振兴战略规划（2018-2022年）》，人民出版社，2018，第13~17页。

对贫困提供理论借鉴。

## 一 相对剥夺理论

社会学家从个人和家庭处于弱势地位出发,将贫困分为剥夺(deprivation)和社会排斥(social exclusion)。"剥夺"一词可以更直观地设定贫困标准进行识别,而社会排斥与社会制度联系密切。英国社会政策学家彼得·汤森提出的相对剥夺理论是社会排斥理论的一部分。通过分析英国的就业率、穷人与富人的再分配等状况,汤森认为英国的贫困问题还没有解决,而只是变换了一种形态,从绝对贫困转变为相对贫困,而且会随着社会规范和习俗而不断变化。20世纪70年代末,汤森以其独特的贫困视角,对贫困进行了重新定义,并提出"相对剥夺"概念,在此基础上对相对贫困和相对剥夺的测量标准进行了设定。汤森认为,相对剥夺即社会一般水准下"应该享有的食物、基本设施、服务与活动的缺乏与不足"[1]。可以发现,相对剥夺的衡量是与社会一般生活条件的对比,如果生活水平处在社会一般条件之下,则是贫困的。也就是说,贫困者由于匮乏而被排斥在社会一般生活方式之外,这里的贫困已经不是温饱问题,而是与其他人相比的被剥夺、被排斥。关于相对贫困的测量方法,汤森一方面提出以收入为主的相对收入标准,另一方面提出相对剥夺标准。他将更多的社会因素考虑其中,如习俗和社会参与,并将其细化为60项剥夺指标,最后汇总并通过货币转换成剥夺线,即"贫困线"。

汤森的相对剥夺理论认为贫困是由于个体资源的缺乏而被排斥在主流社会之外,而法国和欧盟所提出的"社会排斥"概念,则认为贫困是由于社会制度、结构和文化而被排斥在福利制度之外。"社会排斥"是1974年由法国学者拉诺尔明确提出的。拉诺尔认为,法国存在的"精神和身体疾病者、残疾人、边缘人、反社会人"大约为总人口的10%,这些人由于社会结构、制度等问题,没有受到社会保障制度的保护,而成为"受排斥

---

[1] Townsend, P., *The International Analysis of Poverty* (London: Harvester Wheatsheaf, 1993), p. 31.

者"①。20世纪80年代末,这一概念在欧洲其他国家迅速传播并得到政界重视,之后逐渐传播到欧盟以外的国家。1997年英国首相布莱尔设立了"社会排斥局"。学者和政府机构也不断对"社会排斥"的概念进行界定和拓展。我国学者银平均认为社会排斥即社会权利的缺失,而英国学术界认为社会排斥是个人未能参与主流社会及其必要活动。②欧盟认为,社会排斥是一些人由于贫困或缺乏基本能力,或者被歧视而无法参与社会,被挤压到社会边缘的过程。③联合国开发计划署认为,受社会排斥者的基本权利被剥夺,而实现这些权利的途径也无法获得。④可以发现,国外学者普遍认为社会排斥是基本权利被剥夺而处于社会边缘的状态。

## 二 权利贫困理论和能力贫困理论

随着经济社会发展不平衡以及发展差距逐渐凸显,人们的需求也变得更加多元化,贫困表现更加多维,贫困研究也向着更综合性的方向深化。从贫困表现为"收入不足"转变为"权利和机会的被剥夺"与"自由的缺乏",学者们逐渐提出了权利贫困论、能力贫困论以及全面贫困论,为研究贫困的原因和解决方案提供了理论借鉴。英国著名经济学家阿马蒂亚·森在其著作中利用权利分析方法,从能力的提升和自由的实现出发,提出权利贫困理论和能力贫困理论,对贫困理论的研究和框架进行了拓展和创新。

关于权利贫困理论。阿马蒂亚·森认为饥饿不一定表现为粮食的缺乏,还有可能是一些人囿于权利和能力的缺乏而不能获得粮食。因此,饥饿与食物供给下降不存在直接关系。在此基础上,他提出用权利关系(entitlement relation)来解释饥饿,"把饥饿放在权利体系中加以分析"。⑤森认为,饥饿体现的是人类对食物所有权的缺失,是个人交换权利下降,或者是个体权利失败的结果。⑥"权利失败"又体现为包括"直接权利的失

---

① 熊光清:《欧洲的社会排斥理论与反社会排斥实践》,《国际论坛》2008年第1期。
② 银平均:《社会排斥视角下的中国农村贫困》,博士学位论文,南开大学,2006。
③ World Bank, "Social Exclusion and the EU's Social Inclusion Agenda", Paper Prepared for the EU8 Social Inclusion Study, Document of World Bank, 2007.
④ 丁开杰:《西方社会排斥理论:四个基本问题》,《国外理论动态》2009年第10期。
⑤ 阿马蒂亚·森:《贫困与饥荒》,王宇、王文玉译,商务印书馆,2001,第1~2页。
⑥ 阿马蒂亚·森:《贫困与饥荒》,王宇、王文玉译,商务印书馆,2001,第5页。

败"和"贸易权利的失败",前者是直接获得的某种食物数量的减少,而后者是间接交换获得的食物减少。① 因此,森认为饥饿或者说贫困的原因不完全是经济原因,还有可能是获得商品的能力和权利缺失。在理解普遍贫困时,要关注"所有权模式和交换权利",更要关注"生产方式、经济等级结构及其相互关系"②。此外,森认为,贫困与不平等是不能画等号的,因为无论是什么类型的贫困,都有"一个不可缩减的绝对贫困的内核(core of absolute deprivation)"。离开了这个"绝对贫困的内核",相对贫困现象就容易"失真",从而陷入"纳伪悖论"和"弃真悖论"③。因此,森认为相对贫困只是基于绝对贫困而提出的一种新视角下的贫困,而不是替代。他认为贫困的相对性,主要体现在贫困的测量中。

此外,他认为"贫困的最低生活水平定义中的每一过程几乎都有缺陷"④。即判断一个人是否贫困,不仅要看收入,还要看人们的消费习惯和主观感受等。因此,森提出了"识别"和"加总"的贫困度量方法。"识别"即基于最低生活需求进行筛查,而"加总"则需要通过建立指标和指数把贫困表现出来,以反映贫困的总体状况。⑤ 就"识别"而言,通过"基本需要"识别贫困有直接方法和收入方法。前者是看消费是否满足基本需要,而后者是看收入是否满足最低需求。⑥ 收入的方法能够显示收入差距,能反映偏离"贫困线"程度的贫困距,但不能反映个体的消费行为方式。就"加总"而言,森提出了一个精准的贫困指数来考察总体的贫困程度,即森指数(Sen index):$P = H[I+(1-I)G]$⑦。该指数集贫困的绝

---

① 阿马蒂亚·森:《贫困与饥荒》,王宇、王文玉译,商务印书馆,2001,第63~64页。
② 阿马蒂亚·森:《贫困与饥荒》,王宇、王文玉译,商务印书馆,2001,第8页。
③ 纳伪悖论:如果一个社会的不平等并没有影响到任何人的社会参与,这种差距就不会产生相对贫困;弃真悖论:当一个国家经济整体严重下滑时,事实上的贫困人口必然会增加,但是收入比例法的计算方式可能会导致真实的贫困无法得到统计,参见李棉管、岳经纶《相对贫困与治理的长效机制:从理论到政策》,《社会学研究》2020年第6期。
④ 阿马蒂亚·森:《贫困与饥荒》,王宇、王文玉译,商务印书馆,2001,第17页。
⑤ 阿马蒂亚·森:《贫困与饥荒》,王宇、王文玉译,商务印书馆,2001,第29页。
⑥ 阿马蒂亚·森:《贫困与饥荒》,王宇、王文玉译,商务印书馆,2001,第34~36页。
⑦ 其中,P是贫困的度量结果,H是贫困人口比率度量,即被识别为穷人的人数比率,I反映了总贫困的缺口即全体穷人的收入与特定贫困线差距的总和,G代表了贫困线之下收入分配的不平等程度。

对测量和相对测量方法于一体，能够更好地反映贫困程度。

关于能力贫困理论。森认为贫困表现为没有能力进行正常生活。能力受到剥夺及机会丧失是陷入贫困的根源。也就是说，"可行能力不足"导致贫困，脱贫意味着实现自由。森认为，人的发展是为了实现自由，而自由也促进人的发展。"实质自由"是人们有"可行能力"去选择自己想要过的生活，能够使自己免受苦难、维持基本的学习和政治参与的自由等。[①]而人的"可行能力"可能由于收入不平等、医疗和教育的缺乏、社会排斥等被剥夺，使其陷入贫困。基于此，森提出促进人的发展和可行能力提升的五大工具性自由，即政治自由、经济条件、社会机会、透明性担保以及防护性保障。

森认为，"对贫困的'特征描述'要优先于政策选择"[②]。因此，先要抓住贫困的根源，才能对症下药。这也启示本书要深入研究贫困的现状、特征和致贫机理，才能构建符合实际和科学系统的长效机制。森提出的权利贫困和能力贫困理论，丰富了贫困研究的范式和框架，为学术界研究贫困提供了一个新的视角，也促进了多维贫困理论产生。一方面启示我们在构建解决农村相对贫困的长效机制时要充分考虑贫困的多维性，另一方面要考虑贫困的主观性，保障贫困者的权利并提升其能力至关重要。

## 三　益贫式增长理论与包容性增长理论

传统发展观主要以促进经济增长为发展目标，但随着社会的发展，这种发展观暴露出诸多弊端，如导致社会阶层分化、环境污染等。在此背景下，满足人的需要和促进人的发展的新发展观应运而生。在新发展观下，世界银行、联合国以及国际学术界逐渐形成了益贫式增长、包容性增长和绿色减贫等反贫困理论，有力地推动了反贫困理论的发展。

### （一）益贫式增长理论

20世纪80年代，在发展中国家实践失败的华盛顿共识受到质疑，他

---

[①] 阿马蒂亚·森:《以自由看待发展》，任赜、于真译，中国人民大学出版社，2013，第30页。

[②] 阿马蒂亚·森:《再论不平等》，王利文、于占杰译，中国人民大学出版社，2016，第124页。

们坚信滴漏经济学（trickle down economics），即通过发展经济惠及贫困阶层和群体，并带动其共同发展和富裕。[①] 然而事实证明，一些发展中国家尽管经济得到极大增长，但经济增长并不能自动惠及穷人，贫富差距越发明显。传统发展观被质疑后，国际社会开始思考在促进经济增长的同时如何使穷人在其中受益，益贫式增长（pro-poor growth，PPG）理论逐渐产生。随后许多国际组织和机构都开始思考益贫式增长。

许多国际组织和学者都给益贫式增长下过定义。联合国以及经济合作与发展组织（以下简称经合组织）认为益贫式增长是经济增长有利于穷人，但没有明确具体获利多少。[②] 随后，经合组织提出，如果增长大于0则是益贫的。显然，这种定义实质还是滴漏式增长，真正的益贫，应该是经济的增长更有利于穷人。[③] 有学者还进一步将益贫式增长分为绝对和相对益贫式增长，绝对益贫式增长认为穷人在经济增长中获得的绝对利益要大于非穷人；相对益贫式增长认为经济增长中穷人增长的比例大于非穷人，或者穷人的收入增长率超过平均收入增长率。[④] 由于绝对益贫式增长实现较为困难，相对益贫式增长的定义得到大多数学者和机构的肯定，它意味着经济增长不仅能减少贫困，还能缩小差距、改善不平等。因此，益贫式增长不仅关注增长，更关注增长的不平等。益贫式增长有三个核心要义：发展机会平等的增长、利于大多数人且具有可持续性的增长、充分就业的增长。[⑤] 我国收入差距愈发扩大，正是由于经济的益贫式增长还不够。因此，要在促进经济增长的同时，促进收入分配制度改革，完善社会保障制度，在经济的增长中改善低收入者的生活。

（二）包容性增长理论

21世纪以来，全球经济飞速发展，但全球处于长期贫困的人口依然存

---

[①] 周华：《益贫式增长的定义、度量与策略研究——文献回顾》，《管理世界》2008年第4期。
[②] 周华：《益贫式增长的定义、度量与策略研究——文献回顾》，《管理世界》2008年第4期。
[③] 韩秀兰、李宝卿：《益贫式增长与社会机会分配》，《统计研究》2011年第12期。
[④] White, H. and Anderson, E., "Growth Versus Redistribution: Does the Pattern of Growth Matter?" *Development Policy Review* 3 (2001): 267–289.
[⑤] 范从来、谢超峰：《益贫式增长、分配关系优化与共享发展》，《学术月刊》2017年第3期。

在，且大多数分布在亚太地区，共有 3.2~4.43 亿人①。同时，更多的国家出现收入不平等、非收入维度不平等和贫困维度增多现象，亚洲许多国家基尼系数上升，收入差距逐渐拉大。这些不平等问题导致经济成果无法惠及困难群体，阻碍了经济发展的质量和社会进步，甚至威胁到政治稳定。为此，亚洲开发银行首先提出"包容性增长"（inclusive growth）理念，并于 2007 年提出要将战略定位从减贫扩展到包容性增长，于 2008 年将其确定为发展的三大支柱性战略之一；此外，世界银行于 2008 年提出要构建可持续和包容性发展的战略。② 这一理念逐渐在全世界得到共识。

包容性增长意指在经济增长中每个人的发展和机会是平等的，达到经济社会的均衡可持续发展。Ali 和 Zhuang 认为包容性增长指的是不仅机会得以增加，而且每个人的机会都平等地增长，从而使每个人在经济发展中平等参与且获益。③ 在此基础上，Ali 和 Son 认为，包容性增长最终是为了实现可持续和平等的增长、社会包容、赋予权能、保障安全等。④ 此外，他们将其定义为社会机会上的益贫式增长⑤，主要是强调非收入，如医疗和教育的增长。亚洲开发银行把社会成员能够均等获得机会且在经济增长中受益定义为包容性增长。⑥ 这个定义是"参与"与"共享"的统一。尽管对包容性增长的定义有很多，总的来说都包含经济机会的增长、平等获得、经济增长中收益增长等内容。"包容性增长"不仅强调经济层面的公平，还强调社会经济和社会权利等方面的公平以及人的能力的提升、消除社

---

① 转引自杜志雄、肖卫东、詹琳《包容性增长理论的脉络、要义与政策内涵》，《中国农村经济》2010 年第 11 期。

② 杜志雄、肖卫东、詹琳：《包容性增长理论的脉络、要义与政策内涵》，《中国农村经济》2010 年第 11 期。

③ Ali, I., and Zhuang, J., "Inclusive Growth toward a Prosperous Asia: Policy Implications," ERD Working Paper No.97, Economic and Research Department, Asian Development Bank, Manila, 2007.

④ Ali I., and Son H.H., "Defining and Measuring Inclusive Growth: Application to the Philippines," ERD Working Paper No.98, Economic and Research Department, Asian Development Bank, Manila, 2007.

⑤ Ali, I., Son, H.H., "Measuring Inclusive Growth," *Asian Development Review* 24 (1) (2015): 31.

⑥ Asian Development Bank, "Strategy 2020: The Long-Term Strategic Framework of the Asian Development Bank 2008-2020," Asian Development Bank, Manila, 2008.

排斥,其本质是消除贫困人口在这些领域的贫困,是对"益贫式增长"的超越。为扩展经济机会和促进穷人发展,需要推动经济快速、可持续增长,不断创造经济机会,使社会成员公平获得参与机会,并在经济发展过程中最大限度获得经济福利。① 具体而言,需要在经济发展中,增强制度设计的公平性,创造一个公平的市场竞争环境,促进社会成员公平获得社会保障的福利。②

(三)绿色减贫理论

工业社会经济发展的同时也导致资源环境的损害,于是人们开始关注如何实现经济的可持续发展,在促进经济增长的同时保护环境。于是,世界环境与发展委员会于1978年提出了可持续发展理论,打破了发展经济与保护环境不可兼得的困境,提供了经济增长、环境治理和社会发展相融合的新范式。21世纪以来,"绿色发展"逐渐成为可持续发展的新意蕴,丰富了其内涵,是对可持续发展的继承。③ 随着2008年国际金融危机的发生,许多国家开始反思其发展模式和经济转型,绿色增长的新模式成为许多国家的转型方向,也掀起了国际机构和组织、学者的研究的热潮。

经合组织认为绿色增长是"实现自然资源的可持续和经济增长的兼顾"④;世界银行认为,绿色增长是在经济增长的同时"实现资源节约、清洁和更有弹性"⑤。这些概念一致的地方是兼顾了经济增长、社会包容和资源环境改善,是一种"深度经济范式变革"⑥。在该理论基础上,一些学者提出了益贫式绿色增长、包容性绿色增长等概念,进一步丰富了贫困治理理论。绿色减贫是在减贫过程中不损坏资源环境而实现减贫发展的一种理

---

① 蔡荣鑫:《"包容性增长"理念的形成及其政策内涵》,《经济学家》2009年第1期。
② 杜志雄、肖卫东、詹琳:《包容性增长理论的脉络、要义与政策内涵》,《中国农村经济》2010年第11期。
③ 《第五届亚太环发部长会议通过"部长宣言"和"汉城绿色增长倡议"》,https://www.mee.gov.cn/gkml/sthjbgw/qt/200910/t20091023_179897.htm,最后访问日期:2023年12月1日。
④ OECD, *Towards Green Growth* (Paris, OECD, 2009), pp. 22-23, 49-51.
⑤ World Bank, *Inclusive Green Growth: The Path Way to Sustainable Development* (Washington, D. C., World Bank, 2012), pp. 2-5.
⑥ 明翠琴、钟书华:《国外"绿色增长评价"研究述评》,《国外社会科学》2013年第5期。

念和行动；益贫式绿色增长即在促进绿色增长中减贫，强调在推动脱贫的过程中，有限度地开发资源、保护自然资源，进而实现脱贫致富。[1] 益贫式绿色增长是帮助贫困地区实现可持续脱贫的一个重要举措。[2] 包容性绿色增长则强调在保护生态环境的前提下，要关注发展中国家的经济增长与摆脱贫困、增进社会福祉之间的平衡，尤其是对穷人和脆弱群体的包容。我国实行的易地扶贫搬迁就是绿色减贫的代表。农村相对贫困的有效解决要充分发挥绿色减贫的优势，发展绿色产业、推动可持续发展。

---

[1] 北京师范大学中国扶贫研究中心课题组、张琦、胡田田：《中国绿色减贫指数研究 绿色减贫理论综述》，《经济研究参考》2015年第10期。
[2] 徐秀军：《解读绿色扶贫》，《生态经济》2005年第2期。

# 第二章 建立解决农村相对贫困长效机制的理论认知

在理论维度厘清建立解决农村相对贫困长效机制的逻辑是本书的重要前提。相对贫困本身的内涵释义和本质属性是建立解决农村相对贫困长效机制的"元问题";历史任务、制度要求和主要矛盾是建立解决农村相对贫困长效机制的本质规定性。因此,本章从理论上阐释了农村相对贫困长效机制建立的必要性和可能性。

## 第一节 建立解决农村相对贫困长效机制的"元问题"

厘清相对贫困的概念内涵和本质属性是相对贫困的"元问题",也是解决中国农村相对贫困问题的前提。相对贫困是从社会一般生活水准的角度定义贫困,与绝对贫困相比,相对贫困的范围和程度更广、更深,其基本需要不仅包含满足温饱的衣食住行,还包括实现发展的多维需求。因此,相对贫困具有强烈的主观性、显著的差异性、动态性、多维性和长期性,这些本质属性决定了解决相对贫困无法一蹴而就,而是需要常态化推进、构建长效机制。

### 一 相对贫困:一种区别于绝对贫困的贫困形态

学术界对贫困概念内涵的探讨汗牛充栋,国内外学者从不同的视角对贫困的概念进行解读。基于经济学视角,学者们提出贫困是"收入不足"或者基本生存需求得不到满足,而不同时期"基本需要"的构成是不尽相

## 第二章 建立解决农村相对贫困长效机制的理论认知

同的,这也反映了贫困的动态性和相对性;基于社会学视角,学者们提出贫困是社会排斥,即贫困者被排斥在平等地获得社会发展机会、参与社会活动的权利之外,其本质是平等的公民权被剥夺;基于发展经济学视角,森提出贫困是获取基本需要的"可行能力"被剥夺,从而导致其丧失了获取想要实现某种生活的能力而陷入贫困。可见,国外学者对贫困概念的认识经历了物质贫困、权利贫困、能力贫困等多个阶段。此外,马克思从政治经济学的视角,提出由于资本主义制度和生产关系,无产阶级逐渐陷入绝对贫困和相对贫困。在马克思看来,"被剥夺了劳动资料和生活资料的劳动能力是绝对贫困本身"[1],也就是说,无产阶级的绝对贫困是指无产阶级所拥有的仅有自己的劳动力,想要生存,只能出卖自己的劳动力,劳动"为工人生产了赤贫……使工人变成畸形……给工人生产了愚钝和痴呆"[2];而无产阶级的相对贫困和相对贫困化是资产阶级的收入和地位不断上升,而无产阶级的收入和地位却相对下降的态势。这意味着无产阶级的相对贫困不仅是物质的匮乏,更包括生活地位的低下。

从以上研究可以发现,学术界对贫困概念的研究不断深化,从贫困的表现延展至贫困的致因,从绝对贫困到相对贫困,从一维贫困到多维贫困。绝对贫困的概念已获得学界较多的共识,即不能满足最基本的温饱需求的状态;然而关于相对贫困概念,学界却没有达成共识。汤森认为没有达到一般社会水准生活条件的人则为"穷人",缺乏社会所定义的必需品并被边缘化则为"相对剥夺"。[3] 而森(sen)认为,不平等与相对贫困不能画等号,只要属于贫困,无论什么样态,都会有一个不可或缺的"绝对内核"。[4] 森认为相对贫困只是对绝对贫困的一个补充。也就是说,无论是绝对贫困还是相对贫困,都存在一个贫困的"元内核",即"贫困",诸如权利贫困、能力贫困、社会排斥等,都只是贫困的原因或者结果,是贫困

---

[1] 《马克思恩格斯全集》第47卷,人民出版社,1979,第38页。
[2] 《马克思恩格斯文集》第1卷,人民出版社,2009,第158~159页。
[3] 杨立雄:《相对贫困概念辨析与治理取向》,《广东社会科学》2021年第4期。
[4] 阿马蒂亚·森:《贫困与饥荒》,王宇、王文玉译,商务印书馆,2001,第22页。

的结构性、制度性和文化性动因,是贫困的外生变量。① 想要认识相对贫困,必须找到贫困的"元内核",分析贫困的层次和度量指标,才能识别贫困,构建长效机制。

究竟贫困的"元内核"是什么?《说文解字》将"贫"定义为"财分少也",②侧重于在物质维度阐释生活困境,即收入少,生活困难;而《现代汉语词典》将"困"定义为"陷在艰难痛苦中或受环境、条件的限制无法摆脱",③ 即处于一定的困境中,无路可走。可以发现,在我国古代,贫困就被界定为吃穿住行等多个维度的困窘。王小林和冯贺霞认为,贫困包含经济维度的"贫"和公共服务等多维的"困";④而林闽钢也认为应该从"基本需要—基本能力"理解收入不足的"贫"和多维的"困",其中,物质维度的"贫"是内核,其他维度的"困"是外表。⑤ 基于以上学者的研究,笔者认为无论是绝对贫困还是相对贫困,都存在一个"贫困内核",即"基本需要",而这个"需要"是具体的历史的,根据时空变化而有所差别。绝对贫困的"基本需要"即满足维持正常生命活动所必需的生存需求。而相对贫困的"基本需要"可以理解为部分群体不能满足社会一般水准的生活和发展性需要,或者说食物、住房等基本需要不足以维持体面生活的状态。因此,绝对贫困与相对贫困的区别主要在于其"需要"的范围和程度不同,如我国脱贫攻坚期将基本需要定义为"两不愁三保障",即贫困人口不愁吃、不愁穿,义务教育、基本医疗和住房安全得到保障。基于党的十九大和十九届五中全会所提出的发展目标以及联合国2030可持续发展目标,相对贫困的基本需要应该包括食物、衣着、健康、教育、卫生设施、个人实现等内容。因此,绝对贫困是一种生存型贫困、

---

① 杨菊华:《贫困概念"元内核"的演进逻辑、认识误区与未来反思》,《江苏行政学院学报》2021年第3期。
② 许慎:《说文解字》,九州出版社,2001,第362页。
③ 中国社会科学院语言研究所词典编辑室编:《现代汉语词典》第7版,商务印书馆,2016,第766页。
④ 王小林、冯贺霞:《2020年后中国多维相对贫困标准:国际经验与政策取向》,《中国农村经济》2020年第3期。
⑤ 林闽钢:《相对贫困的理论与政策聚焦——兼论建立我国相对贫困的治理体系》,《社会保障评论》2020年第1期。

客观贫困、物质贫困,但相对贫困更多表现为一种发展型贫困、主观贫困、权利贫困等。

绝对贫困与相对贫困不是两种截然对立的贫困形态,而仅是从不同的视角和程度定义的贫困,绝对贫困着眼于贫困者个体生理需求,而相对贫困着眼于社会一般需求。因此,相较于绝对贫困,相对贫困的范围更广,层次更高。一般而言,相对贫困与绝对贫困是同时存在的且相对贫困人口多于绝对贫困人口,或者说,相对贫困人口包含绝对贫困人口。随着全面小康的实现和绝对贫困的消除,解决相对贫困上升为我国实现"民族复兴"和共同富裕的关键任务和主要内容。但我国仍处于社会主义初级阶段,相对贫困是由于当前社会发展不充分和分配不均衡造成的,包含了最基本的物质需要和高层次的发展需要。因此,在解决相对贫困时既要考虑"相对性",解决"不平等"问题,又要考虑贫困内核,解决"发展不充分"问题[1];既要缩小发展差距,又要提升发展能力。

## 二 相对贫困的本质属性

通过厘清相对贫困的概念,找到其"元内核",本研究认为相对贫困的基本特征和本质属性包括主观性、动态性、多维性和长期性。正是这些本质属性导致解决相对贫困的艰巨性和长期性,也必然要求对其进行常态化推进、制度化治理,建立长效解决机制。

其一,相对贫困具有强烈的主观性。如前所述,相对贫困是社会部分群体的基本需求不能满足社会公认的一般生活水准或体面生活的一种状态。而这种匮乏是相较于社会一般群体而言的,暗含着一种心理感受和主观判断。从本质上讲,绝对贫困中的基本生存需求是基于一定时期的最低食品需求和非食品需求所形成的判断,而这个基本生存需求是客观事实,因此,绝对贫困是客观贫困;然而,相对贫困在不同的国家、不同地区的社会评价标准不一,代表着一定的社会共识和价值观,具有明显的社会特殊性和主观性。因此,相对贫困是主观贫困,是贫困者在一定时期落后于

---

[1] 杨立雄:《相对贫困概念辨析与治理取向》,《广东社会科学》2021年第4期。

社会平均水平的主观认知,关涉其生活幸福感和满足感的主观感受。正如马克思所言,"一座房子不管怎样小,在周围的房屋都是这样小的时候,它是能满足社会对住房的一切要求的。但是,一旦在这座小房子近旁耸立起一座宫殿,这座小房子就缩成茅舍模样了……那座较小房子的居住者就会在那四壁之内越发觉得不舒适,越发不满意,越发感到受压抑"①。这充分反映了相对贫困是由于对比而显现,体现在事物表象之后的,更多的是隐匿在人们内心的效用损失和社会剥夺感。② 这种主观判断表面上是财富、生活水平、社会地位的差异,实则是权利和能力的剥夺以及机会的不均等。

其二,相对贫困具有显著的差异性和动态性。由于相对贫困的主观性,即不同群体,不同社会的"基本需求"是不同的,其评价标准也因时、因地、因人而异,甚至连最具客观性的卡路里也并非完全绝对。由于存在个体差异,不同年龄、性别、职业的人所需卡路里也有所不同③。"需要"本身就具有社会性质,"我们在衡量需要和享受时是以社会为尺度……因为我们的需要和享受具有社会性质,所以它们具有相对的性质"。④ 因此,不同个体、不同国度、不同时期,满足其体面生活的物质、精神、健康等多维度的评价标准亦有不同,每个维度和需求对个体的影响大小不一,其具体的测量标准是不同的,具有显著的动态性和差异性。例如,美国和欧洲相对贫困的标准有所不同,美国是基于基本需求制定贫困标准,而欧洲主要以收入比例法制定贫困标准,其治贫理念和举措也带有显著的地域和文化特色,美国认为贫困主要与个体有关,但欧洲国家认为贫困与社会制度有关,减贫是政府的责任,并建立了最完整的福利制度。此外,马克思认为,在资产阶级社会,随着剩余价值的生产以及资本积累的扩

---

① 《马克思恩格斯文集》第 1 卷,人民出版社,2009,第 729 页。
② 姜安印、陈卫强:《论相对贫困的成因、属性及治理之策》,《南京农业大学学报》(社会科学版)2021 年第 3 期。
③ Hagenaars, Aldi J. M., "The Definition and Measurement of Poverty," in Lars Osberg (ed.), *Economic Inequality and Poverty: International Perspectives* (New York: Routledge, 1991), pp. 134-156.
④ 《马克思恩格斯文集》第 1 卷,人民出版社,2009,第 729 页。

大,无产阶级和资产阶级的收入、地位差距却相对地扩大。换言之,无产阶级面临着相对贫困状态和相对贫困化的趋势,是一个动态发展的过程。因此,相对贫困呈现时空差异性、主体差异性、流动性和不稳定性等基本属性,必然决定了其解决的复杂性和长期性。

其三,相对贫困具有多维性。一般而言,绝对贫困的"基本需要"主要包括满足最基本的生存需求,如满足最低生存需求的食品热量和非食物维度的衣着和住房等,主要涉及客观维度。相较于绝对贫困较为单一的物质维度而言,相对贫困基本需要的内容更加广泛,不仅包括基本的生存需要,还包括满足社会一般生活水平的多种需求,如物质需要、精神需要、健康需求、教育需要等,包含了社会生活的多个方面。只有满足多个维度的基本需求,才能实现发展性需要,贫困群体才能获得追求自己理想生活的"可行能力",实现"实质自由"。相对贫困的多维性决定了其解决的复杂性和长期性,必然要求建立常态化的解决机制。

其四,相对贫困具有长期性。一是相对贫困源于社会结构性问题。马克思认为,只要存在阶级和私有制,就会存在资本积累所导致的相对贫困现象。而在社会主义社会,尽管我们的贫困不是由于制度本身产生的,但是生产力发展不充分以及每个人个体禀赋的差异,也会导致分配的起点不公平,产生不平等和相对贫困。此外,恩格斯曾指出,在没有私有制和分工的原始社会不存在贫困,但随着分工和私有制的产生,"大众日益贫困化,贫民的人数也日益增长"[①]。这也反映了财富的增加和分配的不均衡导致的阶层分化,产生相对贫困和主观效用的差异性。可以发现,绝对贫困只是一定历史时期经济发展不充分的暂时现象,可以通过经济的发展和国家的干预完全消除;而相对贫困却是与人类发展长期伴生的贫困现象,只要存在阶级和私有制,就会有不平等和不均衡的现象。以美国为例,尽管经济如此发达,但相对贫困发生率却长期居高不下。这表明经济的增长并不会自动惠及穷人、缩小发展差距,而需要国家进行长期干预。二是相对贫困的主观性、动态性、差异性和多维性等本质属性决定了相对贫困存在

---

① 《马克思恩格斯选集》第4卷,人民出版社,2012,第184页。

的长期性和解决的艰巨性。相对贫困社会标准的主观性和相对性导致相对贫困的长期性；个体差异、区域差异所导致的发展差距、经济机会、个体能力等方面的差异，使得相对贫困表现出复杂性、多维性，进而导致其解决的艰巨性。

## 第二节 建立解决农村相对贫困长效机制的时代诉求

随着脱贫攻坚战的胜利，我国逐渐从第一个百年奋斗目标"全面小康"向第二个百年奋斗目标"全面现代化"转换；在实现"全面现代化"的新征程中，共同富裕是其重要内容和本质特征；而在实现民族复兴与共同富裕的进程中，农村相对贫困的解决是关键一环。

### 一 历史任务的转换：从"全面小康"到"全面现代化"

中国共产党成立百年来，充分发挥制度优势和政治优势，实现了第一个百年奋斗目标，即全面建成了小康社会，走出了一条中国式现代化新道路。站在新起点、新征程，应该乘势而上，不断实现第二个百年奋斗目标。

(一) 社会主义现代化的百年蓝图

在实现社会主义现代化的进程中，有三个阶段性目标（见表2-1），在不同的阶段有各自不同的历史使命和任务，层层递进，共同绘就了社会主义现代化的百年蓝图，服务于"民族复兴"的伟大梦想。实现小康是中华民族千百年来的梦想，是较低水平的中国式现代化，代表着中国人民衣食无忧的生活水平和较高的经济发展水平。全面建成小康社会，关键是"全面"，即覆盖的领域、人口和区域要全面[1]，领域涉及"五位一体"，是全体人民的小康、"城乡共同的小康"；全面建成小康社会，关键是"建成"，即达到高水平的、不漏一人的小康，为实现"全面现代化"奠定

---

[1] 《习近平谈治国理政》第2卷，外文出版社，2017，第78~81页。

基础，是实现现代化征程中"承上启下"的环节。"全面现代化"也是"全面"的，是全方位的、"五位一体"的，是全体人民的现代化，是全国不同区域的现代化，[①] 共同富裕是其重要内容和基本特征。

表 2-1 我国 2020~2050 年不同阶段的发展目标

| | 2020 年 | 2035 年 | 2050 年 |
| --- | --- | --- | --- |
| 历史任务 | 全面建成小康社会（第一个百年奋斗目标） | 全面建设社会主义现代化国家（第二个百年奋斗目标） | 全面建成社会主义现代化强国 |
| | | 基本实现社会主义现代化 | |
| 共同富裕 | 解决基本温饱问题 | 共同富裕迈出坚实步伐；人的全面发展、全体人民共同富裕取得更为明显的实质性进展 | 全体人民共同富裕基本实现 |
| 减贫任务 | 绝对贫困全面消除 | 相对贫困进一步缓解 | 相对贫困基本解决 |
| 乡村振兴 | 乡村振兴的制度框架和政策体系基本形成 | 乡村振兴取得决定性进展，农业农村现代化基本实现 | 乡村全面振兴，农业强、农村美、农民富全面实现 |

资料来源：笔者基于党的十九大报告、十九届五中全会通过的《中共中央关于制定国民经济和社会发展第十四个五年规划和二〇三五年远景目标的建议》以及《乡村振兴战略规划（2018—2022 年）》整理所得。

中国共产党成立百年来，不畏艰辛、顽强奋斗，带领全国人民迎来了"三个飞跃"，即从"站起来""富起来"到"强起来"，最终目的是实现"民族复兴"。"全面小康"和"全面现代化"是实现民族复兴的两个阶段性目标。党的十九大立足于"两个一百年"奋斗目标和实现社会主义现代化整体布局，提出了"两步走"的战略安排，即 2035 年，基本实现社会主义现代化；2050 年，建成现代化强国；党的十九届五中全会审时度势、高瞻远瞩，把"全面小康"转换为"全面建设社会主义现代化国家"[②]。进入新的发展阶段，我们的各方面事业都要围绕着这些路线图和时间表，不断朝着目标迈进。

在实现民族复兴的伟大征程中，我国走出了一条中国式现代化新道路。这条道路经历了社会主义探索时期毛泽东同志提出的为实现"四个现

---

[①] 唐洲雁：《全面小康与中华民族的伟大复兴》，《马克思主义研究》2015 年第 10 期。
[②] 《中国共产党第十九届中央委员会第五次全体会议公报》，人民出版社，2020，第 9 页。

代化"的"两步走"战略,到邓小平所提出的"小康社会"以及"三步走"战略,再到习近平在党的十九大提出的"两个阶段"发展目标的历程,这些战略目标一脉相承、目标清晰,组合呈现了一条中国式现代化新道路。具体而言,新中国成立以来,为摆脱贫穷,实现"站起来"的目标,毛泽东提出大力发展生产力,实现"四个现代化"的强国目标,花大约一百年的时间,"建设强大的社会主义经济"①。而这一百年的时间刚好是21世纪中叶实现第二个百年奋斗目标之际,这也开辟了中国现代化历史进程的新纪元。改革开放以来,在实现"富起来"的进程中,党中央开始提出"小康社会"目标和"中国式现代化"命题,并提出"三步走"②的战略目标,成为实现现代化的阶段性目标;党的十二大正式将"小康社会"确定为战略目标。在这个过程中,我们党对"小康"的认识逐渐清晰且逐渐具体化和明确化,实现了从"小康水平""总体小康"到"全面小康"的目标转换。党的十八大以来,在"强起来"的道路上,我国先后确立了"全面建成小康社会"和"全面建成现代化国家"的目标,实现了中国式现代化目标的清晰规划和梯次升级,规划了我国未来发展的前进方向。

小康社会历经"全面建设"到"全面建成"的清晰定位,我国逐步走出了一条中国式现代化新道路,并于2020年成功实现"全面小康",实现了第一个百年奋斗目标。同时,我国打赢了消除绝对贫困的攻坚战役,实现了中华民族的"千年梦想";中华民族也将逐"梦"前行,踏上实现"第二个百年奋斗目标"中的"两步走"战略新征程。而"全面小康"的实现,也为我国实现"全面现代化"奠定了坚实的基础,为实现我国民族复兴的总目标迈出了关键一步。因此,党的十九届六中全会指出,在党实现"全面小康"后,交出了优异答卷的同时,要接力奋进,踏上"实现第

---

① 《毛泽东文集》第8卷,人民出版社,1999,第301页。
② 党的十三大将建设小康社会上升为国家战略,并提出了"三步走"战略,第一步是解决人民的温饱问题,用10年时间到1990年国民生产总值较1980年的翻一番;第二步是人民生活达到小康水平,再用10年时间到2000年在1990年的基础上使国民生产总值再翻一番;第三步是基本实现现代化,这个现代化的标准是从21世纪初到21世纪中叶的时候,我国人均国民生产总值达到中等发达国家的水平。参见中共中央文献研究室编《十三大以来重要文献选编(上)》,人民出版社,1991,第16页。

第二章　建立解决农村相对贫困长效机制的理论认知

二个百年奋斗目标新的赶考之路"①。在实现"全面现代化"和"民族复兴"的历史进程中，消除贫困、实现共同富裕的历史任务贯穿始终，集中体现了我们党的初心使命，体现了以人民为中心的发展要求。

（二）全面建成小康社会是"民族复兴"的关键一步

全面建成小康社会是实现"两个一百年"奋斗目标的中间环节和过渡目标，起着承上启下的关键作用，是"中国式现代化"的生成与展开②，是实现民族复兴的重要一步。改革开放以来，经过邓小平同志对"小康"的描绘，再具体化为温饱问题、中国式现代化、翻一番等标准，我国对小康社会的理解也逐渐清晰，经历了从"总体小康"到"全面小康"的转变。尤其是党的十八大确立了"全面小康"的新目标和新要求，实现了从"建设"到"建成"的转变。在实现"全面小康"的攻坚期，我们党确立了三大攻坚战，完成了"全面小康"的底线任务，破解了小康实现的主要矛盾，办成了许多大事，解决了许多难题，如期实现了"全面小康"的宏伟目标。

"全面小康"的实现是马克思主义基本理论在我国的实践展开。在现代化建设中，我国遵循马克思主义基本理论，在无产阶级取得政权以及确立了社会主义制度之后，大力发展生产力，促进经济增长。基于此，改革开放以来，我国"以经济建设为中心"，不断发展生产力，为实现小康、消除贫困奠定物质基础；同时，坚持将人民的利益放在首位，正如马克思所言，无产阶级没有任何个人利益，始终"为绝大多数人谋利益"③。因此，在中国共产党的领导下，我国始终坚持为民谋福利的初心，朝着共同富裕的方向迈进，始终围绕民生建设，坚持实现小康社会是每个人的小康，而不是个别人的小康，是更侧重人民满意度的小康，更侧重"人"的现代化的小康而不是"物"的现代化的小康。这样的小康，是我国现代化道路的关键一步，实现了"生产力尺度"与"人民需要尺度"的内在统一④，

---

① 《中共中央关于党的百年奋斗重大成就和历史经验的决议》，人民出版社，2021，第71页。
② 项敬尧：《从全面建成小康社会到全面建设社会主义现代化国家的伟大飞跃》，《马克思主义研究》2021年第2期。
③ 《马克思恩格斯文集》第2卷，人民出版社，2009，第42页。
④ 项敬尧：《从全面建成小康社会到全面建设社会主义现代化国家的伟大飞跃》，《马克思主义研究》2021年第2期。

为现代化道路的进一步推进厚植了社会根基。

党的十八大以来,以习近平同志为核心的党中央提出了"全面小康"的具体目标要求,包括"五位一体"多个维度,并在实现小康的过程中,取得了决定性成就,经济实力和综合国力显著提升,如2020年经济总量达100万亿元,稳居世界第二,人均GDP超1万美元,迈入中等偏上收入国家水平;城乡人民生活水平快速提升;构建了世界上最大的覆盖13.6亿人的社会保障体系[①]。这些成就和制度的完善为实现美好生活打下坚实的基础,为脱贫攻坚战的完胜提供强大支撑。实现全面小康的短板和关键是"全面脱贫"。因此,习近平总书记指出,在实现小康的路上,"一个都不能少",每一个民族都不能"掉队"[②]。

就减贫工作而言,改革开放以来,我国扶贫工作历经开发式扶贫、综合式扶贫以及精准扶贫,扶贫标准也经历了3次大的调整,但总的来说,贫困标准较低,只达到了世界银行确定的基于15个最低收入国家确定的贫困标准,是仅满足最基本温饱需求的标准,属于绝对生存标准。党的十八大以来,我国基于最新贫困标准即"一收入两不愁三保障",对近1亿人进行精准扶贫、精准脱贫,投入了大量资源,打赢了脱贫攻坚战,在建党百年之际全面建成小康社会,实现了党对人民的庄严承诺。绝对贫困的全面消除,是我国在走向现代化进程中,迈向全面小康的关键一步,走出了一条中国式贫困治理现代化道路,提前十年完成联合国千年发展目标,也为发展中国家减贫事业提供了"中国道路"。自此,我国开启了实现现代化的新征程,减贫的重心也将发生历史性转移。

(三)全面建设社会主义现代化国家是"民族复兴"的新征程

中国共产党人始终不忘初心、牢记使命,一个任务接着一个任务干,不断向新的历史任务迈进。小康社会全面建成后,我国制定新规划、新任务,乘势而上,开启了实现民族复兴的新征程。党的十九大对这一新征程提出了两个阶段性目标,党的十九届五中全会提出了具体的远景目标,这

---

① 新华社:《习近平:完善覆盖全民的社会保障体系 促进社会保障事业高质量发展可持续发展》,《中国社会保障》2021年第3期。
② 《习近平扶贫论述摘编》,中央文献出版社,2018,第6页。

## 第二章 建立解决农村相对贫困长效机制的理论认知

些目标任务是对我国现实问题的有效回应,是立足于我国国情和国内外形势提出的具体规划,其最终目的都是实现全体人民共同富裕和全面发展。这一目标的实现是对小康社会的量的扩张和质的提升,是我国经济社会发展由量的变化到质的提升。[①]

现代化是从传统向现代社会转变的历史过程。我国实现"全面现代化"是与时俱进、有序展开的发展过程,是实现"五位一体"、美好生活的发展过程。与小康社会相比,发展水平更高、更全面、更协调。而现代化的根本是实现人的现代化,人的素质和思想的全面提升,人的生活满意度和发展的全面性是衡量现代化的重要指标。实现人的现代化,不能仅从单个人出发,更重要的是从"五位一体"和"四个全面"的整体性出发,从物质和精神维度提升人的现代化,其中,居民收入的增加是幸福感提升的前提,要让人民群众共享发展成果。因此,中国式现代化的重要目标是实现全体人民的共同富裕。迈向新征程,要将共同富裕摆在"全面现代化"的重要位置,不断缩小城乡、区域发展差距。

按照1978年贫困标准,1978年我国有2.5亿人生活在绝对贫困标准之下,按照2010年贫困标准,2012年我国有9899万贫困人口[②],而我国的相对贫困人口不仅包括这些绝对贫困群体,还包括处于贫困线边缘的人群以及城市低保人口等。因此,在全面建成小康社会之前,我国的减贫重点主要围绕绝对贫困,解决人们的基本生存需求和温饱问题,兜住民生底线。在完成这一最基本的底线目标之后,我国的战略目标转变为建设社会主义现代化国家,党的十九大、十九届五中全会分别提出了我国的阶段性目标和远景目标,其中都包含着具体的任务要求,如在"十四五"时期,主要任务为巩固脱贫成果,到2035年显著缩小发展差距、收入差距、公共服务差距,相对贫困进一步缓解,"共同富裕取得更为明显的实质性进展"

---

[①] 章寿荣、程俊杰:《全面小康与社会主义现代化有机衔接的动因、重点与对策》,《现代经济探讨》2021年第3期。

[②] 国家统计局住户调查办公室:《中国农村贫困监测报告2019》,中国统计出版社,2019,第1~2页。

"共同富裕迈出坚实的步伐",到 2050 年基本实现共同富裕的目标。[①] 在解决基本温饱问题之后,发展差距、收入差距、公共服务差距等成为减贫事业的核心意涵,也是解决相对贫困问题的主要任务。这一系列的路线图和时间表为实现第二个百年奋斗目标提供了方向和指南,也反映了我国减贫重心的转移,从满足生存需求转变为缩小发展差距、实现共同富裕,即解决相对贫困问题。

## 二 共同富裕的实现:"全面现代化"的重要内容

共同富裕是马克思主义所追求的发展目标,是社会主义的本质要求,也是我国实现"全面现代化"和"民族复兴"的重要内容。从马克思、恩格斯对未来社会的"美好想象"到我国社会发展的任务目标,共同富裕逐渐从理想社会转变为"发展道路"和"文明形态",体现了我国对马克思、恩格斯关于"共同富裕"思想的继承、发展和超越。

### (一)共同富裕的本质内涵

共同富裕是一个看似简单但内涵极其丰富的词语。自党的十九大以来,我国逐渐进入实现共同富裕的历史阶段,共同富裕逐渐从一个理论命题转变为一个现实和实践命题。学术界也对其内涵展开了丰富的讨论,一是从"共同"和"富裕"来界定其内涵,"共同"是指覆盖的人群和区域,而"富裕"是指物质、精神等的富有和富足的状态;[②] 也有学者认为"富裕"是体现了生产力发展水平,属于"做大蛋糕",而"共同"体现了生产关系的性质,属于"分好蛋糕",是效率和公平的有机统一。[③] 二是从习近平总书记关于"共同富裕"的论述谈共同富裕的内涵,即认为共同富裕是全体人民的、全面的富裕,是包括物质和精神的两个维度,[④] 不是

---

[①] 《中共中央关于制定国民经济和社会发展第十四个五年规划和二〇三五年远景目标的建议》,人民出版社,2020,第 5 页。

[②] 欧健:《扎实推动共同富裕:制度基础、制约因素与实现机制》,《福建师范大学学报》(哲学社会科学版)2022 年第 1 期。

[③] 杨宜勇、王明姬:《共同富裕:演进历程、阶段目标与评价体系》,《江海学刊》2021 年第 5 期。

[④] 叶敬忠、胡琴:《共同富裕目标下的乡村振兴:主要挑战与重点回应》,《农村经济》2022 年第 2 期。

某一方面的共同富裕、是全体人民共建的共同富裕,逐步实现的共同富裕。[1] 这些学者基于习近平《扎实推动共同富裕》一文展开讨论,阐发和建构了共同富裕的深刻内涵。

基于此,本书认为共同富裕是全体人民的、全面的、多维的富裕,包括物质和精神多个维度,这种共同富裕不是平均主义,而是将差距"缩小到合理区间"[2],其主要内涵是缩小发展差距,普遍达到生活富足、精神富强,实现人的全面发展和社会的全面进步,是"做大蛋糕"与"分好蛋糕"的统一。共同富裕的实现不仅关乎人民的生活水准和状态,更关乎人民对党的信任,既是一种政治目标,又是一种价值期待,能够彰显社会主义制度优越性。其最终目的是实现美好生活向往、实现人民群众的多维发展,不断增强群众的幸福感和获得感。共同富裕的实现既是目标也是任务,既需要长期规划,又需要从小事做起,急不得也等不得,要循序渐进,久久为功,不断取得"实质性进展"。

(二) 共同富裕是社会主义本质要求

共同富裕,是科学社会主义的本质属性,是社会主义和共产主义的重要目标和基本特征。马克思、恩格斯发现,在资本主义生产关系下,资本家的最终目的是实现尽可能多的剩余价值,而不是以人的需求为目的,导致无产阶级相对贫困化,最终导致资产阶级社会出现"两极"分化。基于此,马克思、恩格斯认为应建立一个新社会,在这个社会下的生产是以人的需要为目的的生产,最终达到人人占有生产和生活资料,实现共同富裕。在这样的新社会中,实行社会主义公有制,将达到生产力高度发达、社会财富极大涌流,实行按需分配,"生产将以所有人的富裕为目的"[3],届时,将达到每个人全面发展,其体力和智力得到充分且自由发展的状态。从马克思、恩格斯所设想的理想社会来看,普遍富裕的前提是高度发达的生产力。然而,资本主义制度在生产力高度发达的基础上仍然存在贫

---

[1] 张雷声:《新时代中国共产党共同富裕思想的伟大创新》,《当代世界与社会主义》2021年第5期。

[2] 习近平:《扎实推动共同富裕》,《求是》2021年第20期。

[3] 《马克思恩格斯文集》第8卷,人民出版社,2009,第200页。

富差距大，两极分化明显的趋势，根本上由于资本主义发展模式始终受制于"资本逻辑"，而不是"以人民为中心"。因此，社会主义制度的本质要求是以人为本，实现共同富裕，尽管在社会主义制度下仍然存在贫困，但贫困的产生不是由于制度本身，而是由于在社会主义发展的初级阶段，生产力发展不充分以及个体资源禀赋等存在差异。因此，在社会主义制度下，要大力发展生产力，建立完善的制度，使每个人的体力和智力得到充分发展。

（三）共同富裕是实现"全面现代化"的本质特征

在实现民族复兴的历史进程中，我国始终秉持共同富裕的发展理念。为了实现共同富裕、彰显社会主义制度优势，中国共产党人开展了丰富的理论和实践探索，为抵达共同富裕"彼岸"，实现从必然王国向自由王国发展提供了现实可能性。

毛泽东深刻认识到在实现民族复兴和社会主义现代化过程中，要实现国家富强、人民共富，就必须走社会主义道路，实现社会主义工业化。为此，毛泽东在新民主主义革命和社会主义建设时期，进行打土豪、分田地、实现"三大改造"，将农民组织起来，走合作化道路，以实现"共同的富"和"共同的强"[1]。因此，毛泽东在1953年提出，农民"取得共同富裕和普遍繁荣的生活"[2] 是党在农村的主要任务。改革开放以来，邓小平强调先富带后富，逐步实现共同富裕，认为贫穷不是社会主义，公有制能够解放生产力，让人们彻底摆脱贫穷、过上富裕的生活。我国开始进行从农村到城市的全面改革，为解放和发展生产力奠定基础。党的十八大以来，习近平强调"共同富裕是中国式现代化的重要特征"[3]，共同富裕道路是实现"全面现代化"的一个重要目标和任务。在新时代，中央坚持全面深化改革、推进脱贫攻坚战，使"全面小康"取得决定性成就。可以发现，共同富裕伴随我国实现民族复兴历史进程的始终，不仅是实现全面小康社会时期的重要目标，也是实现全面现代化时期的重要内容，是实现民

---

[1] 《毛泽东文集》第6卷，人民出版社，1999，第495页。
[2] 《建国以来重要文献选编》第4册，中央文献出版社，1993，第662页。
[3] 习近平：《扎实推动共同富裕》，《求是》2021年第20期。

## 第二章 建立解决农村相对贫困长效机制的理论认知

族复兴中国梦的本质特征。

尤其是在脱贫攻坚期,我们党始终坚持在发展中不断改善民生,走包容性发展之路,并朝着共同富裕的方向不断前进。习近平多次强调在实现全面小康的路上,一个也不能少,在实现社会主义现代化的路上同样如此,没有"全民现代化",也就没有"全面现代化"。随着脱贫攻坚战的胜利,我国为实现共同富裕迈出了坚实的一步,为达到21世纪中叶基本实现共同富裕的目标打下深厚的"地基"。但实现此目标还需要继续巩固脱贫成果,缓解相对贫困,缩小区域发展差距,全面提升人民的生活水平,使人民获得"幸福安康的生活"。

### 三 农村相对贫困的解决:实现共同富裕的关键一环

共同富裕与相对贫困一个是发展目标,一个是主要任务。在实现共同富裕的新征程中,解决相对贫困是题中应有之义,是其主要任务;而在解决相对贫困的过程中,农村相对贫困是主要矛盾和矛盾的主要方面,农村仍然是破解我国社会主要矛盾的主阵地。因此,农村相对贫困的解决是实现共同富裕的关键一环。

#### (一)解决相对贫困是实现共同富裕的主要内容

如前所述,共同富裕包含"共同"和"富裕"两个维度,不仅是生活和发展状态的体现,还反映了"富裕"的范围,即全面、全民的富裕,不仅包含物质维度,还包括发展性和精神维度。共同富裕主要内涵是缩小发展差距,实现机会公平,在生活、精神、环境、公共服务方面达到富裕富足和普惠共享的状态,最终实现人的全面发展和社会的全面进步。而相对贫困是在满足人民最低生存需求的基础上,其物质和发展性维度的基本需要不足以维持体面生活的状态,这既反映了发展的不充分,也体现了发展的不均衡。因此,共同富裕与相对贫困都关涉发展问题和分配问题。

在实现共同富裕的新征程中,相对贫困的解决是主要内容。党的十九大立足于我国发展实际,宣告我国进入新时代,即我国迈入实现全面现代化的时代和实现共同富裕的时代,最终目的是"民族复兴"。随着新时代的到来,我国社会主要矛盾发生了转变,尤其是全面小康的实现消除了我国几千年来的绝对贫困问题，人民的需求发生了转变，从"基本温饱的物质需求"转变为"美好生活的多维需要"，这也表明我国已经大踏步走在实现第二个百年奋斗目标的路上。而要满足人民对美好生活需要的诉求，唯有扎实推动共同富裕，解决主要制约因素。其中，突出问题是发展的不平衡和不充分问题，尤其是城乡差距问题。解决这一差距和问题任重道远，我们必须乘势而上、再接再厉、接续奋斗。[1] 因此，相对贫困的解决和共同富裕的实现是第二个百年奋斗目标的重要内容，都是服务于全面现代化和民族复兴的实现。

（二）农村相对贫困是我国相对贫困的主要矛盾

我国相对贫困主要表现为城乡、区域发展的不均衡，而农村发展的不充分、城乡发展的不均衡是我国相对贫困的主要表现，是实现共同富裕最艰巨的任务。因此，农村相对贫困的解决是实现共同富裕的关键抓手。马克思指出："问题就是时代的口号。"[2] 因此，要基于时代背景找到问题和本质，进而找到解决路径。破解我国社会主要矛盾的关键是农村，而城乡差距显著、农村发展不充分是阻碍我国实现共同富裕的主要矛盾。因此，习近平强调全面建设社会主义现代化国家，实现中华民族伟大复兴，"最艰巨最繁重的任务依然在农村，最广泛最深厚的基础依然在农村"[3]。

农村仍然是实现共同富裕的短板。究其原因，从理论维度来看，农业产业具有弱质性，在规模不变的前提下，在现代化转型中农民从农业中获取的收入呈相对下降趋势[4]，农业交易成本则由于城乡要素流通不畅而居高不下[5]；从历史维度来看，城乡二元结构所导致的结构性失衡和制度性偏差，农村长期处于"失血""贫血"状态，农业农村发展基础薄弱；从现实维度来看，一方面，我国的基尼系数长期处于国际警戒线 0.4 以上，

---

[1] 习近平：《在全国脱贫攻坚总结表彰大会上的讲话》，人民出版社，2021，第 20 页。
[2] 《马克思恩格斯全集》第 40 卷，人民出版社，1982，第 289 页。
[3] 习近平：《坚持把解决好"三农"问题作为全党工作重中之重 举全党全社会之力推动乡村振兴》，《求是》2022 年第 7 期。
[4] 孔祥智、谢东东：《缩小差距、城乡融合与共同富裕》，《南京农业大学学报》（社会科学版）2022 年第 1 期。
[5] 黄承伟：《论乡村振兴与共同富裕的内在逻辑及理论议题》，《南京农业大学学报》（社会科学版）2021 年第 6 期。

且城乡收入差距在我国发展不平衡中贡献最高，另一方面，由于农村刚实现全面脱贫，尤其是西部原深度贫困区，政策性脱贫、易地搬迁脱贫比重大，农民收入仍然不高，返贫风险大，脆弱性明显，需要构建防止返贫长效机制，尤其是需要全面推进乡村振兴，巩固脱贫成果，解决相对贫困。

此外，在实现共同富裕的征程中，最大的潜力和后劲也在农村。一方面，农村还存在大量沉睡的资源，这些资源可以带动农村发展、农民增收，实现乡村振兴，最终实现城乡融合发展和共同富裕；另一方面，农村有巨大的消费潜能和消费市场，要加快农村物流设施建设、促进农民消费升级，服务于以国内大循环为主的发展格局，进而提升农民的生活品质和满意度。由此看来，要实现共同富裕，农村相对贫困的解决极为关键。

## 第三节 建立解决农村相对贫困长效机制的有利条件

建立解决农村相对贫困的长效机制，需要从理论上认知我国解决贫困的有利条件和实现的可能性。其中，中国共产党的领导核心是根本政治保证、社会主义制度和贫困治理体系是制度保障，而绝对贫困的全面消除和历史经验为建立解决相对贫困的长效机制提供了物质基础和经验条件。第二个百年奋斗目标的蓝图已绘就，拥有坚强的领导力、组织力和执行力的中国共产党，将继续带领全国人民解决相对贫困，发挥制度优势构建长效机制，向共同富裕迈进。

### 一 政治保证：中国共产党始终是坚强领导核心

中国共产党成立百年来，带领全国人民顽强拼搏、群策群力，在脱贫攻坚领域取得了举世瞩目的成就，解决了中国的绝对贫困问题，"向全世界展现了我们党领导亿万人民创造的人间奇迹"[1]，充分彰显了共产党领导的政治优势。在党的领导下，我国正昂首阔步迈向第二个百年奋斗目标，

---

[1] 习近平：《坚持把解决好"三农"问题作为全党工作重中之重，举全党全社会之力推动乡村振兴》，《求是》2022年第7期。

迈向实现"全面现代化"的征程，不断走向世界舞台中央。这一切成就的取得，归根结底是因为有中国共产党这个坚强的领导核心。

中国共产党之所以能够成为各方面事业的领导核心，根本上是由于中国共产党是马克思主义执政党，是按马克思主义原则组建的党，有严密的组织形式和纪律条例。马克思、恩格斯指出无产阶级政党"始终代表整个运动的利益"[1]，是"各国工人政党中最坚决的、始终起推动作用的部分"[2]，在实践中，能够充分体现马克思主义革命性、实践性和人民性等特征。马克思主义始终坚持人民立场，谋求人类解放事业，实现人的全面发展和共同富裕。中国共产党在带领中国人民实现民族独立、走向国家富强的征途中，始终以马克思主义为指导、始终牢记"是什么，要干什么"这个根本问题，并一以贯之。"是什么"关系到党的性质和宗旨，"要干什么"关系到党的历史使命。正是因为代表着最广大人民的根本利益，并以人民的利益和民族复兴作为使命任务，所以共产党得到了人民的拥护和信任。党的初心使命、党的性质和宗旨决定了中国共产党能够成功领导我国不断向前发展。中国共产党具有强大的执政能力以及强大的领导力、执行力和组织力。

坚持党的领导核心地位能够为我国减贫事业提供理论指南。在历届中国共产党领导人的带领下，我国形成了一系列减贫理论体系，并在此基础上开展了丰富的减贫实践，最终消除了绝对贫困。自党成立以来，在毛泽东同志的带领下，我国建立了新中国、确立了社会主义制度，为消除贫困、实现共同富裕奠定了根本的制度基础；改革开放以来，在邓小平等领导人的带领下，我国通过发展生产力、先富带后富等体制改革推动减贫，通过"八七扶贫攻坚计划"实行开发式扶贫战略，通过以人为本、新农村建设的综合式扶贫战略，不断减少农村绝对贫困人口；党的十八大以来，在习近平总书记的带领下，以实现"全面小康"为目标，以全面脱贫为底线，开展脱贫攻坚战，提出了关于脱贫目标、党的领导、精准方略、资金投入、社会动员、内生动力、国际减贫等一系列思想理论观点，形成了

---

[1] 《马克思恩格斯选集》第1卷，人民出版社，2012，第413页。
[2] 《马克思恩格斯选集》第1卷，人民出版社，2012，第413页。

## 第二章 建立解决农村相对贫困长效机制的理论认知

习近平总书记关于扶贫的重要论述,为打赢脱贫攻坚战提供了科学的理论指导和组织保障。在脱贫攻坚战取得全面胜利之际,党中央开始谋划消除绝对贫困之后的贫困治理和顶层设计,一方面,在党的十九届四中全会提出"建立解决相对贫困的长效机制",2020年中央一号文件提出将相对贫困"纳入实施乡村振兴战略统筹安排"[1],构建常态化扶贫工作机制;另一方面,提出要在脱贫后的五年设置过渡期,在过渡期内坚持"四个不摘",以巩固脱贫成果,防止规模性返贫,为相对贫困的解决和共同富裕的实现提供了现实规划和目标引领。并且,党的十九届六中全会提出"两个确立"[2],是对中国共产党的领导核心在新时代的重大政治判断,对于继续推动实现第二个百年奋斗目标、实现共同富裕、推进乡村振兴和缓解相对贫困有重要理论意义和现实意义。

坚持党的领导核心地位能够为我国减贫事业提供坚强的组织和政治保证。尤其是中国共产党强大的领导力、执行力和组织力,能够引领我国减贫事业取得更大的成就。首先,在减贫工作的推进中,党中央始终发挥了统筹协调作用。习近平很早就强调,从贫困走向富裕的重要保证是党对农村的领导[3],并于党的十九大报告中提出,要提高党在全部工作中"把方向、谋大局、定政策、促改革的能力和定力。"[4] 中国共产党的领导优势表现为,"干一件事情,一下决心,一做出决议,就立即执行,不受牵扯。"[5] 无论是"八七扶贫攻坚计划",还是脱贫攻坚战,无论是开发式扶贫、救济式扶贫还是精准扶贫,党中央不断健全领导体制,充分发挥党的领导优势,不断深化对治贫规律的认识,不断完善扶贫开发的顶层设计,为我国减贫事业提供了根本的政治保障。其次,中国共产党有强大的执行力,并在实践中形成了责任落实机制和执行机制。在开展脱贫攻坚战

---

[1] 《中共中央国务院关于抓好"三农"领域重点工作确保如期实现全面小康的意见》,人民出版社,2020,第5页。
[2] 确立习近平同志党中央的核心、全党的核心地位,确立习近平新时代中国特色社会主义思想的指导地位。
[3] 习近平:《摆脱贫困》,福建人民出版社,1992,第119页。
[4] 习近平:《决胜全面建成小康社会夺取新时代中国特色社会主义伟大胜利——在中国共产党第十九次全国代表大会上的报告》,人民出版社,2017,第20页。
[5] 《邓小平文选》第3卷,人民出版社,1993,第240页。

时，各级党委层层落实责任，形成了分级管理体制，省市县乡村"五级书记"一起抓，这种分级管理的方式充分反映了中国共产党科学的组织能力和领导能力。尤其是充分发挥基层党组织的战斗堡垒作用和党员队伍的带头作用，保障了党中央的路线、方针、政策在基层得到贯彻执行。最后，中国共产党有强大的组织力，在纵向上，充分调动党内各层级各部门的力量，在横向上形成政府、市场、社会的横向人扶贫格局，选派驻村扶贫工作队，累计选派25.5万个驻村工作队、300多万名第一书记和驻村干部[1]，组织中央、企事业机关定点帮扶以及东西部协作为我国减贫事业提供了坚实的组织保障。解决相对贫困、推进乡村振兴、实现共同富裕是今后减贫工作的方向。要始终坚持党对解决相对贫困的领导核心作用，坚持"两个确立"，做到"两个维护"，形成更加强大的领导力、组织力和执行力。

## 二 制度保障：中国特色社会主义制度与贫困治理体系

我国绝对贫困的全面消除集中体现了我国社会主义制度的优势。中国特色社会主义制度以及由此形成的中国特色贫困治理体系是我国解决贫困问题的坚实制度保障。在2022年全国两会期间，习近平总书记提出"五个必由之路"，明确指出中国特色社会主义是"民族复兴"的必由之路，而我国的制度优势也是我国经济社会发展的"五个战略性有利条件"[2]之一，也必将成为我国解决相对贫困的有利条件。

中国特色社会主义制度是一套科学完整的制度体系，包含着经济、政治、社会、生态等各方面制度的子集。在不同时期，我国不断完善制度体系，带领我国经济社会发展和贫困治理取得历史性成就，在实践中形成了包含党的领导、以人民为中心、基本经济制度和分配制度等13个显著优势，这些制度优势充分体现了对马克思、恩格斯反贫困思想的继承和创

---

[1] 习近平：《在全国脱贫攻坚总结表彰大会上的讲话》，人民出版社，2021，第12页。
[2] 2022年3月6日，全国两会期间，习近平提出我国发展的五个战略性有利条件："有中国共产党的坚强领导""有中国特色社会主义制度的显著优势""有持续快速发展积累的坚实基础""有长期稳定的社会环境""有自信自强的精神力量"。

## 第二章　建立解决农村相对贫困长效机制的理论认知

新，为我国贫困治理提供了根本的制度保障。在马克思、恩格斯看来，社会主义公有制是消除贫困的前提，大力发展生产力是消除贫困的有力手段，建立在公有制基础上的社会，其发展目标是实现共同富裕和人的自由全面发展，而在实行私有制的社会是以实现某一阶级利益为目标。在社会主义革命和建设时期，我国主要从生产关系和上层建筑维度构筑了消除贫困的制度大厦，通过土地改革和"三大改造"确立了社会主义公有制、建立了社会主义制度；而在改革开放和社会主义现代化建设时期，一方面，实行改革开放、解放生产力，破除阻碍生产力发展的体制机制弊端，另一方面，发展生产力，确立了社会主义市场经济体制，充分发挥多种所有制经济的优势，形成了坚实的物质保障和制度保障；步入新时代，全面深化改革，确立推进社会主义现代化发展的目标规划，充分发挥市场的决定性作用，推动经济高质量发展，并在"高质量发展中促进共同富裕"[1]。

在消除贫困、实现共同富裕的进程中，我国的制度优势主要体现在以公有制为基础的基本经济制度优势、党的领导优势、集中力量办大事的优势等。一是以公有制为基础的基本经济制度优势。我国在1953年开始实行社会主义公有制，为大力发展生产力提供了足够的承载力和与之匹配的生产关系[2]，不会发生资产阶级社会所累积产生的经济危机而对生产力造成破坏；公有制基础上所确立的按劳分配制度较为公平地保证了分配的合理性和公平性；生产资料的公有制和再分配制度也为我国公共服务领域提供了制度保障。我国的社会主义市场经济与公有制的结合，一方面，可以发挥政府的规划和管理作用，确保市场经济稳定运行；另一方面，可以发挥市场的高效率性，为发展产业和促进就业提供推动力，从而实现了政府和市场的优势互补。我国基本经济制度是适应了社会化大生产的有效制度，为减贫提供了经济社会保障。[3] 二是党的领导优势。党通过"政治势能"

---

[1] 习近平：《扎实推动共同富裕》，《求是》2021年第20期。
[2] 孙咏梅：《中国脱贫攻坚成就与反贫困展望》，《中国高校社会科学》2020年第6期。
[3] 韩文龙、周文：《马克思的贫困治理理论及其中国化的历程与基本经验》，《政治经济学评论》2022年第1期。

的有效发挥，推进各项政策的有力执行，通过"党的领导在场""构建权势""借势成事"三个环节，使国家治理的理论政策得以实施和推进①。三是集中力量办大事优势。习近平指出："坚持党的领导，发挥社会主义制度可以集中力量办大事的优势，这是我们的最大政治优势。"② 这种优势能够快速凝聚举国之力，全民动员，整合所有资源，在确定了如脱贫攻坚、消除绝对贫困这样的国家目标之后，能够调动各方面积极性，形成共同意志和共同行动的局面。正是因为集中力量办大事的优势使我国办成了许多难办的大事，克服了许多难以克服的困难，创造了脱贫攻坚的奇迹。在攻坚式贫困治理阶段，党中央形成全国一盘棋的局面，调动各方力量，形成了内外大协同的局面，以超常规的举措，用八年时间解决了近1亿人的温饱问题，走出了一条中国特色脱贫道路，实现了党中央对全国人民的庄严承诺。四是不断保障和改善民生，建立了世界上覆盖人群最多的社会保障体系，不断增进民生福祉，为特殊群体和低收入人群提供了"安全阀"和"防护罩"，有力地促进了社会公平。

此外，在推进贫困治理的进程中，我国形成了严密科学的脱贫机制和完善的减贫制度体系，走出了一条中国特色减贫道路。具体来讲，包括在党的领导下的各负其责、各司其职的责任体系（包括管理机制和领导体制），坚持精准扶贫和脱贫的工作体系（精准脱贫过程中还形成了"五个一批"和"六个精准"具体方法），加大资金和人力支持的投入体系，坚持社会动员、广泛参与的动员体系，全方位多渠道的考评监督体系（如引入第三方评估和省际交叉评估等）。这一系列的制度体系，为脱贫攻坚提供了全方位的制度保障，也为相对贫困的解决提供了坚实的政策基础和实践经验。此外，要注意把握好绝对贫困治理政策的"变"与"不变"，对于攻坚式的、非常规的、容易形成"福利依赖"的政策应予以摒弃，而对于方法论层面的、通用的宏观经验、原则和政策，可以针对相对贫困的具体特点制定相应的政策，实现制度创新。

---

① 何得桂：《中国贫困治理的三维理论认知：底色、特色和亮色》，《甘肃社会科学》2020年第3期。
② 《习近平扶贫论述摘编》，中央文献出版社，2018，第35页。

## 三 价值引领：共享发展理念的全面践行

2015年10月，在党的十八届五中全会上，习近平总书记提出了创新、协调、绿色、开放、共享的发展理念，为增进人民福祉、实现人的现代化以及促进共同富裕提供了理念遵循。其中，共享发展理念是目标指向，在经济社会发展中，要着力构建"发展成果由人民共享"的长效机制。[①]

共享发展理念的深刻内涵具体来讲包括相互贯通的四个方面。一是全民共享。全民共享，彰显人民至上的价值追求，充分诠释了马克思的人民主体思想，是共享发展的目标。全民共享凸显了发展的价值目标，注重发展过程中做到时刻"以人为本"。二是全面共享。共享发展要求共享的内容要全面，回答的是共享的内容和标准问题。更加注重发展的条件和质量以及社会的协调和人民幸福指数的共享，有利于促进自身价值的实现与社会发展的统一。三是共建共享。共建共享是内在要求，回答了共享的来源问题。共建共享蕴含着人们主动、自觉的责任意识，强调发挥每一个个体的作用。四是渐进共享。渐进共享体现的是共享发展的长期性，回答了共享的途径问题。这说明共享发展的实现不是一蹴而就的，而是需要随着社会阶段性发展逐渐实现，既符合人类社会发展的渐进性规律，也反映了我国社会主义发展的阶段性和延续性特征。党的十九大提出的"两个没有变"[②] 以及实现"两个一百年"奋斗目标反映了我国经济社会发展不能一蹴而就，必须循序渐进，梯次推进，"积小胜为大胜，不断朝着全体人民共同富裕的目标前进"[③]。因此，在发展的过程中，既要满足人民不断发展变化的多样性需要，又要不断发展生产力，变革生产关系，为满足人民需求奠定基础。

"共享发展"理念，体现了党对马克思主义发展观的继承和发展。共享是实现共同富裕的题中应有之义，"是社会主义的本质要求"[④]，是对社

---

[①] 洪银兴：《新编社会主义政治经济学教程》，人民出版社，2018，第185页。
[②] 党的十九大提出"两个没有变"，即我国仍处于并将长期处于社会主义初级阶段的基本国情没有变，我国是世界最大的发展中国家的国际地位没有变。
[③] 《习近平谈治国理政》第2卷，外文出版社，2017，第215页。
[④] 《十八大以来重要文献选编》（中），中央文献出版社，2016，第827页。

会主义本质理论的回归和超越。因此,"共享"不等同于"共富",共享更注重过程,是动态的,共富更强调结果,是静态的。在解决相对贫困的过程中,坚持共享发展理念,发展的过程中注重成果的共享,最终实现共同富裕。

## 四 实践启示:贫困治理成就巨大且经验丰富

中国共产党自成立之日起就开始与贫困作斗争,不断改革体制机制,解放和发展生产力,解决了几亿贫困人口的温饱问题,实现了中国人民几千年的梦想,创造了人类反贫困历史上的奇迹。在庆祝中国共产党成立100周年大会上,习近平总书记庄严宣告:中国"历史性地解决了绝对贫困问题。"[1] 这为解决相对贫困奠定了坚实的基础,中国共产党在一百年来的减贫历程中所取得的成效和经验,将成为解决相对贫困问题的宝贵财富。

### (一)消除绝对贫困成效显著

经过全党全国各级人民共同努力,我国在建党百年之际全面消除了绝对贫困问题,区域性贫困整体解决,贫困群体的生活水平极大提升,为相对贫困的解决提供了坚实的物质基础。

第一,农村绝对贫困人口全面消除。中国共产党自成立以来,一直致力于消除贫困,从改革土地制度解决农民的温饱问题,到新中国成立之后,在"一穷二白"的背景下实施救济式扶贫,再到改革开放以来,借助体制改革、开发式扶贫、综合减贫和精准扶贫等手段,不断消除绝对贫困。尤其是党的十八大以来,我国年均减贫1237万人,提前十年完成联合国减贫目标。美国智库发布报告称,在过去25年里,世界11亿人摆脱贫困,中国占了2/3。[2] 可见,中国的减贫成就举世瞩目,得到国际社会的"点赞"。也正是因为农民温饱问题得以解决,党和政府才能聚精会神地解决阻碍人民生活水平提升的相对贫困问题,为相对贫困的解决奠定了物质

---

[1] 习近平:《在庆祝中国共产党成立100周年大会上的讲话》,人民出版社,2021,第2页。

[2] 许启启:《中国为全球贫困治理提供有益借鉴——国际舆论解读中国扶贫成就与努力》,《对外传播》2018年第6期。

基础，提供了社会条件。

第二，区域性整体贫困得到解决。受自然、历史和制度的影响，我国农村贫困区域性分布明显，主要集中于中西部地区，一半以上集中在西部地区，尤其是集中于国家划定的832个国家级贫困县、14个集中连片特困区。自改革开放以来，国家开始重视区域相对贫困问题，推进"西部大开发"战略。与此同时，不断加大对西部地区的政策支持，通过东西部扶贫协作、定点扶贫和对口支援等政策，西部地区的贫困县得到发展；2020年，全国所有的国家级贫困县全部摘帽，区域贫困整体解决。从区域来看，东部地区率先全面消除绝对贫困，西部地区的减贫成效最为显著。就贫困地区而言[①]，贫困人口从2012年末的6039万人减少至2019年末的362万人；连片特困区贫困发生率从2012年的24.4%下降至1.5%[②]。党的十八大以来，集中攻克深度贫困地区，区域性贫困得到全面解决，相对贫困呈现较为分散的特征。

第三，贫困群体生活水平明显提高。新中国成立以来，无论是收入水平、消费水平，还是公共服务水平都得到极大改善和提升。从全国来看，1956~2018年，全国贫困地区人均可支配收入和消费支出分别从98元和88元，上升为28228元和19853元，实际增长36.8倍和35.5倍。[③] 从贫困地区看，相比于2012年6079元的人均收入，2018年的10371元是2012年1.7倍，快于全国农村平均增速。此外，贫困地区的居民生活条件和环境明显改善，2012~2018年，有2899万贫困人口的饮水安全问题得到解决，2015~2018年，贫困地区自来水普及率从70%提高到83%[④]；贫困地区的居民耐用消费品不断增加；贫困地区的基础设施不断改善，99.9%的农村地区通了公路；农村的教育、医疗、文化活动设施等公共服务不断提

---

[①] 贫困地区，包括连片特困地区和片区外的国家扶贫开发工作重点县，原共832个县。2017年将享受片区政策的新疆阿克苏地区1市6县也纳入了贫困监测范围。

[②] 国家统计局住户调查办公室：《中国农村贫困监测报告2020》，中国统计出版社，2020，第14、24页。

[③] 中华人民共和国国务院新闻办公室：《为人民谋幸福：新中国人权事业发展70年》，人民出版社，2019，第16页。

[④] 中华人民共和国国务院新闻办公室：《人类减贫的中国实践》，人民出版社，2021，第17页。

升。广大贫困居民不仅实现了"两不愁"的吃饭穿衣问题,更实现了"三保障",人民的生活质量极大提升,为解决相对贫困创造了良好的社会环境。

(二) 百年治贫的历史经验

尽管绝对贫困和相对贫困是两种不同形态的贫困,但二者具有一定的共性,都具有贫困的核心维度"基本需要"。一些造成绝对贫困的原因也是相对贫困的致因,如制度、历史、自然、个体等因素;此外,一些涉及贫困治理的基本原则,如坚持党的领导、以人民为中心、具体问题具体分析等在相对贫困治理也同样适用。因此,消除绝对贫困的许多举措可以用于解决相对贫困,总结梳理消除绝对贫困的实践经验对于解决相对贫困有重要的理论和实践意义。

第一,坚持党的全面领导。党领导减贫工作是中国特色减贫道路中的"最大特色","是使贫困的乡村走向富裕道路的最重要的保证"[1]。中国共产党一直重视减贫,把扶贫工作纳入国家发展战略,统筹谋划,确保减贫的正确方向。在减贫的过程中,一是确定扶贫的基本原则,坚持实现共同富裕的减贫目标,始终坚持实事求是的处事原则,不断更新扶贫的具体目标、手段和方式,调整扶贫策略,使扶贫工作能够顺利进行。二是调动各级党委、政府和社会的力量减贫。在党中央的高度重视和顶层设计下,充分发挥组织优势,调动各级党委的积极性,实行分级管理、五级书记抓扶贫的管理机制。发挥政府主导减贫的作用,制定减贫规划,建立负责减贫的部门和机构,并形成了严格的考评监督体系,让脱贫实效经得起检验。三是不断完善基层党组织和干部队伍建设,提升贫困地区基层组织的治理能力,培养了一批能吃苦、能战斗的基层干部,为减贫提供了坚强的组织保障。

第二,坚持以人民为中心的减贫。以人民为中心、坚持人民的主体地位是我国社会主义制度的显著优势。党的宗旨和社会主义制度要求我们做任何事情都要将人民的利益放在第一位。我国的扶贫开发方式经历了救济

---

[1] 习近平:《摆脱贫困》,福建人民出版社,1992,第119页。

## 第二章 建立解决农村相对贫困长效机制的理论认知

式扶贫、开发式扶贫和精准扶贫的转变，反贫困的目标经历了从"保生存"到"保生存、促发展"再到"惠民生、促发展"的转变，[①]走出了一条不断满足人民物质文化生活的扶贫开发之路。在这个过程中，不断调整扶贫目标和标准，从"1978年贫困标准"满足最基本生存需求的卡路里贫困线到"2008年贫困标准"再到"2010年贫困标准"和"两不愁三保障"的脱贫标准，体现的是不断满足人民需求的决心。改革开放以来，我国制定各种政策，不断向贫困人口赋权，从赋予土地的使用经营权到自由择业和迁移权以及完善各种发展的权利，不断增强贫困人口的发展能力。

第三，坚持具体问题具体分析。中国共产党在带领全国人民扶贫的过程中，坚持实事求是、与时俱进，用发展的眼光不断审视贫困问题，走出了一条具有中国特色的减贫道路。一是不断调整扶贫目标和扶贫方略。从基本解决温饱问题拓展到解决发展问题，从改变贫困地区面貌到改善贫困地区生产生活条件，再到全面消除绝对贫困，解决区域性整体贫困，扶贫目标不断优化升级。从"八七扶贫攻坚计划"到21世纪制定的两个扶贫开发纲要，扶贫的具体方略不断调整。二是不断创新扶贫体制机制。从1986年确立以县为单位的扶贫开发工作，1997年实施省负责制，2000年开始扶贫到村，到2012年以来扶贫到户以及五级书记抓扶贫和分级管理机制，扶贫体制机制不断完善。三是因地制宜实施精准扶贫方略。在贫困识别方面，从确立贫困县到确立贫困村再到精准识别贫困户，贫困的识别逐渐精准；在贫困治理方面，实施"六个精准"和"五个一批"，根据不同的区位环境、地理条件以及个体差异进行不同的扶持策略，如针对有劳动能力的要提升能力、促进就业，针对没有劳动力的贫困户要加强兜底保障，又如针对"一方水土养不了一方人"的地区要实施易地搬迁，真正做到了"一把钥匙开一把锁"，"精准滴灌、靶向治疗"，更好地满足了贫困地区、贫困户的差异化要求。

第四，坚持扶贫策略"两手抓"。在减贫进程中，党和政府坚持"两

---

① 汪三贵、胡骏：《从生存到发展：新中国七十年反贫困的实践》，《农业经济问题》2020年第2期。

手抓"的策略。具体来讲,一是坚持开发式扶贫与保障式扶贫相结合。开发式扶贫主要通过经济增长带动减贫,如产业扶贫、旅游扶贫、完善贫困地区基础设施、发展教育等都属于开发式扶贫。1986年我国确立了开发式扶贫的方针,这是解决贫困地区发展的根本之策。但老弱病残等没有劳动能力的人并不能在开发式扶贫中脱贫受益,需要政府进行兜底保障。于是,21世纪以来,我们坚持"两条腿走路"的方针,通过"输血"和"造血"相结合,取长补短,相互融合,走出了一条综合式扶贫道路。二是坚持扶贫同扶志扶智相结合。在脱贫的过程中,外因起着推动作用,而内因起着决定性作用。因此,贫困的治理不仅要通过加大减贫投入和政策支持等外在帮扶推动,更要提升贫困群体自身的脱贫能力和脱贫意识,通过大力发展产业以及开展贫困群体的职业技能培训和服务促进就业、实现脱贫,通过开展思想教育、文化扶贫提升贫困群体脱贫意识和脱贫信心。

第五,坚持政府主导与多方参与相结合的扶贫格局。实践证明,经济的增长不能自动发挥减贫效应,需要政府制定相关政策加以引导,否则容易导致贫富差距的拉大。政府在扶贫道路上的主导作用体现在制定扶贫规划,成立专门的扶贫机构组织、监督减贫工作的推进,制定相关政策和激励措施鼓励企事业单位、社会组织和个人开展减贫工作等。在减贫过程中,我国一直坚持政府主导、多方参与,形成了大扶贫格局,有力地推动了减贫工作的顺利进行。在纵向维度,党中央和政府各部门协同合作,形成了"三级负责"的管理机制以及五级书记抓扶贫的格局,层层压实责任。在横向维度,形成了东西部协作机制,组织各方力量开展定点扶贫。我国还构建了政府、市场、社会协同推进的大扶贫格局,促进优势互补、资源共享。解决相对贫困问题需要继续发挥大扶贫的优势,调动各方力量促进低收入群体全面发展,使制度优势转化为解决相对贫困的治理效能。

## 五 战略机遇:乡村振兴的全面推进

站在"两个一百年"奋斗目标交替转化的历史时期和百年未有之大变局时期,党的十九大提出乡村振兴战略,是促进中国经济高质量发展、城

## 第二章 建立解决农村相对贫困长效机制的理论认知

乡融合发展以及社会主义现代化的重要战略,为解决相对贫困提供了历史性机遇。搭乘这一战略的东风,将解决相对贫困的顶层设计融入其中,将有助于相对贫困的顺利解决,促进贫困治理的持续推进。

乡村振兴战略既是顺应社会主要矛盾转变的必然选择,也是解决这一矛盾的重大举措。[①] 我国社会主要矛盾在农村表现得最为明显,突出表现为农民的市场竞争能力不足、农村基础设施不够完善、城乡要素合理流动机制不健全(主要呈单向流动趋势)、城乡基本公共服务发展仍不均衡等问题。实施乡村振兴战略有利于解决上述问题,是促进农村持续增收,改善农村社会环境,不断增进农民福祉,实现第二个百年奋斗目标的关键举措。

具体来讲,乡村振兴战略提出了"三总一保障"[②]。这为缓解城乡发展的不平衡问题,进而实现共同富裕提供了行动指南。全面脱贫后,我国减贫的主要任务是防止返贫和解决相对贫困,无论是防止返贫还是相对贫困治理,其重点地区仍然在农村,尤其是刚脱贫的农村。因此,党的十九届五中全会提出,推进脱贫成果巩固与乡村振兴有效衔接,以增强脱贫的可持续性。通过乡村振兴一体推进、统筹解决贫困问题,加强贫困地区的全面发展。为此,一方面,要将脱贫攻坚中形成的理论和实践成果应用于乡村振兴中,推动乡村振兴的全面发展;另一方面,在全面推进乡村振兴中,不断巩固脱贫成果、促进相对贫困的解决。因此,脱贫攻坚战的全面胜利为乡村振兴的全面实施奠定了深厚的、牢固的基础,乡村振兴的全面实施是防止返贫、巩固脱贫成果和缓解相对贫困的重要举措。

乡村振兴战略的全面推进是解决相对贫困的一个重大战略机遇,也是解决相对贫困的重要举措,有利于缩小城乡发展差距,实现城乡融合。因此,要推进脱贫攻坚与乡村振兴的有效衔接,通过乡村振兴解决相对贫困问题,进行一体设计和推进。

---

① 蒋永穆:《基于社会主要矛盾变化的乡村振兴战略:内涵及路径》,《社会科学辑刊》2018年第2期。
② 总目标是农业农村现代化;总方针是坚持农业农村优先发展;总要求是产业兴旺、生态宜居、乡风文明、治理有效、生活富裕;制度保障是建立健全城乡融合发展体制机制和政策体系。

在具体的衔接上,可以从主体、内容和工具三个维度进行衔接。就主体维度而言,乡村振兴主体的延续性有利于推进相对贫困解决。多个中央一号文件都强调,坚持五级书记抓乡村振兴、党政一把手负责制,尤其要重视县委书记的作用,县委书记是乡村振兴的"一线总指挥"。强化各级党委对乡村振兴的领导,坚持组织平移,在脱贫攻坚时期的组织领导平移至乡村振兴,有利于脱贫成果与乡村振兴的主体衔接,实现"脱贫"与"振兴"的主体统一。此外,乡村振兴的主体覆盖全体居民,有利于在制定政策和实施项目时覆盖所有低收入群体,从而将政策从特惠转为普惠,常态推进。就内容维度而言,基于"五个一批"到"五个振兴"的维度,实行提档升级,通过"五个振兴"推动乡村全面可持续发展是解决我国农村相对贫困的重要路径。通过产业振兴促进农村低收入人口就业增收、通过人才振兴为实现乡村振兴和相对贫困治理提供人才支撑、通过文化振兴提升乡村人口的文化涵养和改变农村精神风貌、通过生态振兴建设生态宜居的美丽乡村、通过组织振兴为乡村振兴和贫困治理提供坚强的组织保障。就工具维度而言,乡村振兴的规划、政策、体制机制的设计要有利于解决农村相对贫困。在规划上,基于我国发展的"两个阶段"目标,加强顶层设计;在政策上,需要对二者的衔接作具体政策内容安排,立足于实际,实现各类型的政策衔接,增强政策连续性[①],注重兼容性、可持续性,既有利于贫困治理,又能促进乡村振兴;在体制机制上,构建"减贫+振兴"一体化的体制机制,脱贫攻坚时期所形成的领导体制、考核机制等都需要加以调整优化以促进"治贫"与"振兴"共同推进。

---

① 白永秀、宁启:《巩固拓展脱贫攻坚成果同乡村振兴有效衔接的提出、研究进展及深化研究的重点》,《西北大学学报》(哲学社会科学版)2021年第5期。

# 第三章 农村相对贫困的基本研判和多维特征

马克思主义认识论要求我们认识某一事物时，不能仅停留在表面，而是要透过表象，抓住事物本质。就相对贫困问题而言，不仅要分析相对贫困的具体表象，更要廓清相对贫困的多维特征。因此，本章在制定相对贫困的识别标准上，对我国农村相对贫困的总体概况作基本研判，并归纳总结农村相对贫困的基本特征，对中国农村相对贫困的状态进行总体把握和全息透视，为建立解决中国农村相对贫困的长效机制提供了具体的切入点、着力点和规避点。

## 第一节 农村相对贫困的标准制定

贫困标准的制定是贫困识别和治理的前提。世界各国和国际组织的贫困标准经历了从绝对收入贫困标准转换为相对收入贫困标准、从收入贫困标准转换为多维贫困标准以及绝对贫困标准和相对贫困标准模糊化倾向。[1]顺应贫困性质的转变、吸纳多种贫困标准、考量发展目标和数据可获得性，基于现实和理论依据制定相对贫困标准，是解决相对贫困的前提。

### 一 农村相对贫困标准制定的总体思路

现有相对贫困标准各式各样，归根结底为两种，即收入贫困标准和多维贫困标准。就全世界而言，贫困标准有从一维向多维转变的趋势，目前

---

[1] 潘文轩：《后脱贫时代中国反贫困新方略的前瞻性研究》，中国社会出版社，2021，第100~101页。

许多发展中国家纷纷开始制定多维贫困标准。这些贫困标准各有优劣，我国在制定相对贫困标准时要权衡不同贫困线的利弊，选择适合我国实际的贫困线。

(一) 顺应贫困性质的转变

新中国成立之后，我国共制定过三个贫困标准，分别为"1978年贫困标准""2008年贫困标准""2010年贫困标准"，这些贫困标准都是着眼于满足基本生存需求的绝对贫困标准。我国现行贫困标准仍属于绝对贫困标准，随着脱贫攻坚的全面胜利、绝对贫困的完全消除，现行贫困标准已不符合农村贫困实际，需要制定新的贫困标准以顺应贫困性质的转变，即从绝对贫困标准转变为相对贫困标准。全面建成小康社会后，贫困群体以"两不愁"为主的生存型贫困问题基本解决，但随着社会主要矛盾的转换以及新发展阶段的到来，人们不再满足于温饱需要，而是着眼于更高层次的美好生活需要。这些问题仅用收入和"两不愁"难以衡量。需要构建一个多维相对贫困标准以顺应贫困性质的转变，精准识别多维相对贫困人口。

因此，贫困标准的及时更新有利于与国际社会贫困标准接轨，与我国经济社会发展水平和农村贫困实际相匹配，也是我国完成第二个百年奋斗目标、实现共同富裕的必然选择，充分体现了贫困的动态性和发展性特征。特别是我国农村贫困居民面临着收入、消费和基本公共服务等多维剥夺。为了满足居民多层次发展需求，需要制定与之相匹配的相对贫困标准，将农村贫困居民的多维贫困识别出来，以对症下药，精准治贫，缩小发展差距，促进共同富裕取得更为明显的实质性进展。

(二) 吸纳多种贫困标准

当前国际社会存在多种贫困标准，如收入贫困标准、消费贫困标准、多维贫困标准，这些贫困标准各有优劣，在制定相对贫困标准时要选择符合我国实际的贫困线。

第一，聚焦收入标准的相对性。国际上大多数发达国家使用收入比例法测量贫困，这种方法操作简单、易于比较，能够直接地反映贫困人口的收入差距，体现了贫困的相对性。基于我国农村居民收入低、差距大的现状,将收入中位数的一定比例作为贫困线能够简单有效地识别出低收入人口,符合我国农村贫困实际,且我国东部沿海省份已有通过收入比例法识别贫困的实践经验。如浙江省发达地区确立了不少于上一年农户收入的45%和不低于当地农户的10%为低收入户识别标准,江苏将低于人均收入30%的农户视为低收入户,广东省将低于全省人均可支配收入的33%视为贫困户,并取得较好效果。但若以单一的收入为测量标准,则会出现将收入在一段时间较少,但能够通过储蓄维持相当的消费水平的部分家庭视为贫困(实则不贫困),或者将消费低于贫困线,但收入偶尔在贫困线之上的部分家庭排除在贫困对象之外。

第二,借鉴消费标准的稳定性。一般而言,消费贫困比收入贫困更加准确,一是因为大多数贫困群体的真实收入难以获知,一方面,农民的收入主要来源于农业和非正规就业,其"望天收"和"短工化"特征导致农民收入不稳定;另一方面中国农民有"财不外露"的心理,进而表现为"藏富"和"哭穷"。[1] 与之相反,在询问人们吃什么、吃多少以及使用哪些家电等基本消费情况时则能够得到更为准确的回答。二是因为消费是一种结果的度量,更直接地反映人们的生活水平,是一种持久收入的反映且稳定性更高。[2] 相比家庭的消费水平来说,收入容易受各种因素的影响而波动。例如,美国计算出基本消费需求线后,再基于收入用于食品支出超过基本消费需求线 1/3 测算出贫困线,即恩格尔系数大于 0.33 为贫困。因此,我国在制定相对贫困标准时,可充分利用恩格尔系数划定消费贫困线,力求贫困标准的稳定性和可靠性。

第三,吸纳多维贫困标准的全面性。随着对贫困认识的深化,国外学者开始认识到,贫困是一个复杂的现象,涉及多个维度,贫困群体所面临的一些贫困维度,如主观贫困、社会福利、能力维度不能使用单一货币测量,而应该从货币以外的多个维度进行考量,这些非货币维度能够更精准地识别出贫困人口的贫困致因、真实度更高、测量更加准确。越来越多的国家认同多维贫困标准,并根据国际多维贫困指数测算出符合本国实际的

---

[1] 周晓露:《贫困识别的制度逻辑》,中国社会科学出版社,2021,第 90~92 页。
[2] 顾昕:《贫困度量的国际探索与中国贫困线的确定》,《天津社会科学》2011 年第 1 期。

多维贫困标准。我国已是多维贫困同行网络（MPPN）的53个成员国之一，且在精准扶贫、精准脱贫阶段，我国开始通过多个维度识别贫困，并确定多维度脱贫标准，可以预见的是，多维相对贫困标准也将在我国建立，以更精准地从多个维度找到相对贫困的致贫根源，对症下药、靶向治疗。

（三）考量发展目标和农村实际

一方面，对标新发展阶段，我国农村绝对贫困全面消除，解决相对贫困成为减贫重点，贫困的样态、人群和地域分布都有所改变，城乡区域发展差距较大，贫困群体面临着权利、能力等多重剥夺，需要制定与我国实际相符的、反映群众实际情况的多维贫困标准；另一方面，随着全面小康社会的建成，我国的减贫目标不再局限于满足温饱需要，而是实现更高层次的发展目标，满足"人民对美好生活的向往"。据此，党的十九届五中全会提出"十四五"规划和2035年远景目标，促进我国居民的人均收入提高、人民平等发展权利得到保障、国民素质提升，进而缩小收入和发展差距，促进共同富裕取得更为明显的实质性进展。无论是农村发展的具体实际，还是国家的顶层设计都要求从多个维度满足农村发展需求。深入把握国家政策和具体实际，才能客观全面地制定出符合我国当前实际的贫困标准，精准识别出真正的既包含"贫困内核"，又体现社会不平等的相对贫困群体。

此外，要充分考虑数据可获得性，根据设计的多维贫困指标获得可用的数据是进行测度的基础。目前我国官方统计的数据主要有国家统计局调查数据，如《中国统计年鉴》《中国住户调查年鉴》；中国家庭收入调查（CHIP）旨在动态追踪我国居民收入分配与贫困的变动特征；中国家庭追踪调查（CFPS）能够较为全面地反映中国家庭和个体的现状；中国健康与营养调查（CHNS）[1]定期对中国15个省市约7200户家庭和3000多人进行抽样调查，以全面了解住户的收入、饮用水、卫生设施、资产等状况。

---

[1] 中国健康与营养调查（CHNS）是美国北卡罗来纳大学人口研究中心与中国疾病预防控制中心营养与健康所合作开展的社会调查项目，旨在研究中国社会经济转型如何影响人口的营养与健康状况。

这些数据为我国进行多维贫困的测量提供了数据支撑。此外，借助地理空间数据研究区域贫困状况，借助大数据（卫星图像、手机使用计量、夜光灯密度数据、用电数据）等测量某些具体维度（经济、教育、卫生、基础设施、互联网等）的贫困是未来发展的方向，也是对国家统计数据的一个有益补充。本书主要基于 CFPS 数据制定贫困标准，在此基础上，对农村相对贫困进行多维测量，并对现状进行深入分析。

（四）制定包括货币与非货币维度的多维相对贫困标准

相对贫困是一个多维概念，物质贫困是关键内容，但公共服务、参与机会、健康获得、自我认知也是相对贫困评估和干预的重要内容。[1] 基于马克思主义关于人的全面发展理论和福利经济学家关于能力贫困的理论，面对我国在精准扶贫、精准脱贫时期"两不愁三保障"的多维识别标准和脱贫标准实践的历史，以及我国当前农村居民生活质量不高，存在健康、教育等基本公共服务剥夺的现实，本研究认为中国应制定包括货币与非货币维度的多维相对贫困标准。

站在农村贫困治理从绝对贫困向相对贫困转换的十字路口，借鉴国际社会贫困测量方法以及国内外实践经验，吸纳收入贫困标准的相对性和可操作性、消费贫困标准的稳定性以及多维贫困标准的全面性，制定多维相对贫困标准。在设计维度时，既要对我国之前的多维扶贫标准进行拓展，使其更全面地反映贫困的主要维度，又要力求简明扼要，防止过于复杂而导致实施难度大。

就货币维度而言，收入维度仍然是测量贫困的关键性指标，消费是收入的补充，但仅以收入测量贫困是不够的。由于我国农民大部分为非正规就业，往往不具备理性记账的能力，收入数字往往无法反映农民的真正生活状况。加之农民"财不外露"的心理导致其真实收入数据难以获取。中国农村居民可支配收入中包含着大量的转移性收入，近年来占比高达20%，这些转移性收入包括对农民生产经营活动的各种补贴，若不单独列出，容易对农民的收入产生误解。而消费是一种结果的度量，反映了家庭

---

[1] 李棉管、岳经纶：《相对贫困与治理的长效机制：从理论到政策》，《社会学研究》2020年第6期。

生活水平的稳定性，更准确。因此，在贫困测量时，要充分考虑收入和消费两个维度。由汤森提出的收入比例法得到欧盟和经合组织国家普遍使用。并且，收入比例法能够直观反映我国居民的收入差距，反映了相对贫困中"不平等"的内涵。基于此，参照国际通行的做法，中国在相对贫困治理阶段也可在测量收入贫困时使用收入比例法，其中人均可支配收入比例确定是难点和重点。此外，要增加消费维度，一般用恩格尔系数法确定，弥补收入维度的不足。

就非货币维度而言，非货币维度是收入维度的补充与延展而非替代[①]。与收入标准相比，多维指标的选择具有较大的主观性，但这一主观性建立在我国农村具体实际基础之上。多维贫困主要测量公共服务带来的效果。学者们通过实证研究发现我国农村多维贫困较为严重，这是由于我国城乡基本公共服务差距大，非经济贫困问题突出，社会保障体系有待完善。而发达国家的城乡区域发展差距小，基本实现了城乡基本公共服务均等化，这也是发达国家多使用收入贫困标准的原因。21世纪以来，多维贫困理论得到越来越多的国家认同。2007年，Alkire等人创立了多维贫困测量方法，并于2010年提出多维贫困指数（MPI）（以下简称"MPI"）。由此，多维贫困标准在全球诸多发展中国家推广，部分发达国家在收入贫困标准的基础上补充了其他维度，多维贫困标准成为全球贫困治理的新方向。根据国内外贫困标准的实践经验，非货币标准一般包括就业、教育、健康、住房等，且每个维度下面有若干指标，还需要考虑阈值和指标权重的设定等。

## 二 农村多维相对贫困标准的具体设计

基于以上思路，本研究制定了包含货币与非货币维度的多维相对贫困标准，货币维度仍然是相对贫困标准的重要维度，而非货币维度是有效补充，能够衡量发展性需求的满足程度。这种相对贫困标准更偏向于

---

① 潘文轩、阎新奇：《2020年后制定农村贫困新标准的前瞻性研究》，《农业经济问题》2020年第5期。

弱相对贫困线①，体现了绝对贫困和相对贫困的综合性度量方法②，既考虑满足基本生存需求，同时考虑促进个人能力和权利发展的社会需求指标。

（一）农村相对贫困标准的维度确定和指标选取

维度和指标的选取既要反映贫困人口剥夺的核心维度和致贫原因，又要注意各维度是否存在互补和替代关系。基于国外收入和多维贫困标准、我国2035年远景目标、农村现状和数据可得性，本书设计了中国农村多维相对贫困标准，其中货币维度包括收入和消费两个指标，非货币维度包括健康、教育、生活条件、社会保障、就业5个维度共12个指标（见表3-1）。

表3-1 中国农村多维相对贫困标准

| 维度与权重 | 指标 | 阈值 | 权重 |
| --- | --- | --- | --- |
| 货币 1/6 | 人均纯收入 | 家庭人均纯收入小于当年全国农村人均纯收入中位数的40%，取值1 | 1/12 |
| | 家庭消费支出 | 恩格尔系数大于50%，取值1 | 1/12 |
| 健康 1/6 | 健康状况 | 家庭自评不健康人员大于1或慢性病人数≥1，取值1 | 1/12 |
| | 就医条件 | 对当地看病点的就医条件或医疗水平不满意，取值1 | 1/12 |
| 教育 1/6 | 受教育程度 | 家中劳动年龄人员有一人受教育年限小于6年或9年，取值1 | 1/12 |
| | 儿童入学 | 家中至少有1名学龄儿童（7~15岁）未入学，取值1 | 1/12 |
| 生活条件 1/6 | 住房 | 家庭人均住房面积小于15平方米，取值1 | 1/30 |
| | 饮水安全 | 不能获得安全饮用水（井水、自来水、纯净水/桶装水/过滤水），取值1 | 1/30 |
| | 炊用燃料 | 没有使用天然气、液化气、电等清洁燃料，取值1 | 1/30 |
| | 耐用消费品 | 家庭耐用消费品的总价值低于3000元人民币，取值1 | 1/30 |
| | 信息获取 | 家中有一人无获取外界信息的渠道（电视、互联网、手机短信），取值1 | 1/30 |

---

① 弱相对贫困线是指在考虑经济收入的同时融入一系列社会需求指标；强相对贫困线是绝对贫困标准的延续，将每个家庭的收入与绝对贫困标准比较，确立贫困家庭在全国中位数的固定比例，在大多数经合组织国家常用。

② 郑继承：《相对贫困的经济学辨析与中国之治》，《财经问题研究》2021年第8期。

续表

| 维度与权重 | 指标 | 阈值 | 权重 |
| --- | --- | --- | --- |
| 社会保障 1/6 | 养老保险 | 有符合条件的家庭成员未参与基本养老保险或者农村养老保险及其他类型的养老保险，取值1 | 1/12 |
| | 医疗保险 | 有家庭成员未参与社会医疗保险，取值1 | 1/12 |
| 就业 1/6 | 失业 | 家中有劳动能力的人长期失业或退出劳动市场，大于1人，取值1 | 1/6 |
| 剥夺阈值 | | 剥夺维度指标权重之和 K≥30%可识别为多维相对贫困 | |

注：指标和阈值根据世界银行、联合国和其他发展中国家多维贫困标准，我国的"十四五"规划和2035年远景目标纲要，CFPS2018调查数据和我国农村实际情况综合确定。

就货币维度而言，货币维度是贫困测量中最常用的、最基础性的指标，包括收入和消费维度。收入对某一时点的贫困人口状况反应十分灵敏，而消费是持久收入的反映，比收入的稳定性更高，但收入贫困会出现识别不精准的状况，而消费指标有一定的滞后性，难以及时反映扶贫成效。因此，构建包含收入和消费的货币贫困指标，能够有效克服仅以收入或者消费为测量标准的缺点，更能提升识别的准确性。具体而言，在收入维度，为体现贫困的相对性，可以借鉴欧盟和经合组织国家使用的收入比例法来确定；而消费维度，可以借鉴联合国对恩格尔系数的划分方法确定。

就非货币维度而言，纵观世界银行、联合国开发计划署等国际组织提出的多维贫困标准和越南、南非、哥伦比亚、墨西哥等国家的多维贫困标准，可以发现，健康、教育、生活条件、就业是影响贫困群体发展能力和发展权利的主要方面。借鉴这些国际经验，结合我国"十四五"规划和基本实现现代化的阶段性目标，考虑数据的可获得性和中国农村现阶段实际情况，本书设计了中国农村多维相对贫困标准。

具体而言，根据"病有所医"的基本需求，借鉴国内外实践经验，从主客观层面设置贫困者个人身体健康状况以及就医条件两个指标，通过身体是否健康以及生病后就医的有效性和便捷度来反映健康维度的剥夺。教育直接反映了贫困者的可行能力，结合我国"十四五"规划中基本公共服务均等化对受教育年限的要求与"幼有所育"的政策要求，以及学界的研究成果，本书设置受教育程度与儿童入学两项指标来反映贫困者是否遭受教育剥夺。基于我国"三保障"中的"住房安全"和我国农村实际，设置住房、饮水安全、炊用燃料、耐用消费品、信息获取5个指标，反映贫困者的生活质量和条件是否遭受剥夺。我国城乡基本公共服务差距较大，农村仍然存在一部分人没有购买医疗保险和养老保险，极大地降低了其风险应对能力，因此本书用养老保险和医疗保险来反映社会保障维度的剥夺。就业是摆脱贫困的关键，有劳动能力的人处于长期失业状态或者非正规就业是衡量其失业贫困的重要指标。

（二）农村相对贫困标准的阈值和权重设定

确定指标的阈值是贫困标准的关键，阈值即临界值，若被测对象某些指标在阈值范围内（见表3-1），则表明存在剥夺或贫困。如果所有指标的加权总分大于设定的临界值则视为陷入多维相对贫困。

货币维度包括收入指标和消费指标。就收入指标而言，大多数学者认为我国城乡收入差距过大，若是使用全国人均可支配收入，会导致部分省份没有相对贫困者的情况，故建议城乡分别设置收入贫困线。就农村收入贫困线而言，目前学术界有人提出使用人均纯收入的35%左右为宜[1]，也有人直接建议使用40%的比例[2]，以及50%的比例[3]。以全国农村人均可支配收入中位数的40%测算，2020年农村贫困人口的收入指标为5755元。这个标准既高于我国绝对贫困标准，也与过渡期较低相对贫困标准相衔接，同时测出的贫困人口的数量也符合绝对贫困脱贫人数实际，因为大多数绝对贫困人口将转换为相对贫困人口。李实提出2020年有大约1亿人的月收入不足500元[4]，其收入水平和人口数量与本书估算的收入标准接近，故本书将收入指标确定为农村人均可支配收入中位数的40%。但由于CFPS数据库的收入为人均纯收入，故本书设定的收入阈值为人均纯收入中位数的40%。

---

[1] 曲延春：《农村相对贫困治理：测度原则与路径选择》，《理论学刊》2021年第4期。
[2] 邢成举、李小云：《相对贫困与新时代贫困治理机制的构建》，《改革》2019年第12期；孙久文、夏添：《中国扶贫战略与2020年后相对贫困线划定——基于理论、政策和数据的分析》，《中国农村经济》2019年第10期。
[3] 周力：《相对贫困标准划定的国际经验与启示》，《人民论坛·学术前沿》2020年第14期。
[4] 李实：《共同富裕的目标和实现路径选择》，《经济研究》2021年第11期。

就消费指标而言，其目的是弥补收入指标的不足。国际上一般用恩格尔系数①确定家庭是否存在消费贫困。将恩格尔系数小于50%视为达到小康，由于我国当前已实现全面小康，故将50%作为贫困标准比较适宜。

无论是消费贫困线，还是收入贫困线，在以家庭为识别单位的基础上，可借鉴欧美经验，根据家庭人口结构进行赋权，将家庭第一个成年人赋予权重1，之后每个16岁及以上成年人赋权0.5，16岁以下的家庭成员赋权0.3。在此基础上，计算家庭人均纯收入中位数40%以下的家庭户为收入相对贫困户。

就健康维度而言，基于CFPS 2018问卷和数据库的数据可得性（包括个人自答、个人代答数据库），设置两个指标：一是家庭成员有慢性病（3个月以上的疾病）或残疾（持有残疾证）而影响工作能力或者自评不健康，视为存在健康剥夺；二是对当地的就医条件或医疗水平不满意，在平时就医中感受到当地医疗卫生条件和交通不便等，视为存在健康剥夺。

就教育维度而言，"十四五"规划目标中2020年我国平均受教育年限已达10.8年，预计2025年达到11.3年，其中受教育程度需要考虑不同年龄段的受教育情况，基于学界对教育改革进程的研究，本书将1980年以前出生的人未完成6年教育、1980年以后出生的人未完成9年教育识别为教育被剥夺；此外，将家中至少有1名学龄儿童（7~15岁）未入学作为另一剥夺指标。

就生活条件维度而言，根据国际经验和CFPS 2018数据，本研究采用较为常用的住房、饮水安全、炊用燃料、耐用消费品和信息获取5个指标进行衡量。各指标的阈值根据我国实际进行了调整，如很多地区将住房面积小于15平方米作为住房救助的条件②，故本研究将人均住房面积小于15平方米确定为住房困难户，而饮水安全和炊用燃料根据CFPS数据库和问卷指标来设定；耐用消费品反映一个家庭的固定资产情况，CFPS对耐用消费品作了明确定义③，根据既有研究和农村当前生活水平，一般将耐用

---

① 按照联合国的划分标准，消费支出恩格尔系数大于60%为贫困、50%~60%为温饱、40%~50%为小康。
② 仲超、林闽钢：《中国相对贫困家庭的多维剥夺及其影响因素研究》，《南京农业大学学报》（社会科学版）2020年第4期。
③ 单位价格在1000元以上，自然使用寿命在2年以上的产品。

## 第三章 农村相对贫困的基本研判和多维特征

消费品"少于3种"视为剥夺,因此,本书将拥有汽车、摩托车(助力车)、电脑、电视、洗衣机、电冰箱(柜)、彩色电视机、空调、热水器、首饰、古董等耐用品少于3种,即总价值低于3000元视为剥夺。此外,信息获取指标方面,基于CFPS问卷,将能够通过电视、互联网、手机短信获取外界信息视为不贫困,否则视为存在信息相对贫困。

就社会保障维度而言,基于CFPS问卷数据以及我国实现了"两不愁三保障",但其水平还有待提升的现实状况,特别是在城乡二元背景下,农民的养老保险和医疗保险水平与城镇居民相差甚远,有必要设置养老和医疗保险指标,将没有任何养老保险[①]和医疗(新农合、补充医疗保险和商业保险)保险的个人与家庭视为存在贫困。

就就业维度而言,就业是摆脱贫困的关键,有劳动能力的人处于失业状态或者非正规就业会使其暴露在贫困的边缘。因此,有劳动能力的人处于长期失业状态或非正规就业是衡量就业贫困的重要指标。

在维度、指标和阈值确定之后,需要设定各指标和维度的权重。权重的设定包括维度内各指标的权重和各维度的权重。确定权重的方法有三种,即数据推动的方法、规范的方法和混合的方法。数据推动的方法有频率和统计法,规范的方法有等权重法、专家意见法和基于价格法。而常用的方法有等权重法、频率和统计法。[②] 为了测度方便,目前国际组织和采用多维贫困标准的国家以及相关学者大多采用的是等权重法。AF法也采取指标权重相等、维度权重相等的处理方法。等权重表明各维度和指标在贫困的识别中具有同等重要的价值,避免了不同维度政策倾向性的争议,且经过实证检验,发现即使采用权重不相等法,83%以上的测量结果也是一致的。因此,等权重的设定具有稳健性。[③]

因此,本研究同样采取等权重法,设计了包括收入和消费在内的6个维度14个指标的多维相对贫困标准。指标的阈值即指标的贫困线,对于每

---

[①] 养老保险主要有基本养老保险、企业补充养老保险、商业养老保险、农村养老保险(老农保)、新型农村社会养老保险(新农保)。
[②] 邹薇、方迎风:《怎样测度贫困:从单维到多维》,《国外社会科学》2012年第2期。
[③] 毕洁颖:《中国农户贫困的测量及影响因素研究》,博士学位论文,中国农业科学院,2016,第32页。

个指标，若是贫困户的指标在阈值范围内，则表示该指标存在剥夺。在这些维度、指标、阈值和权重充分明晰的基础上，根据国际经验，确定这些指标的权重之和 K≥30% 时，则该贫困户面临多维贫困。同时，这一多维贫困标准是基于 2021~2035 年我国实现社会主义现代化第一阶段的目标制定的，随着经济社会的发展和发展目标的细化升级，具体的指标可以以五年规划为指南作适当调整。如教育年限可以提升至 12 年，耐用消费品增加至 5 件等。此外，中国地域辽阔，各地发展不一，各省份在具体识别贫困的时候可以根据此标准作适当调整。

## 第二节 农村相对贫困的基本研判

从不同维度全面分析我国农村相对贫困的总体概况，是解决农村相对贫困、构建长效机制的现实基点。本节首先基于前文所制定的贫困标准，根据 AF 法和 CFPS 2018 数据对我国农村相对贫困的规模进行大致估算，然后从收入—消费—公共服务维度分析农村相对贫困人口的基本生活状况，并基于场域和人群透视我国农村相对贫困的分布状况，从宏观上整体把握我国农村相对贫困的状态，为分析我国农村相对贫困的基本特征和生成机理奠定基础。

### 一 我国农村相对贫困的测量

（一）数据来源

本书以 CFPS 2018 数据库为基准进行测量。该数据库以问卷形式整合个人、家庭和社区三个层级的数据，数据库横向变量包括：家庭及成员基本信息、收入和就业情况、健康卫生、生活条件和社会保障内容等，同时，样本数据覆盖了 29 个省、自治区和直辖市。该微观数据除收集客观变量外，还增加了身体健康自评、生活满意度自评、社会地位等主观变量，主客观变量数据结合，较好地反映了我国居民的生产和生活状况。

2018 年 CFPS 公布了 5 大数据库：家庭经济库（famecon）、个人库（person）、少儿家长代答库（childproxy）、家庭成员关系库（famconf）以

## 第三章 农村相对贫困的基本研判和多维特征

及跨年个人核心变量库（crossyearid）。本书以前三个数据库为基准，进行研究。其中，家庭经济库是以家庭为单位，进行数据统计；个人库主要包含9岁及以上的个人对问卷内容的回答；少儿家长代答库包含家长代替0~15岁儿童回答的信息。

笔者使用stata和excel对数据进行分析计算，使用stata的代码功能与excel的vlookup、countif、if、or、and等函数以及函数间的相互嵌套，对三个数据库进行编码配对，其中编码分为个人编码（pid）和家庭样本编码（fid 18），再对本书相对贫困标准指标有缺失的数据样本进行删除，最后对其他多余变量进行数据清洗，最终整合出中国农村家庭库与家庭人员配对的完整信息库，覆盖中国东部地区10个省份、中部地区8个省份、西部地区7个省份。获得总计5565个完整家庭样本，覆盖了14248人。各地区样本家庭户的分布情况如表3-2所示。

表3-2 2018年中国家庭追踪调查样本分布情况

单位：户，人

| 东部地区 | | | 中部地区 | | | 西部地区 | | |
|---|---|---|---|---|---|---|---|---|
| 省份 | 家庭 | 覆盖人口 | 省份 | 家庭 | 覆盖人口 | 省份 | 家庭 | 覆盖人口 |
| 北京市 | 11 | 39 | 河南省 | 647 | 1676 | 四川省 | 279 | 786 |
| 天津市 | 21 | 60 | 安徽省 | 83 | 203 | 重庆市 | 56 | 131 |
| 上海市 | 67 | 159 | 山西省 | 309 | 774 | 贵州省 | 221 | 565 |
| 河北省 | 397 | 1025 | 吉林省 | 97 | 226 | 甘肃省 | 950 | 2681 |
| 辽宁省 | 528 | 1212 | 江西省 | 159 | 364 | 陕西省 | 127 | 316 |
| 福建省 | 87 | 186 | 湖南省 | 99 | 240 | 云南省 | 228 | 695 |
| 浙江省 | 104 | 266 | 湖北省 | 60 | 157 | 广西壮族自治区 | 139 | 333 |
| 山东省 | 320 | 707 | 黑龙江省 | 93 | 220 | 合计 | 2000 | 5507 |
| 广东省 | 424 | 1081 | 合计 | 1547 | 3860 | | | |
| 江苏省 | 59 | 146 | | | | | | |
| 合计 | 2018 | 4881 | | | | | | |

（二）测量方法

AF算法由Alkire和Foster提出，其核心逻辑为设置两层临界限域：一是对既定的相对贫困维度设定阈值 $z_j$，当某一个体 $i$ 在第 $j$ 维度的数值高于或低于相应阈值 $z_j$，则判定该个体在此维度上存在缺陷；二是给定多维贫困判定临界值 $K$，结合某一个体 $i$ 的缺陷维度权重和其缺陷数值，加总得出该个体的总体缺陷量 $S_i(k)$，当 $S_i(k) \geqslant K$，则判定该个体为多维贫困。

以 $j$ 表示各维度指标，包括货币、健康、教育、生活条件、社会保障、就业 6 个维度下属的 14 个指标。给定 $n$ 为家庭样本数量，且定义 $Y^{n\times j}$ 为 $n\times j$ 矩阵，令 $y \in Y^{n\times j}$ 为样本矩阵，其矩阵内的值表示样本 $n$ 在 $j$ 个指标上的取值，其中 $y_{ij}$ 表示第 $i$ 个样本在 $j$ 指标上的数值。

定义阈值矩阵 $Z_{1\times j}$，表示第 $j$ 个指标上被剥夺的阈值 $z_j$，定义剥夺矩阵为 $G_{ij}$，若某一样本 $i$ 在 $j$ 指标上高于或低于相应阈值 $z_j$，则 $g_{ij}=1$，说明该个体为被剥夺状态；反之，$g_{ij}=0$，个体为正常状态。将样本矩阵 $y$ 中所有行的 $j$ 指标值与 $Z_{1\times j}$ 进行对比得到剥夺矩阵 $G_{ij}$，完成第一层临界判定。

定义权重矩阵 $W_{j\times 1}$，表示 $j$ 指标在所有指标中的权重，并完成第一层判定矩阵 $G_{ij}\times W_{j\times 1}$，得到新的矩阵 $S_{i\times 1}$，并命名为加和矩阵。表示如下：

$$\begin{pmatrix} g_{11} & g_{12} & \cdots & g_{1j} \\ g_{21} & g_{22} & & g_{2j} \\ \vdots & & \ddots & \vdots \\ g_{i1} & g_{i2} & \cdots & g_{ij} \end{pmatrix} \times \begin{pmatrix} w_{11} \\ w_{21} \\ \vdots \\ w_{j1} \end{pmatrix} = \begin{pmatrix} s_{11} \\ s_{21} \\ \vdots \\ s_{i1} \end{pmatrix}$$

假定多维贫困临界值取值为 $K$，对加和矩阵中的计算数值 $s_{11}\cdots s_{i1}$ 与 $K$ 值进行比较判定：

$$S_i(k) = \begin{cases} s_{x1}, s_{x1} \geqslant K \\ 0, s_{x1} < K \end{cases}$$

式中若 $s_{x1} \geqslant K$，则判定该个体为多维贫困，另将在该 $K$ 值下非多维贫困家庭户的剥夺矩阵内部数值进行归 0 处理，并将处理后的矩阵称为删减矩阵。

根据以上数据，进一步测量出多维贫困发生率（$H$）、平均剥夺份额（$A$）以及多维贫困指数（MPI）。

$$H = \frac{q}{n}$$

其中，$q$ 表示多维贫困数量，$n$ 表示相应的研究样本总量，$H$ 表示多维贫困发生的广度。

$$A = \frac{S_1 + S_2 + \cdots + S_q}{q}$$

其中，$S_i$ 表示在临界值 $K$ 时，被判定为多维贫困的个体在剥夺维度的加权总和，$q$ 表示多维贫困数量。

$$MPI = H \times A$$

多维贫困指数 MPI 用平均剥夺份额 $A$ 来调整多维贫困发生率 $H$，从而克服了多维贫困发生率对剥夺维度增减反应不敏感的问题。

用双临界值法还能够对多维贫困的情况进行分解，能够分析出不同地区以及不同指标对于贫困指数的贡献率。因此，当某一个贫困群体在某一指标上缺失相对严重时，贡献率就会更高，从而能有针对性地制定方案，实现更加精准的扶贫。其维度分解公式如下：

$$\text{指标} j \text{对总的贫困指数的贡献率} = \frac{w_j \times CH_j}{MPI}$$

其中，$w_j$ 为这个指标的权重值，$CH_j$ 为在这个指标上被剥夺的人口，在删减矩阵中计算。

$$\text{区域贫困对总的贫困指数的贡献率} = \frac{\frac{n_i}{n} \times MPI_i}{MPI}$$

其中，$MPI$ 和 $MPI_i$ 分别表示总体家庭样本和 $i$ 区域的多维贫困指数，$n_i$ 和 $n$ 表示总样本数量和 $i$ 区域样本数量。

（三）测量结果

基于前文所制定的农村多维相对贫困标准以及 CFPS 2018 数据，通过指标对数据库的数据进行清算，得到全国 5565 户数据，覆盖了 14248 人，包括了东中西部主要省份，其中东部有 2018 户，覆盖 4881 人；中部有

1547户，覆盖3860人；西部有2000户，覆盖5507人。基于此，通过AF双临界值算法，对这些数据进行多维贫困测量，得出中国农村多维贫困发生率（$H$）、平均剥夺份额（$A$）以及多维贫困指数（MPI）。此外，还可以对多维贫困的情况进行分解，得出全国和东中西部[①]地区多维贫困发生率以及不同指标对于贫困指数的贡献率和不同指标的贫困发生率，具体分析见下文。

## 二 农村相对贫困规模大：基于多维相对贫困标准的估算

目前中国农村的相对贫困人口规模有多大？由于相对贫困人口的识别标准尚未确定，政府和学界无法作出权威性、精准性的回答。但学界根据若干相对贫困标准进行了估计和测算。本书在学界已有测算基础上，从收入和消费标准、多维标准、农村低保标准以及贫困人口类别等方面分别进行了估算和总结，以综合反映我国农村相对贫困人口的大致规模，为我国制定合适的相对贫困识别标准奠定现实基础。结果发现，我国农村相对贫困人口规模大，贫困发生率高。需要说明的是，贫困本身处于不断变化发展中，具有较强的动态性，本部分内容是基于特定年份数据进行的大致估算，不是现有相对贫困人口的准确数据。

### （一）基于收入和消费标准的贫困测量

国外发达国家和国际组织主要以收入来衡量相对贫困人群，世界银行将低于平均收入1/3的人群视为相对贫困人群，欧盟各国将人均可支配收入中位数的50%或60%确立为相对贫困线，并根据家庭人口数量确定具体的贫困线，新加坡等地区直接将收入末端的10%~20%的社会成员视为相对贫困人口。根据国际经验和我国的实际情况，本书基于以下2个维度估算我国农村相对贫困人口的大致规模。

第一，基于本书制定的多维相对贫困标准的估算。把我国农村人均纯

---

[①] 按东中西部区域划分，将我国的31个省（自治区、直辖市）分为东部地区、中部地区和西部地区。东部地区包括北京、天津、河北、辽宁、上海、江苏、浙江、福建、山东、广东、海南；中部地区包括山西、吉林、黑龙江、安徽、江西、河南、湖北、湖南；西部地区包括内蒙古、广西、重庆、四川、贵州、云南、西藏、陕西、甘肃、青海、宁夏、新疆。

收入中位数的40%定为收入贫困标准①,则2018年我国农村收入贫困标准为5226.4元,稍高于2018年农村低保标准4833元,通过AF法测算得出,2018年我国农村收入贫困率为20.1%,其中,东部为17%,中部为19.1%,西部为24%（见表3-3）。2018年我国农村人口为56401万人,则2018年农村相对收入贫困人口数为11337万人,约为1.13亿人。而按恩格尔系数大于50%的消费贫困标准计算,则我国2018年的贫困发生率为16.1%,东部可能由于生活成本较高,消费贫困率为20.8%,中部为13.9%,西部为13.1%。2018年我国农村相对消费贫困人口数为9080.5万人,约为0.9亿人。

表3-3 全国以及东中西部农村的多维贫困发生率（K=30%）

单位：%

| 维度 | 指标 | 全国 | 东部 | 中部 | 西部 |
| --- | --- | --- | --- | --- | --- |
| 货币 | 人均纯收入 | 20.1 | 17.0 | 19.1 | 24.0 |
|  | 家庭消费支出 | 16.1 | 20.8 | 13.9 | 13.1 |
| 健康 | 健康状况 | 33.9 | 48.8 | 36.5 | 36.4 |
|  | 就医条件 | 30.5 | 28.5 | 31.2 | 32.1 |
| 教育 | 受教育程度 | 57.6 | 48.8 | 52.9 | 70.1 |
|  | 儿童入学 | 4.2 | 2.9 | 3.7 | 5.9 |
| 生活条件 | 住房 | 12.9 | 11.7 | 9.2 | 17.1 |
|  | 饮水安全 | 9.1 | 5.0 | 6.9 | 15.0 |
|  | 炊用燃料 | 44.1 | 33.8 | 39.0 | 58.6 |
|  | 耐用消费品 | 36.0 | 37.8 | 32.1 | 37.3 |
|  | 信息获取 | 22.9 | 19.2 | 21.1 | 28.1 |
| 社会保障 | 养老保险 | 48.2 | 53.0 | 47.8 | 43.7 |
|  | 医疗保险 | 1.1 | 0.7 | 1.2 | 1.3 |
| 就业 | 失业 | 17.2 | 19.2 | 20.0 | 13.1 |

资料来源：笔者基于CFPS 2018数据测算。

① CFPS 2018数据库的收入数据为人均纯收入,而国际上普遍采用的是人均可支配收入,且一般而言,人均纯收入大于人均可支配收入,但差别不大,其区别是从纯收入中扣缴了社保费用等转移性支出和生活贷款利息等财产性支出后为可支配收入,本书将二者视为等同,以便计算。

第二，基于学术界已有研究的估算。按我国人均收入中位数的40%估算，2020年全国人均可支配收入中位数的40%为11016元，城镇为16151元，农村为6082元，由于我国城乡收入差距较大，城乡分设贫困线更合理，否则容易导致落后地区全部人口被纳入相对贫困，而发达地区没有相对贫困人口的局面。汪三贵和孙俊娜根据2018年国家住户统计数据的测算，将农村居民可支配收入中位数的40%定为相对贫困标准，计算得到2018年我国农村相对贫困率为12.78%，按此贫困发生率，2018年我国农村相对贫困人口为7208万人左右。[1] 李莹等以农村人均可支配收入中位数的40%的比例法测算出2019年我国农村相对贫困发生率为15.6%，农村相对贫困人口为8605万人；以农村人均可支配收入中位数的50%的比例法测算出2019年我国农村相对贫困发生率为21.5%，贫困人口规模为11860万人。[2] 陈基平、沈扬扬基于CHIP2018数据，以收入中位数50%的比例为贫困标准，得出农村整体为17.8%的贫困发生率，贫困规模为10039万人。[3] 因此，无论是收入中位数的40%还是50%，我国农村相对贫困人口的整体规模都较大，2018~2019年为7208万~11860万人，与本书的测算相差不大。

（二）基于多维标准的贫困测量

自森提出"可行能力"理论之后，学者对贫困的认识开始从单一拓展到多维。目前应用比较广泛的多维标准贫困测量方法是AF法。联合国开发计划署以及牛津大学贫困与人类发展研究中心联合发布了多维贫困指数（MPI）。为方便比较，本书基于笔者制定的多维相对贫困标准进行了测量并梳理了国内其他学者通过AF法测量的中国农村地区的多维贫困现状。

第一，基于本书制定的多维相对贫困标准测算。如表3-4所示，笔者

---

[1] 汪三贵、孙俊娜：《全面建成小康社会后中国的相对贫困标准、测量与瞄准——基于2018年中国住户调查数据的分析》，《中国农村经济》2021年第3期。

[2] 李莹、于学霆、李帆：《中国相对贫困标准界定与规模测算》，《中国农村经济》2021年第1期。

[3] 陈基平、沈扬扬：《从关注生存需求到关注平衡发展——后2020我国农村向相对贫困标准转变的政策与现实意义》，《南京农业大学学报》（社会科学版）2021年第2期。

使用 AF 法，基于 CFPS 2018 数据库数据，通过 6 个维度 14 个指标的农村多维相对贫困标准进行测算。结果发现，若 K = 30%（14 个指标中有 30% 的指标被剥夺）时，农村整体多维相对贫困率为 32.76%，其中，东部为 30.33%，中部为 31.74%，西部为 36%，则 2018 年我国农村多维相对贫困人口为 18477 万人，约为 1.85 亿人，数量十分庞大。这也说明我国农村居民大都面临着多维度的剥夺。从全国范围看，炊用燃料（44.1%）、耐用消费品（36%）、养老保险（48.2%）、受教育程度（57.6%）、健康状况和就医条件（33.9%和 30.5%），这些维度的剥夺较为严重，而医疗、住房、儿童入学、饮水安全等维度的剥夺相对较低，这也说明脱贫攻坚期对这些方面投入较多，"三保障"效果显著。

表 3-4 基于本书制定的多维相对贫困标准测算的结果

| 临界值 K | 类别 | 全国 | 东部 | 中部 | 西部 |
| --- | --- | --- | --- | --- | --- |
| 20% | 多维贫困指数 MPI | 0.1906 | 0.1769 | 0.1824 | 0.2107 |
| | 贫困发生率 H（%） | 55.77 | 51.88 | 53.01 | 61.85 |
| | 平均剥夺份额 A（%） | 34.16 | 34.10 | 34.40 | 34.06 |
| 30% | 多维贫困指数 MPI | 0.1308 | 0.1220 | 0.1269 | 0.1436 |
| | 贫困发生率 H（%） | 32.76 | 30.33 | 31.74 | 36.00 |
| | 平均剥夺份额 A（%） | 39.94 | 36.96 | 39.97 | 39.90 |
| 40% | 多维贫困指数 MPI | 0.0572 | 0.0536 | 0.0579 | 0.0600 |
| | 贫困发生率 H（%） | 11.81 | 10.95 | 12.15 | 12.40 |
| | 平均剥夺份额 A（%） | 48.48 | 48.92 | 47.65 | 48.72 |

注：临界值 K 为剥夺维度所占比重之和；平均剥夺份额 A，意味着贫困家庭所陷入贫困的维度，MPI 结果代表了所考察的家庭总体的贫困维度水平，由 A 与 H 之乘积构成。

资料来源：笔者基于 CFPS 2018 数据测算。

第二，学术界对农村整体多维贫困的测量。多维贫困测量一般基于 3~4 个维度 10 个左右的指标体系，本书假设有两个指标被剥夺（k = 0.2）为多维贫困，且本书选择的文献为较新的文献，测量的贫困率为 2010 年之后的，以便了解最新的农村多维相对贫困现状。王素霞、王小林基于 AF 法，测量了我国城乡贫困的 4 个维度 10 个指标，若 k = 0.2，得出 2009 年全国贫困率为 21.4%，根据当年人口数，我国农村多维贫困率约为 29.1%。

其中，居民的卫生设施以及医疗保障对贫困的贡献率较多。① 这也意味着我国农村居民在医疗保障和卫生设施方面较为欠缺。在联合国开发计划署公布的全球多维贫困指数中，我国2014年的多维贫困状况为整体4%、城镇2.1%、农村6.4%，其中，健康、教育和生活质量对贫困贡献率较大。有学者测算了2017年我国整体多维贫困率为2.6%，城镇为0.8%，农村为5.7%，在贫困维度上，健康和教育仍然较为严重。② 可以发现，2014~2017年，农村多维贫困呈下降趋势。此外，张全红等分析了我国2016年农村多维贫困率为27.56%，农户在卫生设施、炊用燃料、饮用水安全等维度贫困率较高。③ 程威特等测算出我国农村多维相对贫困率从2010年的35.18%下降至2018年的21.62%，即2018年多维贫困人口为12193万人。随着社会的发展，居民的生活保障维度逐渐被健康维度所替代，受教育水平、炊用燃料和人均纯收入等贫困率较高，营养不良和慢性病对贫困的贡献率上升最大。④ 毕洁颖、黄佳琦测算出2010年农户多维贫困率为31.29%，2012年下降至20.83%，生活条件中的卫生厕所和清洁燃料的使用率低，健康维度、生活条件和教育对多维贫困率的贡献最大。⑤ 学者们根据CFPS数据以及2017年度全国低收入家庭经济社会地位调查数据（LIFSS）等不同的指标测算出我国农村贫困率和具体表现有所差异，且农村还面临着收入贫困和多维贫困并存的现象，具体贫困发生率见图3-1。概言之，随着扶贫政策的演进，我国农村多维贫困发生率呈下降趋势，贫困发生的维度也逐渐从卫生设施、炊用燃料、住房等关涉基本生存和生活的维度转变为教育、健康等发展性维度，但农村多维贫困发生率和规模仍然较高。

---

① 王素霞、王小林：《中国多维贫困测量》，《中国农业大学学报》（社会科学版）2013年第2期。
② 栾卉、万国威：《后减贫时代的中国城乡多维贫困及其衍生规律——基于六省市3199户贫困家庭的实证调查》，《兰州学刊》2021年第2期。
③ 张全红、李博、周强：《中国农村的贫困特征与动态转换：收入贫困和多维贫困的对比分析》，《农业经济问题》2019年第12期。
④ 程威特、吴海涛、江帆：《城乡居民家庭多维相对贫困的测度与分解》，《统计与决策》2021年第8期。
⑤ 毕洁颖、黄佳琦：《农户多维贫困测量及2020年后展望》，《农业展望》2017年第1期。

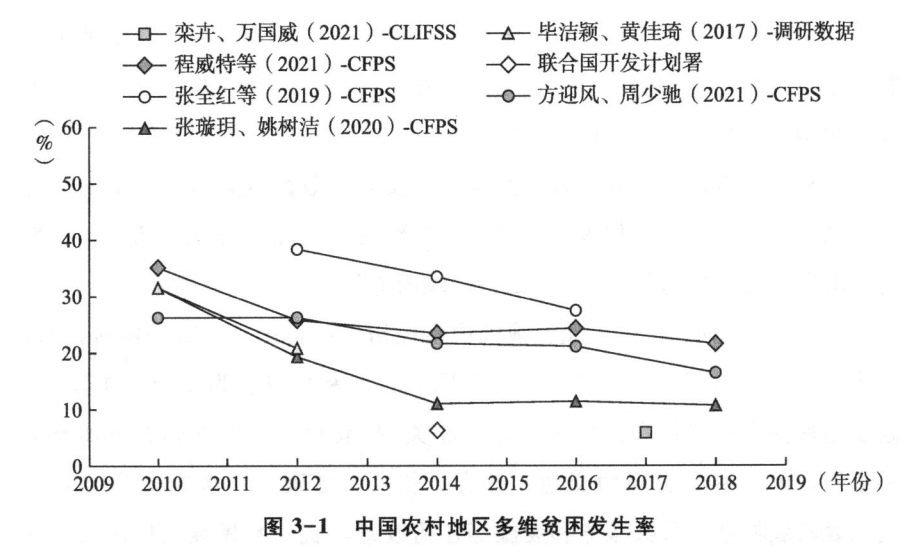

图 3-1 中国农村地区多维贫困发生率

资料来源：笔者基于部分农村多维贫困研究绘制。

第三，学术界对我国老年人、残疾人等特殊群体的测量。就农村老年贫困人口而言，农村老年人在主观和客观维度都面临着多重贫困。邓婷鹤等基于中国健康与养老追踪调查（CHARLS）[①]数据，用主客观 5 个维度 14 个指标进行测算，研究发现，认知能力、慢性病和抑郁情绪等主观维度的贫困发生率最高，为 51.79%，卫生设施、洗澡设施和炊用燃料等客观维度次之，为 40.33%，平均全体贫困率为 46.06%。[②] 宋嘉豪等基于中国老龄人口健康状况调查（CLHLS）数据，发现 47.01% 的农村老年人存在 4 个维度中任意 2 个维度的贫困；就单维贫困而言，农村老年人在炊用燃料和饮水安全维度尤为突出。[③] 尤其是，农村空巢老人的多维贫困发生率达 94.5%，各地老人都在疾病、生活设施以及社交活动等方面存在剥夺，女性面临的剥夺更深更复杂。[④] 这表明，我国农村老年人大多数为留守老人，

---

[①] 中国健康与养老追踪调查，旨在收集一套代表中国 45 岁及以上中老年人家庭和个人的微观数据。基线调查始于 2011 年，每两年追踪一次。

[②] 邓婷鹤、毕洁颖、聂凤英：《中国农村老年人多维贫困的测量与识别研究——基于收入贫困与多维贫困视角》，《统计与信息论坛》2019 年第 9 期。

[③] 宋嘉豪、吴海涛、郑家喜：《城乡老年人多维贫困测度、分解与比较》，《统计与决策》2020 年第 19 期。

[④] 罗明辑、陈凌珠、庄天慧：《农村空巢老人多维贫困测度及影响因素研究》，《中国农业资源与区划》2020 年第 1 期。

养老和医疗保障不足，慢性病、孤独感、抑郁情绪频发。因此，要健全农村老年人的社会保障制度，完善农村老年人活动中心和娱乐设施，鼓励子女经常陪伴，提升老年人的幸福感。

此外，学者们还对残疾人、儿童、妇女和少数民族人口的多维贫困进行了测量。残疾人比其他人更容易陷入多维贫困，尤其是在生活条件、教育、就业机会和能力等方面[①]，四川、陕西等地残疾人还面临着资产贫困、用电贫困和能源贫困[②]。儿童在成长中会经历一些贫困，尤其是农村儿童，大多数留守儿童面临着入学、家庭照顾、时间和信息获取等维度的剥夺，这多与家庭人口特征和区位条件密切相关。[③] 女性比男性面临着更加严重的多维贫困，主要表现为交通、教育、收入、健康、饮水安全等维度[④]，这也表明农村基本公共服务和设施等还需改善。就少数民族人口而言，有学者基于2010~2016年的CFPS数据，测算了我国少数民族人口的多维贫困率从2010年的57%下降至2016年的27%，其中健康、教育和生活质量对其贫困的影响最大。[⑤] 由此可见，农村多种类型人口都面临着多维剥夺，要重视农村人口相对贫困的多维性，他们不仅面临着物质贫困，而且还面临着精神、权利和公共服务多方面的剥夺。这也启示本研究无论在制定识别标准，还是在构建破解机制上，都要考虑农村相对贫困的多维性和复杂性，以匹配其异质性特征。

（三）以农村低保标准估算

低保户指因家庭成员存在重度残疾或疾病而丧失劳动力，其住房和收入低于当地低保标准而享受低保的居（村）民。表3-5是2021年第一季度全国城乡低保标准和低保人数。可以发现，一是全国城市平均低保为每

---

① 杨亚亚、赵小平、范娟娟、冯善伟、段玉珊、厉才茂：《残疾人相对贫困的特征与测算》，《残疾人研究》2020年第4期。
② 杨立雄：《关于农村残疾人反贫困问题的再思考》，《残疾人研究》2015年第2期。
③ 葛岩、吴海霞、陈利斯：《儿童长期多维贫困、动态性与致贫因素》，《财贸经济》2018年第7期。
④ 柳建平、刘咪咪：《贫困地区女性贫困现状分析——多维贫困视角的性别比较》，《软科学》2018年第9期。
⑤ 李振宇、张昭：《少数民族人口多维贫困测度与分析》，《西北师大学报》（社会科学版）2019年第5期。

人每年8525.7元，有近794万人享受城市低保；而农村低保标准为每人每年6647.6元，有超过3597万人享受农村低保。二是城乡、区域低保标准差距较大。如河北、河南的城市低保标准是农村低保标准的1.5倍多，广西、云南、贵州的城市低保标准是农村低保标准的近1.7倍。并且，经济发展越落后的西部地区，城乡低保标准差距越大，经济发达地区城乡低保差距较小，甚至实现了统一。此外，东部发达地区的低保标准，如北京的低保标准是贵州、云南、甘肃等西部农村地区的3倍多，从侧面反映了我国东西部发展差距较大。三是低保标准逐年上调，多地实现了城乡低保标准的"并轨"。党的十八届三中全会提出要"推进城乡最低生活保障制度统筹发展"，上海市、北京市、天津市、浙江省等地相继上调低保标准，上海市的城市低保标准最高，为每人每年14880.0元，北京市为每人每年14040.0元、天津市为每人每年12120.0元、浙江省为每人每年10689.6元。城乡低保标准的"并轨"，有助于城乡融合，实现社会救助城乡统筹，促进社会成员公平享受经济社会发展成果。

表3-5　2021年第一季度全国城乡低保标准和低保人数

| 地区 | 城市低保标准[元/（人·年）] | 城市低保人数（人） | 农村低保标准[元/（人·年）] | 农村低保人数（人） |
| --- | --- | --- | --- | --- |
| 北京市 | 14040.0 | 70488 | 14040.0 | 39724 |
| 天津市 | 12120.0 | 68944 | 12120.0 | 61525 |
| 河北省 | 8518.8 | 178725 | 5566.7 | 1604555 |
| 山西省 | 7137.6 | 258110 | 5364.5 | 996829 |
| 内蒙古自治区 | 8752.8 | 308159 | 6287.7 | 1324340 |
| 辽宁省 | 8029.2 | 341059 | 5484.9 | 693569 |
| 吉林省 | 6558.0 | 385825 | 4371.7 | 545824 |
| 黑龙江省 | 7375.2 | 530119 | 4733.2 | 804825 |
| 上海市 | 14880.0 | 140391 | 14880.0 | 29044 |
| 江苏省 | 9220.8 | 108556 | 9068.4 | 661793 |
| 浙江省 | 10689.6 | 61599 | 10689.6 | 549160 |
| 安徽省 | 7701.6 | 338160 | 7658.4 | 1826292 |
| 福建省 | 8374.8 | 62245 | 8225.0 | 454589 |

续表

| 地区 | 城市低保标准<br>[元/(人·年)] | 城市低保人数<br>(人) | 农村低保标准<br>[元/(人·年)] | 农村低保人数<br>(人) |
| --- | --- | --- | --- | --- |
| 江西省 | 9045.6 | 333359 | 6354.5 | 1468881 |
| 山东省 | 8948.4 | 120322 | 6855.5 | 1360861 |
| 河南省 | 7014.0 | 386438 | 4560.4 | 2920100 |
| 湖北省 | 7990.8 | 300341 | 5967.6 | 1440259 |
| 湖南省 | 7066.8 | 439629 | 5207.5 | 1496855 |
| 广东省 | 10561.2 | 152105 | 8411.1 | 1283785 |
| 广西壮族自治区 | 9062.4 | 349002 | 5334.7 | 2666657 |
| 海南省 | 6753.6 | 35530 | 5236.8 | 145889 |
| 重庆市 | 7440.0 | 260615 | 6035.7 | 621208 |
| 四川省 | 7435.2 | 657460 | 5283.1 | 3713071 |
| 贵州省 | 7760.4 | 650240 | 4627.5 | 2090420 |
| 云南省 | 7735.2 | 422535 | 4591.6 | 2413619 |
| 西藏自治区 | 7735.2 | 24616 | 4709.1 | 130268 |
| 陕西省 | 7797.6 | 197962 | 5292.3 | 1156249 |
| 甘肃省 | 7174.8 | 350910 | 4607.6 | 1417668 |
| 青海省 | 7665.6 | 60876 | 4768.3 | 296024 |
| 宁夏回族自治区 | 7284.0 | 82939 | 4803.5 | 393714 |
| 新疆维吾尔自治区 | 6426.0 | 261474 | 4940.1 | 1366442 |
| 全国 | 8525.7 | 7938733 | 6647.6 | 35974039 |

数据来源：《民政事业统计信息管理系统（2023-1-31）》，https://www.mca.gov.cn/n156/n190/n1050/index.html。

这些低保群体大多数没有收入来源，是需要国家兜底的困难群体。浙江省于2016年实现了救助对象和扶贫对象的合二为一，将低收入农户识别标准确定为以县为单位按当地前一年低保标准的1.5倍，动态调整低收入农户标准线。若按照2021年第一季度全国农村低保人口3597万人，借鉴浙江省的做法，则我国2022年农村低收入人口约为5395.5万人，这些都属于农村相对贫困人口的一部分。

（四）以贫困人口类别估算

全面消除绝对贫困之后，我国的贫困人口更加多元。其中，脱贫不稳定户、边缘易致贫户等是重点监测人群,此外,老弱病残等特殊贫困群体和特困户是相对贫困治理需要兜底的重要人群。基于此,本部分主要估算这几类人口的大致规模。

第一,脱贫不稳定户和边缘易致贫户。这部分群体是相对贫困人群的重中之重。一部分已脱贫人口由于自然条件恶劣、产业发展薄弱,对国家的政策依赖性较强,很容易出现规模性和高发性返贫[1]。另外,我国原深度贫困区,存在大量贫困"边缘"户,由于"政策悬崖"而没有享受到政策福利,处境很容易发生逆转,成为新的贫困户,也极易因为意外陷入贫困。据各地初步摸底,"已脱贫人口中有近200万人存在返贫风险,边缘人口中还有近300万人存在致贫风险"[2]。尤其要排查低于国家扶贫标准1.5倍左右的群体,即2020年人均可支配收入低于4000元的人口,包括内生动力不足的脱贫户、因病因灾和因突发情况而产生的不稳定户以及易致贫户,其监测对象规模一般为建档立卡人口的5%左右。若按2011年8700万贫困人口计算,则大约有435万人存在返贫致贫风险,与各地摸底的500万人数量相差不大。根据监测,2020年由于疫情的影响,又增加了38万易返贫致贫人口[3],加上之前的500万人,大约有538万易返贫致贫人口。

第二,老弱病残等特殊贫困群体。孤寡老人、长期患病者、残疾人等特殊贫困群体由于缺乏劳动能力而"无业可扶、无力脱贫",尽管目前大多已全面脱贫,但主要依靠国家兜底保障脱贫,他们没有稳定的收入来源,脱贫的可持续性不高,极易返贫,是我国解决相对贫困的重点人群。截至2019年末,我国65岁以上人口有1.76亿人,占总人口的比重为12.6%,60岁以上老人2.5亿人,农村老人1.3亿人,且比例和人数呈上升趋势。根据最新人口普查数据,我国儿童有2.5亿人,农村儿童至少有

---

[1] 张克俊、杜婵:《后全面小康社会我国贫困治理的任务变化与政策转型》,《中州学刊》2020年第10期。
[2] 习近平:《在决战决胜脱贫攻坚座谈会上的讲话》,人民出版社,2020,第8页。
[3] 《强化监测 对脱贫不稳定户、边缘易致贫户采取针对性帮扶措施》,http://www.scio.gov.cn/gxzt/dtzt/2020/gxbtpgjxwfbhpd/gxbd/202307/t20230722_728338.html,最后访问日期:2023年12月1日。

1亿多人。2019年贫困监测报告显示，农村老人和儿童贫困发生率相对较高，17岁及以下青少年儿童及60岁以上老人贫困发生率为2.2%，高于同期其他年龄段群体贫困率。[①] 党的十八大以来，我国残疾人中，建档立卡者从700多万减少到2019年底的不到50万[②]，但他们仍然是相对贫困的关注对象。此外，我国还将城乡老年人、残疾人、无劳动能力者、无生活来源和无法定赡养人者等特殊人群依法纳入特困人员救助供养范围。2021年第一季度，我国城市特困人口有313212人，农村特困人口有4428938人。[③] 2017年底中国的3000多万贫困人口中，持证残疾人和65岁以上的老年人超过1000万人[④]。截至2017年，中国残疾人贫困户335万人。[⑤] 因此，2020年，我国农村老年儿童贫困人口约有550万人、残疾人有443万~700万人，老弱病残人口共计993万~1250万人。

## 三 农村相对贫困程度深：基于收入、消费和公共服务的比较

相对贫困主要表现为发展的不平衡、不充分和分配的不均衡，其"相对性"是在对比中显现的。基于此，本部分从收入、消费和基本公共服务维度作比较分析，发现我国农村相对贫困程度深，具体表现为城市和农村居民收入差距大，农村消费贫困显著以及城乡基本公共服务发展差距大。

### （一）农村居民收入状况

收入差距是相对贫困的主要表现，因此，本部分主要侧重于分析农村居民收入差距。从宏观上看，中国基尼系数[⑥]一直居高不下，自1994年以

---

① 国家统计局住户调查办公室：《中国农村贫困监测报告2019》，中国统计出版社，2019，第17页。
② 《中国残联 国务院扶贫办 民政部共同召开电视电话会议部署2020年贫困残疾人脱贫攻坚工作》，https://www.cdpf.org.cn/yw/202003/t20200331_674355.shtml，最后访问日期：2023年12月1日。
③ 《2021年1季度民政统计分省数据》，https://www.mca.gov.cn/mzsj/tjjb/2021/202101fssj.html，最后访问日期：2023年12月1日。
④ 中国人权研究会：《中国人权事业发展报告NO.8（2018）》，社会科学文献出版社，2018，第88页。
⑤ 李小云、苑军军、于乐荣：《论2020后农村减贫战略与政策：从"扶贫"向"防贫"的转变》，《农业经济问题》2020年第2期。
⑥ 基尼系数是一个被广泛采用的衡量居民收入分配不均等程度的指标，0.4为收入分配差距的警戒线。

来，我国基尼系数一直处于国际警戒线 0.4 以上，甚至接近 0.5 的两极分化线，2020 年仍为 0.468[①]。从微观上看，表现为城乡、区域以及各省之间的收入差距较大。

第一，城乡居民收入差距大。长期较大的收入差距是实现共同富裕的巨大梗阻。城乡收入差距是我国收入差距的主要影响因素。我国城市和农村内部基尼系数都小于 0.4，处于国际中等水平。然而我国城乡收入之比在 2021 年仍高达 2.5。可见，我国的城乡收入差距较为严重，也反映出我国低收入群体整体落后的状况，而促进低收入群体持续增收是解决相对贫困、实现共同富裕的关键。

我国的城乡收入差距主要呈现两个特征。第一，尽管我国城乡收入比呈下降趋势（相对差距缩小），但城乡收入的绝对差距却在逐渐扩大。自 20 世纪 90 年代以来，我国城乡差距最初呈扩大趋势，1997 年城乡收入比值为 2.47∶1，此后逐年拉大，2004 年比值高达 3.21∶1。按照世界银行的贫困标准测算，2004 年我国相对贫困人口达 1.7 亿左右。[②] 之后，我国开始注重城乡统筹，城乡居民人均可支配收入的比值逐渐缓慢缩小，但城乡收入差距的绝对值仍在不断扩大（见表 3-6）。2012 年我国城镇居民人均可支配收入为 24565 元，农村为 7917 元，城乡收入差距为 16648 元；而 2021 年，我国城镇居民人均可支配收入为 47412 元，农村为 18913 元，城乡收入差距为 28499 元，且从 2012 到 2021 年，城乡收入比一直在 2 以上。第二，我国城乡收入五等份分组所对应的比率一直大于 2，且低收入组的比率基本维持在 4.0 左右，城乡差距最大，这说明我国农村低收入组的收入在全国处于绝对低水平，是我国相对贫困的主要群体（见图 3-2）。尤其值得注意的是，通过计算 2011~2019 年城市高收入人群和农村低收入人群的极值差率[③]，发现二者的差值始终保持在 20 倍以上，意味着我国居民收入差距非常之大。

---

① 《中国统计年鉴 2021》，中国统计出版社，2021，第 5 页。
② 王国敏：《新阶段我国农村贫困与扶贫问题研究》，《开发研究》2005 年第 5 期。
③ 极值差率即反映某项指标的最大值与最小值之比，当该比值等于 1 时，表示绝对公平。它可以部分反映样本数据的离散程度。一般而言，当用极值差率来反映公平程度时，极值差率越大，就越不公平。

表 3-6 城乡居民收入差距比较

| 年份 | 城镇居民人均可支配收入 绝对数（元） | 增长（%） | 农村居民人均可支配收入 绝对数（元） | 增长（%） | 城镇/农村 | 收入差额（元） |
| --- | --- | --- | --- | --- | --- | --- |
| 2012 | 24565 | 9.5 | 7917 | 10.7 | 3.10 | 16648 |
| 2013 | 26467 | 7.0 | 9430 | 9.3 | 2.81 | 17037 |
| 2014 | 28844 | 6.8 | 10489 | 9.2 | 2.75 | 18355 |
| 2015 | 31195 | 6.6 | 11422 | 7.5 | 2.73 | 19773 |
| 2016 | 33616 | 5.6 | 12363 | 6.2 | 2.72 | 21253 |
| 2017 | 36396 | 6.5 | 13432 | 7.2 | 2.71 | 22964 |
| 2018 | 39251 | 5.6 | 14617 | 6.6 | 2.69 | 24634 |
| 2019 | 42359 | 5.0 | 16021 | 6.2 | 2.64 | 26338 |
| 2020 | 43834 | 1.2 | 17131 | 3.8 | 2.56 | 26703 |
| 2021 | 47412 | 7.1 | 18913 | 9.7 | 2.51 | 28499 |

资料来源：笔者根据 2013~2022 年国家统计局数据计算所得。

图 3-2 城乡五等份分组收入对比

资料来源：笔者根据 2020 年《中国统计年鉴》数据计算绘制而成。

第二，农村内部收入差距大。尽管农村内部收入差距小于城乡差距，但农村内部差距也呈不断拉大的趋势。从整体上看，一方面，农村低收入户与高收入户差距不断拉大（见图 3-3），农村居民按收入五等份分组，最低收入组由 2013 年的 2878 元增至 2020 年的 4682 元，8 年增幅为 62.68%，达 1804 元，但高收入组则从 21324 元增至 38520 元，8 年增幅为

第三章 农村相对贫困的基本研判和多维特征

图3-3 2013~2020年按收入等级分农村居民人均纯收入
资料来源：笔者基于2014~2021年《中国统计年鉴》数据绘制而成。

80.64%，达17196元，低收入组与高收入组的差额从2013年的18446元扩大至2020年的33838元，低收入组与高收入组的收入比从2013年的1∶7.4增至2020年的1∶8.2。另一方面，低收入人口主要聚集在农村。尽管我国农村贫困人口不断脱贫，2013~2018年，农村贫困地区居民收入占全国农村的收入从64.47%上升至70.95%，但我国贫困标准与农村人均收入的比率却在逐年下降，从29.01%下降至20.49%。[1] 这也说明，我国农村脱贫人口的收入与全国农村平均收入差距在逐渐拉大，农村低收入群体和新脱贫群体处于全国收入的最下层，是我国农村相对贫困的主要群体。

从区域上看，东中西部农村收入差距较大。农村区域差距不断扩大，2013年至2020年，我国东部农村和中部农村的绝对收入差额由2873.6元增长至5072.8元，东部农村与西部农村的绝对收入差额由4420元增长至7175.2元；东中西部农村之间的收入比由2013年的1.59∶1.2∶1转变为1.51∶1.15∶1。概言之，与东部农村相比，中西部农村收入较低。尤其西部农村及其农民将是我国解决相对贫困的重点地区和群体。李实等根据CHIP数据，分析得出我国2018年西部农村地区相对贫困发生率为15.59%，东部农村地区的相对贫困发生率为6.07%，西部农村地区是东部

---

[1] 罗楚亮、李实、岳希明：《中国居民收入差距变动分析（2013—2018）》，《中国社会科学》2021年第1期。

农村地区的 2.6 倍，这不仅反映了区域间发展的不平衡，也反映了区域内部发展的不平衡。①

从省际上看，农村内部居民收入差异较大，各省份之间收入差距较大（见图 3-4）。2019 年，上海的农村人均收入最高为 33195 元，甘肃的农村人均收入最低为 8804 元，前者是后者的 3.8 倍。以 2019 年农村人均可支配收入中位数 14389 元来看，除海南之外的东部省份和东北三省的收入全部位于中位数之上，中部仅安徽、江西、湖北高于中位数，而西部省份除内蒙古以外，其他均低于全国农村人均可支配收入中位，可见收入的分布整体呈现东高中西低的态势②。

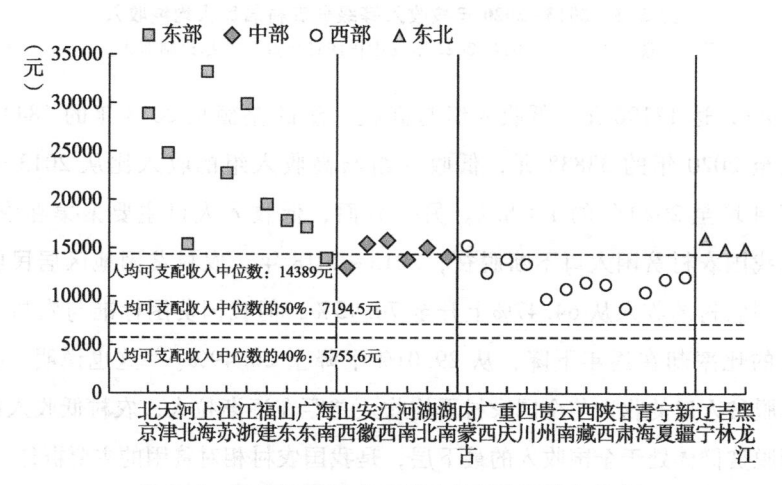

**图 3-4 各省份 2019 年农村人均可支配收入分布**

资料来源：根据 2020 年国家统计年鉴数据绘制所得。

此外，我国农民收入来源包括工资性收入、经营性收入、转移性收入和财产性收入。从全国来看，2021 年农民财产性收入仅占总收入的 2.47%，转移性收入占总收入的 20.8%；特别是原深度贫困县较多的省份，

---

① 李实、李玉青、李庆海：《从绝对贫困到相对贫困：中国农村贫困的动态演化》，《华南师范大学学报》（社会科学版）2020 年第 6 期。
② 按照《中国统计年鉴》的分类标准将中国地区分为东、中、西和东北四个区域。东部地区包括北京、天津、河北、上海、江苏、浙江、福建、山东、广东、海南；中部地区包括山西、安徽、江西、河南、湖北、湖南；西部地区包括内蒙古、广西、重庆、四川、贵州、云南、西藏、陕西、甘肃、青海、宁夏、新疆；东北地区包括黑龙江、吉林和辽宁。

其财产性收入占比更少、转移性收入占比更多，如甘肃的转移性收入占比高达 25%，财产性收入仅占 1.3%，重庆农民转移性收入占比达 28%，财产性收入占 2.3%。① 这一方面说明这些省份在脱贫攻坚期的财政拨款多，国家和地方政府对贫困群体进行大力支持和兜底保障；另一方面从侧面反映了农民对政府的依赖性强，内生动力有待提升。

（二）农村居民消费状况

随着农民收入的不断增长和快速城镇化，农民的消费水平也不断攀升，基于恩格尔系数大于 50% 的消费贫困标准测算，2018 年，我国农村居民的消费贫困率为 16.1%，其中，东部 20.8%，中部 13.9%，西部 13.1%，这反映出我国农村消费贫困比较严重，同时反映出东部的消费贫困更为严重，这可能是由于东部物价水平高、农民工多。农村居民的消费得到极大的释放，城乡居民消费比由 2009 年的 3.07 快速下降到 2021 年的 1.9。城乡收入差距和基本公共服务的差距严重影响城乡居民消费。研究发现，农民的收入弹性大于城镇居民，意味着农民的消费意愿高于城镇居民②，但由于城乡居民的社会福利相差较大，农村低收入群体易陷入消费性贫困。从国家统计局数据可以发现，农村居民的居住、教育、医疗、交通消费支出较大。其中，农民的医疗保健支出占比大于城镇居民，2021 年，农村居民人均医疗保健支出为 1580 元，比城镇居民少 941 元，但农村居民医疗保健支出占消费性支出比重为 9.9%，城镇居民仅为 8.3%。③ 此外，由于农村交通不便，农民的交通消费比城镇居民高。

并且，彩礼、人情消费、房子、车子等高消费给农民带来了巨大的压力。不少低收入家庭正是由于这些高消费而陷入贫困，导致农村出现诸多"消费性贫困"现象。目前，农村出现了品牌化的生存性消费、刚性化的婚丧仪式浪费、竞争性的炫耀性消费，尤其是农村房屋建造消费上的攀

---

① 笔者根据 2022 年中国统计年鉴中分地区农村居民人均可支配收入来源计算所得。
② 徐亚东、张应良、苏钟萍：《城乡收入差距、城镇化与中国居民消费》，《统计与决策》2021 年第 3 期。
③ 《2021 年居民收入和消费支出情况》，https://www.stats.gov.cn/sj/zxfb/202302/t20230203_1901342.html?eqid=e1f594940001514700000000664 59b46e，最后访问日期：2023 年 12 月 1 日。

比，导致资源的高消耗和房屋的低利用率。[①]"面子竞争"和高消费水平成为部分乡村生活的基调。消费减贫、文化脱贫理应成为农村减贫新方向，弥合贫困治理的多元逻辑。

(三) 农村居民基本公共服务状况

公共服务城乡非均衡供给是导致城乡收入差距和农村相对贫困的重要原因。[②]虽然国家在不断弥合城乡公共服务差距，但目前仍然存在明显的差距。2017年东部、中部、西部、东北部的人均地方财政一般公共预算支出分别为13710元、10117元、13353元和12127元，东部和中部的相对差值，由1.95倍缩小到1.36倍。[③]公共服务包括医疗、教育和养老三个维度。一是医疗维度，在医疗设施方面，我国东中西部的农村医疗卫生无论是基础设施还是技术人员都滞后于城镇，中西部城市和农村的每千人口卫生技术人员与东部地区均有一定差距且大多数没有达到全国平均水平（见表3-7）。尽管基本上每个村都有卫生站，但医疗设备简陋，医术精湛且稳定的医生较少，不能较好地满足农村居民医疗卫生需求；在医疗保障方面，2018年城市人均投入1929元，农村人均投入1147元，城市是农村的1.68倍，在医疗保险方面，城乡比为1.81∶1，[④]农村医疗保险还需加强。二是教育维度，无论是学前教育还是义务教育，农村地区、西部地区的师资力量和基础设施与城市地区、东部地区相比都差距很大，各省教育经费的投入差别也很大，如2018年北京国家财政性教育经费投入1020.7亿元，而重庆投入828亿元。2018年城市人均教育投入为1639元，农村为916元，城乡之比为1.79∶1，其中，学前教育城乡投入差别最大，城乡比为

---

① 舒丽瑰：《贫困的新趋势：消费性贫困——以鄂东打工村庄的消费竞争状况为例》，《华中农业大学学报》（社会科学版）2017年第4期。
② 徐进、李小云：《论2020年后农村减贫战略和政策的相关问题》，《贵州社会科学》2020年第10期。
③ 《区域发展战略成效显著 发展格局呈现新面貌——改革开放40年经济社会发展成就系列报告之十六》，https://www.stats.gov.cn/zt_18555/ztfx/ggkf40n/202302/t20230209_1902596.html，最后访问日期：2023年12月1日。
④ 李实、陈基平、滕阳川：《共同富裕路上的乡村振兴：问题、挑战与建议》，《兰州大学学报》（社会科学版）2021年第3期。

2.81∶1[①]。三是养老维度,农村基本医疗和养老保险缴费基数低,特别是农民养老保险收入不能满足农民的基本生活需求。城市人均养老金为7052元,农村仅为822元,城乡之比高达8.58∶1。[②] 因此,城乡医疗、教育和养老等关涉民生的基本公共服务在实现均衡配置方面还任重道远,其二元分割状态仍有待打破。在实现共同富裕、解决相对贫困的进程中,需要对农村的公共服务、生态环境,农民的精神生活等领域加以重视,促进农民全方位持续稳定脱贫和可持续发展。

表3-7 2020年部分省份每千人口卫生技术人员

单位：人

|  | 全国 | 东部 |  | 中部 |  | 西部 |  |
|---|---|---|---|---|---|---|---|
|  |  | 浙江 | 广东 | 湖北 | 安徽 | 贵州 | 甘肃 |
| 平均 | 7.57 | 8.49 | 6.58 | 7.42 | 6.75 | 7.46 | 7.24 |
| 城市 | 11.46 | 14.24 | 10.86 | 10.48 | 9.01 | 12.18 | 9.88 |
| 农村 | 5.8 | 8.11 | 4.71 | 5.22 | 4.28 | 4.86 | 4.98 |

资料来源：2021年《中国统计年鉴》。

此外,基于农村多维贫困标准单维测算结果（见表3-3）,以及维度和指标的贡献率（见表3-8）,我国农村的养老保险、受教育程度、炊用燃料、健康状况、就医条件、耐用消费品等指标剥夺严重,教育、健康和社会保障对多维贫困的贡献率较高。分区域看单维贫困发生率,东部地区在健康状况、就医条件、受教育程度、家庭消费支出、炊用燃料、耐用消费品、养老保险等指标上剥夺严重,但值得注意的是东部地区的养老保险、家庭消费支出、健康状况指标均高于中、西部地区,就业维度也高于西部地区。中部地区的大多数指标在全国指标的上下徘徊,其住房和儿童入学的贫困发生率低,失业率高于东、西部地区。西部地区养老保险的贫困发生率低于全国,这说明在脱贫攻坚期西部地区对社会保障制度尤其重

---

① 李实、陈基平、滕阳川:《共同富裕路上的乡村振兴:问题、挑战与建议》,《兰州大学学报》（社会科学版）2021年第3期。
② 李实、陈基平、滕阳川:《共同富裕路上的乡村振兴:问题、挑战与建议》,《兰州大学学报》（社会科学版）2021年第3期。

视；西部地区的受教育程度贫困率尤其高，这也说明当地农户的知识和技能水平低，因个体能力致贫较多；西部地区炊用燃料、耐用消费品以及信息获取、健康卫生等指标高于全国，人均纯收入指标的贫困发生率为全国最高，为24%，消费贫困发生率最低，且收入贫困发生率从东至西依次递增，而消费贫困与之相反。

表 3-8 不同临界值下多维贫困指数中各维度和指标的贡献率

单位：%

| 维度或指标 | | 全国 | | | 东部 | | | 中部 | | | 西部 | | |
|---|---|---|---|---|---|---|---|---|---|---|---|---|---|
| | | 20% | 30% | 40% | 20% | 30% | 40% | 20% | 30% | 40% | 20% | 30% | 40% |
| 货币 | 人均纯收入 | 7.6 | 8.4 | 9.3 | 7.0 | 7.8 | 8.7 | 7.4 | 7.8 | 8.9 | 8.5 | 9.3 | 9.9 |
| | 家庭消费支出 | 5.3 | 5.5 | 5.7 | 7.2 | 7.3 | 7.3 | 4.8 | 5.1 | 5.3 | 4.0 | 4.2 | 4.4 |
| | 合计 | 13.1 | 14.2 | 15.4 | 14.3 | 15.4 | 16.5 | 12.4 | 13.3 | 14.6 | 12.7 | 13.8 | 14.8 |
| 健康 | 健康状况 | 11.7 | 11.6 | 10.9 | 10.9 | 11.1 | 10.7 | 12.7 | 12.1 | 11.1 | 11.9 | 11.7 | 10.8 |
| | 就医条件 | 9.9 | 9.5 | 8.7 | 9.5 | 8.8 | 8.2 | 10.2 | 9.6 | 9.1 | 10.0 | 10.1 | 8.9 |
| | 合计 | 21.6 | 21.1 | 19.6 | 20.4 | 19.9 | 18.9 | 23.0 | 21.7 | 20.2 | 21.9 | 21.8 | 19.7 |
| 教育 | 受教育程度 | 18.7 | 17.1 | 14.9 | 16.9 | 15.7 | 13.7 | 17.8 | 16.3 | 14.7 | 20.9 | 18.8 | 16.0 |
| | 儿童入学 | 1.4 | 1.4 | 1.5 | 1.0 | 1.1 | 0.9 | 1.3 | 1.3 | 1.6 | 1.8 | 1.9 | 2.1 |
| | 合计 | 20.1 | 18.5 | 16.4 | 17.9 | 16.7 | 14.6 | 19.1 | 17.6 | 16.3 | 22.8 | 20.7 | 18.1 |
| 生活条件 | 住房 | 1.7 | 1.6 | 1.5 | 1.6 | 1.5 | 1.1 | 1.0 | 1.1 | 1.0 | 2.2 | 2.1 | 2.3 |
| | 饮水安全 | 1.2 | 1.1 | 0.9 | 0.6 | 0.6 | 0.4 | 0.9 | 0.8 | 0.7 | 1.8 | 1.7 | 1.5 |
| | 炊用燃料 | 5.4 | 4.9 | 4.1 | 4.2 | 3.8 | 3.0 | 4.8 | 4.3 | 3.6 | 6.8 | 6.3 | 5.4 |
| | 耐用消费品 | 4.6 | 4.4 | 4.0 | 4.8 | 4.5 | 3.8 | 4.3 | 4.5 | 3.9 | 4.6 | 4.3 | 4.1 |
| | 信息获取 | 3.1 | 2.9 | 2.8 | 2.6 | 2.7 | 2.6 | 2.7 | 2.4 | 2.1 | 3.8 | 3.6 | 3.4 |
| | 合计 | 15.8 | 15.0 | 13.2 | 13.7 | 13.1 | 10.9 | 13.7 | 13.1 | 11.1 | 19.2 | 17.9 | 16.7 |

续表

| 维度或指标 | | 全国 | | | 东部 | | | 中部 | | | 西部 | | |
|---|---|---|---|---|---|---|---|---|---|---|---|---|---|
| | | 20% | 30% | 40% | 20% | 30% | 40% | 20% | 30% | 40% | 20% | 30% | 40% |
| 社会保障 | 养老保险 | 14.5 | 13.4 | 12.4 | 16.2 | 14.9 | 13.5 | 14.4 | 12.7 | 12.2 | 13.4 | 12.5 | 11.5 |
| | 医疗保险 | 0.4 | 0.5 | 0.5 | 0.3 | 0.4 | 0.2 | 0.5 | 0.4 | 0.5 | 0.5 | 0.6 | 0.7 |
| | 合计 | 15.0 | 13.8 | 12.9 | 16.5 | 15.3 | 13.7 | 14.9 | 13.1 | 12.6 | 13.8 | 13.1 | 12.2 |
| 就业 | 失业 | 14.4 | 17.6 | 23.3 | 17.2 | 20.0 | 25.1 | 17.4 | 21.6 | 25.4 | 10.1 | 12.7 | 19.7 |

资料来源：笔者基于 CFPS 2018 数据测算。

分区域看各维度和指标的剥夺贡献率，以 K = 30% 为例，可以发现：东部地区的就业、家庭消费支出、养老保险、教育、健康贡献率较高，其中就业、教育、养老保险尤其需要重视；中部地区和东部地区的剥夺维度相差不大，且就业贡献率最高；而西部地区的人均纯收入、炊用燃料、教育、健康和就业剥夺都比较严重。相对于中东部地区而言，尤其要关注西部地区的生活条件、受教育程度和健康维度，这也是解决西部农村相对贫困的着力点。因此，要大力实施乡村建设行动，尤其是完善基础设施、改善基本公共服务；提升西部农民的人均纯收入、改善生活条件（尤其是炊用燃料、耐用消费品等）以及农村整体的社会保障、教育和健康条件。

## 四 农村相对贫困分布广：基于区域和人群的分析

只有把握相对贫困的分布状况，才能精准定位相对贫困的治理场域，进而找到贫困治理策略和机制的建构方向。在场域分布上，农村相对贫困仍然主要集中于中西部地区，尤其是原深贫区。在人群分布上，贫困人口分布多元化。贫困边缘户、边缘易致贫户、低收入弱保障的城乡流动群体、老弱病残等特殊贫困群体和农村留守儿童等是相对贫困的主要人群。

### （一）区域分布

由前所述，我国城乡居民收入差距、公共服务差距仍然较大，城乡二元结构没有根本破除，城乡公共资源配置仍然失衡，城乡要素合理流动机制仍然缺失。不仅如此，东西区域发展差距也较大，特别是农村地区发展差距。因此，我国相对贫困仍然主要集中在中西部农村地区。

第一,从我国刚脱贫地区的区位来看,其地理区位和资源约束决定了其仍然是相对贫困地区。2011 年印发的《中国农村扶贫开发纲要(2011—2020 年)》明确提出 14 个集中连片特困区,是我国脱贫攻坚的主战场。2012 年,国务院扶贫办公布了最新 592 个国家扶贫开发工作重点县的名单。其中有 440 个处于 14 个集中连片特困区[①]。这些特困区受资源环境约束,分布于中西部的山区和高原区,地理环境恶劣,受水资源约束的县有 20.44%、受土地资源约束的县有 24.96%,区域内贫困人口占全国贫困人口的 50.1%[②]。并且,这 14 个集中连片特困区中,民族自治区贫困人口占全部贫困区人口的 47.2%[③],并呈逐年上升趋势。2019 年贫困监测报告显示,2018 年末,东中西部贫困人口占全国贫困人口比重分别为 8.8%、36% 和 55.2%。[④] 这些贫困区尽管目前几乎已全部脱贫,但由于地理区位和资源约束,仍然是低收入人口的主要聚集区。

第二,从目前的收入差距和区域发展差距来看,中西部与东部地区差距大。就人均 GDP 而言,2020 年全国人均 GDP 为 72447 元,然而中西部地区大多低于平均数,尤其是西部民族八省区[⑤]远远低于全国平均水平,如贵州人均 GDP 为 46267 元、广西为 44309 元、青海为 50819 元、云南为 51975 元、宁夏为 54528 元;就城镇化率而言,全国的城镇化率为 63.89%,西部民族八省区除宁夏和内蒙古之外,均低于全国水平。就收入而言,2020 年全国人均可支配收入为 32188.8 元,然而仅东部地区超过平均水平,中部、西部、东北部区域均未超过,中部为 27152.4 元,西部为 25616 元;全国农村人均收入为 17131.5 元,然而中部、西部、东北部农

---

① 14 个集中连片特困区共有 680 个县,其中有 440 个国家扶贫开发工作重点县,371 个民族自治地方县,252 个革命老区县,57 个陆地边境县。参见《国家扶贫开发工作重点县和连片特困地区县的认定》,http://www.gov.cn/gzdt/2013-03/01/content_2343058.htm,最后访问日期:2023 年 12 月 1 日。
② 刘彦随、周扬、刘继来:《中国农村贫困化地域分异特征及其精准扶贫策略》,《中国科学院院刊》2016 年第 3 期。
③ 庄天慧、杨浩、蓝红星:《多维贫困与贫困治理》,湖南人民出版社,2018,第 112 页。
④ 国家统计局住户调查办公室:《中国农村贫困监测报告 2019》,中国统计出版社,2019,第 15 页。
⑤ 民族八省区指少数民族人口相对集中的内蒙古、广西、西藏、宁夏、新疆 5 个自治区和贵州、云南、青海 3 个省。

村地区也均未达到平均水平，西部仅为 14110.8 元。因此，无论是人均收入还是区域发展，中西部地区都远远落后于东部地区。农村与城市收入差距大，尤其是西部地区。2020 年，全国城乡收入比为 2.56，东部城乡收入比为 2.4、中部为 2.3、西部为 2.66、东北为 2.15，可见西部城乡收入差距为全国之最，反映了西部农村收入之低，充分说明我国低收入人口主要分布于中西部农村地区。

第三，从低保人数来看，2021 年第一季度我国享受农村低保的人数一共有 3597 万人，其中，中部省份的低保人口就有 1014 万人，西部有 1641 万人，合计 2655 万人，占了全国低保人口的 74%；不仅如此，东部省份低保标准也高于中西部低保标准。

有学者通过地理学的研究方法，测绘发现我国相对贫困地区集中于中西部交通闭塞的偏远地区，这些地区大多数是高原和交通闭塞的山地、草原和沙漠，地理环境恶劣，民族地区占很大比重，整体呈现"西多东少，南多北少"的特征；2018 年我国相对贫困地区的人口规模为 1.87 亿，中西部相对贫困人口占全国相对贫困总人口的 88.4%；从各省来看，甘肃、贵州、云南、山西、陕西的相对贫困率大于 30%，且人口规模大于 1000 万，青海、西藏、宁夏和新疆的相对贫困率也大于 30%。[①] 因此，无论是从经济发展水平、地理区位来看，还是从收入差距和低保人数来看，中西部农村地区都是解决相对贫困的主要场域。

（二）人群分布

在前文中，笔者基于贫困人口的类别进行了大致估算，当前相对贫困群体主要包括：贫困边缘户、边缘易致贫户、低收入弱保障的城乡流动群体、老弱病残等特殊贫困群体和农村留守儿童等。尤其是以从绝对贫困转化而来的相对贫困群体（刚脱贫户和脱贫不稳定户）、与绝对贫困标准较接近的边缘性贫困群体为主（贫困边缘户）。[②]

---

[①] 樊杰、周侃、伍健雄：《中国相对贫困地区可持续发展问题典型研究与政策前瞻》，《中国科学院院刊》2020 年第 10 期。

[②] 王思斌：《全面小康社会初期的相对贫困及其发展型治理》，《北京大学学报》（哲学社会科学版）2020 年第 5 期。

就刚脱贫户、低保户和脱贫不稳定户而言，这些贫困户在政府和社会各界帮助下实现脱贫，其中一部分群体是国家政策兜底脱贫的人群，部分丧失劳动力，是农村的困难群体，需要政府持续性的兜底保障，否则很容易再次陷入贫困。目前我国有3500多万低保户群体和440多万农村特困救助供养人员依靠政府兜底保障，维持基本生存需求；另一部分群体由于就业不稳定或者收入不高，尽管已超过贫困线，但容易因为各种突发情况返贫致贫。就贫困边缘户而言，2019年，农村低收入户的年均可支配收入为4262元，与2019年国家贫困线3218元相差不大，这说明低收入农户中，很大一部分的收入仅超过绝对贫困线，但没有享受到国家的任何政策福利，这部分群体极易因疾病和自然风险等致贫。李小云和许汉泽认为，实现全面小康之后，农村贫困将以转型性的次生贫困和相对贫困为主。[1] 伴随着中国社会转型，必然出现农村人口的大量流出，导致农村空心化、过疏化，一部分群体将会因为城乡公共服务的不均衡而陷入贫困。此外，农村妇女贫困需要引起重视。第四次世界妇女大会提出："在转型期国家中，妇女贫穷人数日增的现象也成为一个重要问题。"[2] 尽管提倡男女平等，但对妇女的歧视无处不在，纵观全球，无论是发达国家还是发展中国家，妇女在权利、教育和发展机会等方面明显低于男性，处于孤立和边缘地位。可以说，女性占据了贫困群体中的大多数。[3] 概言之，中国农村相对贫困人群主要为脱贫不稳定户、边缘贫困户、老弱病残、儿童、妇女和农民工等。

## 第三节　农村相对贫困的多维特征

绝对贫困是贫困人口无法满足温饱的状态，而相对贫困是无法满足社会一般需求的状态，不仅表现在收入维度，还表现在权利和机会等发展性

---

[1] 李小云、许汉泽：《2020年后扶贫工作的若干思考》，《国家行政学院学报》2018年第1期。
[2] 《第四次世界妇女大会〈行动纲领〉》，https://www.nwccw.gov.cn/2017/05/23/99338822.htm，最后访问日期：2023年12月1日。
[3] 张彦、孙帅：《论构建"相对贫困"伦理关怀的可能性及其路径》，《云南社会科学》2016年第3期。

维度。从绝对贫困到相对贫困，贫困的存在状态、贫困致因以及类型都随之发生转变。

## 一 主体：多元化与动态性并存

后脱贫时代，农村相对贫困主体呈现多元化和动态性并存状态，贫困人口从吃不饱、穿不暖的绝对贫困人口转变为包含多种类型的相对贫困群体，且贫困主体的区域和贫困维度都处于动态变化之中。

就多元化而言，农村相对贫困主体的多元化表现为贫困人口类型的多元，包括刚脱贫户、贫困边缘户、低收入弱保障的城乡流动人口以及农村的老弱病残等特殊贫困群体。一是刚脱贫户，在脱贫攻坚期我国主要针对的是农村中未满足基本生存需求的农民，他们受限于自然条件和基础设施等因素而面临着收入低下和发展滞后困境，并由此陷入绝对贫困的泥淖。某种程度上，绝对贫困的消除就是将数以亿计的绝对贫困人口转化为相对贫困人口的过程。[1] 新贫困标准的确立，必然会使许多刚脱贫人口重新加入相对贫困的"队列"，形成累积性贫困。部分有劳动能力的脱贫户，由于收入多来源于"靠天吃饭"的种养业经营性收入以及打零工的工资性收入，缺乏家庭资产和财产性收入，容易因为突发情况而返贫致贫；另一部分是生活不能自理或者劳动力丧失的困难群体，通常表现为"贫""困""弱"，表面上是经济的不足，实则是人力资本低下、服务不足等。[2] 他们依靠国家的兜底保障而脱贫，尽管能够满足基本温饱，但很难改变其"弱"的本质，且一旦国家政策减弱，他们将迅速被打回原形。据李小云等在2019年的文章中统计，独居和空巢老人预计2020年将达1.18亿人，截至2017年，登记在册的精神病患者581万例，残疾人贫困户335万人。[3] 此外，通过易地搬迁而脱贫的人口达960万人，其中约有10%的搬迁家庭没

---

[1] 高强、孔祥智：《论相对贫困的内涵、特点难点及应对之策》，《新疆师范大学学报》（哲学社会科学版）2020年第3期。

[2] 左停、李世雄：《2020年后中国农村贫困的类型、表现与应对路径》，《南京农业大学学报》（社会科学版）2020年第4期。

[3] 李小云、苑军军、于乐荣：《论2020后农村减贫战略与政策：从"扶贫"向"防贫"的转变》，《农业经济问题》2020年第2期。

有就业人口,且搬迁人口还面临着社会融入等问题,需要国家建设与完善配套设施。二是贫困边缘户,在原深贫区,绝对贫困和相对贫困发生率都处于较高水平,但由于贫困户名额和贫困线的刚性限制,许多贫困户"边缘"群体不能享受减贫政策,甚至可能由于没有政策兜底,在发生风险后成为新的贫困户,同时可能产生心理不平衡和相对剥夺感。[1] 三是城乡流动人口,尽管我国农民工的平均工资高于现阶段贫困标准,但其社会保障不够完善,极易因病因学致贫,还面临着社会融入和权利贫困问题。[2] 其中,大部分外出务工群体,由于缺乏劳动技能,就业可选择空间狭小,在快速城镇化背景下,他们只能从事工资较低且风险高的行业,如建筑业、制造业等,导致他们不断透支身体、增加劳动强度来提升工资水平,应对较高的城市消费水平和"上有老、下有小"的压力。大多数农民工不能享受城镇社会保障体系,农村社会保障也容易错失且保障程度有限,使农民工陷入一种不确定的个体化生存境地[3]。此外,随着中国经济社会的转型,他们随时可能失业。不仅如此,大部分农民工年龄较大,面临着身体体力不支而回家务农的风险,他们的生活水平将进一步下降,极易成为农村相对贫困人口。

就动态性而言,主体的动态性表现在地域的流动性和贫困维度的动态性。一是相对贫困人口的地域呈现动态性,未来贫困人口可能不再仅局限于农村,而且会流动于城市,一方面由于城市的虹吸效应,一部分农村人口可能会转移到城市成为城市贫困人口,另一方面,进城失败的农村人口也会迫于压力而返回农村,极易因为农村谋生途径单一或遭遇意外情况致贫。二是相对贫困维度的不断变化,包括客观评价和主观感受。在客观维度,相对贫困的标准呈现动态性,随着社会发展水平、经济发展和物价指数等的变化而不断调整,农村贫困人口也会随着乡村的发展、自身参与市场竞争的能力等不断变化;在主观维度,由于参照物的不同,每个人的感

---

[1] 朱冬亮:《贫困"边缘户"的相对贫困处境与施治》,《人民论坛》2019年第7期。
[2] 王国敏、何莉琼:《我国相对贫困的识别标准与协同治理》,《新疆师范大学学报》(哲学社会科学版)2021年第3期。
[3] 李飞、杜云素:《不确定性与农民工非永久迁移》,《中国农业大学学报》(社会科学版)2019年第1期。

受也是不一样的。相对贫困是"基于获得感、幸福感和满意度的主观感受"①,表现在物质、健康、教育等多个维度。如农村孩子相对于城市孩子来说,面临着教育贫困、信息获取的贫困;农村老年人相对于城市老年人来说,面临着健康贫困以及物质贫困等;此外农村内部低收入群体相对于农村高收入人群来说,也面临着收入贫困和相对剥夺感等。总之,无论是从贫困的空间还是贫困的性质来讲,相对贫困都具有高流动性,这会极大地影响相对贫困治理的政策取向。

## 二 空间：集聚性与离散性并存

我国农村相对贫困在空间场域上表现为集聚性与离散性并存。"从一种生产方式到另一种生产方式的变化就必定伴随着一个新空间的产生"②,从绝对贫困到相对贫困也必然会出现不同的空间呈现形态。集聚性表现为农村相对贫困的空间分布仍集中于中西部原深度贫困区,离散性表现为农村相对贫困的空间也分散于全国其他地区,如东部发达地区农村也存在相对贫困。

就集聚性而言,中西部农村地区仍然是相对贫困的"主战场"。在脱贫攻坚期,受自然、历史等诸多因素的影响,我国的绝对贫困主要分布于"老、少、边、山"③等中西部地区农村,呈现较强的地缘性。而经济发展较好的东部地区率先脱贫,剩下难啃的"硬骨头"为原深度贫困区。随着脱贫攻坚战的全面胜利,中西部贫困地区基础设施不断改善,截至2018年末,贫困地区的自然村几乎全部通电,90%的村实现了电视信号和宽带的联通④,交通道路硬化比重不断提升;公共服务水平得到提高,在教育、卫生、医疗和垃圾处理水平等方面显著增强。尽管如此,中西部农村地区的基础设施、交通通信、基本公共服务与东部地区、城镇地区相差甚远,这些地区的自我发展能力较弱,就业机会少,脱贫不稳定户和边缘易致贫

---

① 罗必良:《相对贫困治理:性质、策略与长效机制》,《求索》2020年第6期。
② Lefebvre, H., *The Production of Space* (Oxford: Blackwell, 1991), p.46.
③ 即老革命根据地、少数民族地区、边远地区、山区。
④ 国家统计局住户调查办公室:《中国农村贫困监测报告2019》,中国统计出版社,2019,第5页。

户多,是我国相对贫困的主要聚集地。不仅如此,中国的多维贫困也主要集中在原深贫区、少数民族贫困区以及边远山区等。[1]

就离散性而言,相对贫困呈散点状分布于其他地区。首先是城乡融合发展带动人口频繁流动,城乡流动人口分散于全国各地,2019年我国农民工的贫困发生率高达26.3%[2],这意味着相对贫困的农民工人数达7000万左右[3],这些农民工有本地农民工、外地农民工,或者兼业农民工,他们随时可能因为突发情况或者过大的消费支出而致贫,并且城镇农民工大多居住于城乡接合部的"棚户区",生活条件差,处于城镇生活的边缘,城市的主流生活与其无关,缺少城市归属感和生活满意度。因此,这些流动的相对贫困人口在城乡空间中交替转移和扩散。其次是大部分发达的农村地区也会存在相对贫困,只要有某种对比和参照,就会存在相对贫困。因而,就全国各地来说,每个乡村都存在低收入人口,他们可能面临着物质贫困,也有可能面临着精神文化贫困。实现全面小康之后,要推动农村物质空间的绝对贫困治理转向统筹城乡的多维贫困治理,将物质生产空间和精神文化空间相结合。[4] 总的来说,在新发展阶段,我国农村相对贫困将呈现集中于农村,并分散于城市的空间分布状态。

## 三 形态:物质性与精神性并存

在形态上,相对贫困呈现物质性与精神性并存的特点。物质性贫困一直以来是我国减贫的重点,主要解决收入贫困,而相对贫困还蕴含着多维发展性贫困,如公共服务的贫困;精神性贫困表现为相对贫困群体社会心理需求的贫困。相对贫困不仅包括客观物质性贫困,还包括主观心理维度的贫困,是主观贫困与客观贫困的并存、发展性贫困与多维贫困的并存。

---

[1] 左停、苏武峥:《乡村振兴背景下中国相对贫困治理的战略指向与政策选择》,《新疆师范大学学报》(哲学社会科学版)2020年第4期。
[2] 陈志钢、毕洁颖、吴国宝等:《中国扶贫现状与演进以及2020年后的扶贫愿景和战略重点》,《中国农村经济》2019年第1期。
[3] 王国敏、何莉琼:《我国相对贫困的识别标准与协同治理》,《新疆师范大学学报》(哲学社会科学版)2021年第3期。
[4] 王国敏、王小川:《后全面小康时代我国贫困治理研究的转型方向和空间策略——基于"结构—秩序—发展"的阐释框架》,《北京行政学院学报》2020年第6期。

第三章　农村相对贫困的基本研判和多维特征

首先,物质性贫困的内涵和维度得到拓展。脱贫攻坚期,中西部边远山区还有许多贫困户的基本生存问题没有解决,为此,国家主要帮助解决威胁生存的物质贫困,主要包括"两不愁"和"三保障"。经过五年的脱贫攻坚和精准扶贫,我国已全部消除绝对贫困现象,解决了广大贫困群体的"两不愁"问题,但"三保障"水平还有待提升。尽管贫困地区的"三保障"问题已得到极大改善,截至2018年,新型农村合作医疗基本实现全覆盖[1],农村教育条件得到提升,但与城市和东部差距仍然较大。并且,"三保障"已不能涵盖贫困群体的贫困维度,贫困主体面临着教育、医疗、健康、住房、发展机会、信息获取等多个维度的贫困,包含着主观和客观维度,是一种发展不平衡、不充分导致的成果不能共享、发展机会不足的发展性贫困。因此,要完善基本公共服务和社会保障、基础设施等,内外两个方面发力,增强贫困群体的发展能力和机会。

其次,发展性和精神性贫困凸显。如果说,2020年前,物质贫困是我国贫困的主要意涵,那么2020年后,健康、社会和精神贫困则成为贫困研究的重心。[2] 随着社会主要矛盾的转变,人民群众对美好生活的需求强烈而广泛,不仅包括物质需求,还包括权利和精神文化追求,一些群体面临着权利贫困、能力贫困等发展性贫困。因此,2020年后,收入不完全反映贫困,贫困主要表现为收入和社会公共服务获得上的不平等和多元维度两个方面。[3] 正如森所说,贫困更是"基本可行能力的被剥夺"[4]。具体来讲,相对贫困的样态不仅体现在收入不足的物质贫困、消费过大的隐性贫困,更体现在权利和能力不足的贫困、知识贫困、精神贫困等。一是收入不足的物质贫困,主要由于贫困群体的致富增收能力不足以及就业机会欠缺而陷入相对贫困。二是消费贫困,这部分群体尽管收入还过得去,但由

---

[1] 《农村改革书写辉煌历史 乡村振兴擘画宏伟蓝图——改革开放40年经济社会发展成就系列报告之二十》,https://www.stats.gov.cn/zt_18555/ztfx/ggkf40n/202302/t20230209_1902600.html,最后访问日期:2023年12月1日。
[2] 邢成举、李小云:《相对贫困与新时代贫困治理机制的构建》,《改革》2019年第12期。
[3] 李小云:《2020年"贫困"的终结?》,http://mt.sohu.com/20170314/n483317483.shtml,最后访问日期:2023年12月1日。
[4] 阿马蒂亚·森:《以自由看待发展》,任赜、于真译,中国人民大学出版社,2013,第85页。

于家庭负担过重以及教育、医疗等支出过多而不能实现生活水平的提升。据研究，中国城乡贫困家庭的生活方式存在收支倒挂现象，如果发生大额开支，贫困家庭就会入不敷出，甚至出现借新债还旧债现象。[1] 这也从侧面反映了贫困群体面临着机会贫困，生活处于被动消极态势。[2] 三是权利和能力贫困，表现为贫困群体能力不足以及贫困群体在社会、经济权利方面被剥夺，如农民工群体在"进入权""就业和收入权""居住权""基本保障权"等方面受到剥夺，无法融入城市社会。四是知识贫困与精神贫困。知识贫困一般表现为贫困群体由于缺乏软性或者硬性知识而陷入相对贫困的状态，体现为显性知识水平的低下和隐性知识能力的不足。[3] 知识贫困容易诱发其他贫困，使人成为"单向度的人"。而精神贫困是目前许多贫困地区面临的较为严重的问题，表现为贫困群体思想上堕落消极；行动上行为懒散、得过且过以及幸福感满意度低，缺乏精神慰藉和心理疏解。并且，农村老年人、儿童等面临着缺乏陪伴、信息获取较少等精神层面的不满足感，这也是我国新阶段相对贫困的一种表现。

总之，全面建成小康社会之后，随着我国贫困治理的转型，贫困的样态也会发生很大的变化，从以客观贫困、物质贫困为主转变为物质与精神贫困并存的多维发展性贫困，贫困样态和类型呈现多样性、层次性和复杂性。

### 四 成因：结构性与次生性并存

在成因维度上，后脱贫时代的相对贫困将呈现结构性与次生性并存的状态。相对贫困的结构性意味着相对贫困人口处于经济、政治、社会格局的底层。艾尔泽·厄延认为，"贫困是经济、政治、社会和符号的等级格局的一部分，穷人就处在这格局的底部。"[4] 这个概念凸显了贫困的结构性特征。也有学者认为，结构性贫困是由社会发展中出现的"社会结构性扭

---

[1] 赵卫华、韩克庆、唐钧：《城乡困难家庭：研究发现与政策建议》，《国家行政学院学报》2018年第1期。
[2] 唐钧：《后小康时代的相对贫困与贫困家庭生活方式》，《党政研究》2021年第3期。
[3] 王太明、王丹：《后脱贫时代相对贫困的类型划分及治理机制》，《求实》2021年第2期。
[4] 艾尔泽·厄延：《减少贫困的政治》，《国际社会科学杂志》（中文版）2000年第4期。

曲，资源的结构性错配，政治生活中的权利错位等结构性失衡造成的"[1]，表现为区域性贫困和阶层性贫困。李小云认为在过去的10多年，"贫富福利差距呈现平行移动和放大的趋势"，意味着贫困致贫因素"呈现出了刚性的特点"。[2]也就是说，在"强-弱"的结构关系中，强者凭借机会、资本、信息、权利等优先获益，垄断了机会和利益，导致机会不平等。"三农"弱势地位决定了其必然贫困的状况，[3]而贫困的次生性意味着贫困的致因更加隐蔽、复杂[4]。次生性是指在原生性贫困之外、在其他因素的作用下派生的新贫困现象。随着脱贫攻坚的结束，农村贫困日益体现出次生性多元维度。[5]因此，我国农村相对贫困更多是由社会结构性因素导致的转型性次生贫困，是结构性与次生性的统一。

就结构性而言，贫困成因的结构性体现在当前大部分农村的相对贫困是自然环境因素、社会市场因素和个体因素的相互交织而导致的。且致贫因素和致贫表现呈现明显的内在关联性，是一系列表现的集合体。多重致贫表现和致贫因素使得部分地区的农村贫困呈现出顽固性和结构性，农民很难凭借自身力量去打破贫困怪圈，需要国家从外部发力，在制度层面保障贫困群体的权利和发展机会。现实是，我国农民被当作一种"身份"而非"职业"，变成了一种标签，和贫困、愚昧等负面印象联系在一起，农村也成了落后的代名词。

究其原因，一是自然因素。农村相对贫困的聚集区，大多数是边远山区、少数民族聚居区，自然资源匮乏、生态环境脆弱。正是这些地区的资源禀赋和地理环境，导致产业发展困难、农村生产成本高，限制了经济增长的涓滴效应的扩散，进而导致内部增收乏力，外部辐射带动弱，陷入贫困。二是社会和政策因素。马克思曾强调："一切发达的、以商品交换为

---

[1] 周耕：《当代中国农村结构性贫困问题研究》，博士学位论文，吉林大学，2018。
[2] 李小云：《贫困人口陷入"结构性贫困陷阱"了吗》，《农民日报》2015年5月27日，第3版。
[3] 邢成举：《结构性贫困与精英俘获》，《团结》2016年第4期。
[4] 张琦、杨铭宇、孔梅：《2020后相对贫困群体发生机制的探索与思考》，《新视野》2020年第2期。
[5] 李小云、许汉泽：《2020年后扶贫工作的若干思考》，《国家行政学院学报》2018年第1期。

中介的分工的基础，都是城乡的分离。"① 新中国成立以来，在实现工业化的进程中，我国形成了典型的城乡二元结构，农业逐渐被边缘化；随着改革开放和社会主义市场经济的推进，城市的大门逐渐向农村打开，但土地、人才等要素单向流入城市，大量的资本和商品流入农村，农民处于被动市场化状态，在市场化进程中处于劣势地位，城乡差距更加显著。快速的城镇化和现代化的发展，城市的"虹吸效应"，使得农村的土地被征收、资本被抽走、劳动力流失，②导致农村空心化和边缘化，农村公共服务边缘化③。三是贫困者个体因素。一方面，大多数农村地区人力资本水平低，尤其是受教育水平。据统计，2018年，全国农村居民家庭中，户主为初中及以下文化程度的占87.1%。其中，贫困地区农村劳动力只有22.7%接受过技能培训，接受过农业技术培训的为18.2%。④另一方面，中西部地区农村医疗水平低，健康状况差。2013年的贫困户中，有超40%为因病致贫，残疾和重病的比例在深贫区更高。⑤且许多少数民族县，人口增长快、流动性低，不利于人力资本的积累。⑥此外，贫困人口的某些意识和思想是导致农村贫困的隐性原因。许多贫困户形成了特定的生活方式和价值观念，他们缺乏集体意识，注重眼前利益和即时收益。这些自然因素、社会因素和个体因素相互交织、链式发展，导致贫困地区和农民难以摆脱这种结构性的"贫困范式"，陷入结构性相对贫困。

就次生性而言，贫困的次生性是指二次生成的，由其他因素派生的贫困。站在"十三五"与"十四五"的历史交汇期，面对城镇化的快速推进、绝对贫困的基本消除和乡村振兴全面推进的历史机遇期，农村相对贫困的致贫因素也更加复杂。在脱贫攻坚期，我国通过"五个一批"等举措

---

① 《马克思恩格斯文集》第5卷，人民出版社，2009，第408页。
② 周耕：《当代中国农村结构性贫困问题研究》，博士学位论文，吉林大学，2018。
③ 张永丽、徐腊梅：《中国农村贫困性质的转变及2020年后反贫困政策方向》，《西北师大学报》（社会科学版）2019年第5期。
④ 国家统计局住户调查办公室：《中国农村贫困监测报告2019》，中国统计出版社，2019，第25、35页。
⑤ 殷浩栋：《以城乡融合发展促进长期减贫》，《开放导报》2019年第4期。
⑥ 王朋岗：《西部民族地区贫困的人口学因素分析——以新疆南疆三地州为例》，《前沿》2013年第1期。

帮助贫困户脱贫,解决原生性贫困问题。目前相对贫困表现更加多维,贫困人口更加多元,致贫因素更加多样,且面临着部分脱贫户返贫风险和边缘户致贫风险,从而形成多种因素重叠的转型性次生贫困。例如,易地搬迁的农户,在失去原居住地的生产资料之后,面临暂时性失业以及收入不足以维持家庭生活的贫困;或者市场波动、产业和就业条件发生改变所导致的贫困,如新冠疫情导致许多企业和工厂停产甚至倒闭,致使许多农民工失业,甚至陷入贫困。概言之,转型性次生贫困来自个人和社会等多个方面,其致贫因素更加隐蔽且复杂,这也给相对贫困治理带来巨大的挑战。

## 五 趋势:长期性与艰巨性并存

相对贫困的解决呈现长期性与艰巨性并存的特征。马克思认为,在资本主义社会,工人相对贫困不仅表现为"工人所得到的社会满足的程度"[1],还表现为"他的相对工资以及他的相对社会地位"[2]。在历史的长河中,相对贫困是生产力发展过程中资源配置的必然结果[3],也是社会市场化推进的必然结果。如前所述,我国相对贫困在主体上表现为多元化与动态性并存;在空间上表现为集聚性与离散性并存;在形态上表现为物质性与精神性并存;在成因上,表现为结构性与次生性并存。并且解决我国农村相对贫困还面临着许多现实挑战,我国农村相对贫困的特征和挑战决定了我国农村相对贫困的解决具有长期性和艰巨性。

第一,相对贫困的本质特征决定其存在的长期性和治理的艰巨性。相对贫困的本质特征即相对性。随着生产力的发展,绝对贫困能够完全消除,但相对贫困却难以解决。纵观欧美发达国家,尽管随着社会经济发展,基本消除了绝对贫困,但相对贫困一直维持着一定比例,随着国家政策和经济发展不断波动变化。发展中国家不仅存在绝对贫困,大多数国家

---

[1] 《马克思恩格斯文集》第1卷,人民出版社,2009,第729页。
[2] 《马克思恩格斯全集》第21卷,人民出版社,2003,第201页。
[3] 陆汉文、杨永伟:《从脱贫攻坚到相对贫困治理:变化与创新》,《新疆师范大学学报》(哲学社会科学版)2020年第5期。

的相对贫困发生率也居高不下。相对性决定着相对贫困是主观性的，随着时空的变化而变化，"我们对商品的需要是相对的：它完全取决于我们身处的社会和环境"[①]。从短缺经济到丰裕社会，从发展中国家到发达国家，相对贫困的标准不断变化，导致贫困的主体和形势也随之变化，相应的减贫举措也需要调适。相对贫困不仅表现为物质贫困，还表现为文化贫困、权利贫困和能力贫困等多种形态，相对贫困变得更加复杂。就相对贫困的本质属性而言，其相对性及其所衍生的主观性、动态性和多维性，必然意味着相对贫困将长期存在，且难治理、易反复。

第二，我国农村相对贫困的复杂性决定其存在的长期性和治理的艰巨性。一是贫困人口规模大，通过前文的各种估算可以看出，我国农村相对贫困人口是一个庞大的群体。二是贫困程度深，城乡差距大。由于这种发展差距和非均衡发展不能立刻改变，而是会长期存在，因此相对贫困也将长期存在于发展的不平衡不充分的社会经济空间中。城乡差距以及农村内部绝对差距逐渐拉大，甚至东部发达地区的农村内部出现"阶层化"现象[②]，内部分化十分严重。这种内部发展差距不是一朝一夕能改变的，而是将长期存在。三是贫困人口分布广，无论是区域分布还是人群分布，都比绝对贫困更加复杂。这种复杂现状导致我国相对贫困识别难度大，贫困群体脆弱性明显。解决相对贫困的关键是提升贫困人口的内生能力和动力，"智和志就是内力、内因"[③]，而这种主观性的能力和意志不是短期能够提升的，而是需要长期、系统性努力，才能从根本上增强脱贫可持续性。因此，相对贫困是一个复杂的社会现象，需要系统谋划、长效治理、重点突破。

第三，我国的具体国情和目标决定其存在的长期性和治理的艰巨性。一方面，尽管目前我国已全面建成小康社会，但"我国仍处于并将长期处于社会主义初级阶段"，仍然是"最大的发展中国家"，这也意味着我国的

---

① 哈特利·迪安：《社会政策学十讲》，岳经纶、温卓毅、庄文嘉译，上海人民出版社，2009，第12页。
② 桂华：《相对贫困与反贫困政策体系》，《人民论坛》2019年第7期。
③ 习近平：《在深度贫困地区脱贫攻坚座谈会上的讲话》，人民出版社，2017，第16页。

经济发展水平仍然不高。并且纵观其他发达国家，相对贫困一直存在。因此，我国相对贫困也将长期存在。另一方面，解决相对贫困与乡村振兴是实现第二个百年奋斗目标进程中的"关键一环"，为了实现农业农村现代化和城乡融合，党和国家提出乡村振兴战略。《乡村振兴战略规划（2018—2022年）》对乡村振兴的目标任务作了短期、中期和长期规划，乡村振兴与解决相对贫困是同频共振的，并且党的十九届五中全会提出的远景目标以及习近平在《扎实推动共同富裕》一文中都提出分阶段促进共同富裕。因此，要分层次、分阶段解决相对贫困，实现共同富裕。"十四五"时期为脱贫攻坚向乡村振兴的过渡期，要推动"三农"工作重心历史性转移[①]；到2035年，大力推进乡村振兴，缩小差距、缓解相对贫困；在2050年全面实现现代化之际，我国要实现乡村振兴，同时推动相对贫困治理和实现共同富裕取得实质性的成效。这些细致的规划和目标体现了我国实现共同富裕和解决相对贫困是一个长远任务，不能一蹴而就，要充分估计其长期性和复杂性，在实现社会主义现代化的进程中循序渐进地解决相对贫困。

---

① 《中共中央国务院关于全面推进乡村振兴 加快农业农村现代化的意见》，《人民日报》2021年2月22日，第1版。

# 第四章 农村相对贫困的生成原因与破解难点

贫困问题的分析不能仅停留于对现状的浅表性描绘,更需要阐释这种现状背后的生成原因和解决困境。因此,基于前文对我国农村相对贫困的现状表征的分析,本章阐释了我国农村相对贫困的生成机理,包括不可抗的自然和社会风险、经济社会的包容性不足、城乡二元结构所导致的制度性偏差以及贫困文化和个体能力的制约等。而这些贫困致因使我国解决相对贫困面临诸多难点挑战,如识别困境、可持续发展困境、城乡公共产品均衡供给问题以及扶贫体制机制转换问题。本章的分析为建立解决农村相对贫困长效机制提供了现实依据和支撑。

## 第一节 农村相对贫困的生成原因

相对贫困不是单一因素生成的,而是多种因素综合作用的结果。既是政治、经济、环境和个体因素的累积,也是客观因素和主观因素共同作用的结果;既有必然的因素,也有偶然的因素;既是历史发展的必然结果,也是现实问题的客观呈现。在深入分析贫困致因的基础上,本书认为我国相对贫困是在经济社会发展包容性不足、贫困户面临的突发自然灾害和社会风险、长期存在的城乡二元结构所形成的制度性偏差、小农经济所导致的资产积累不足和能力欠缺等原因的共同作用下生成的。

### 一 不可抗力维度:自然灾害与社会风险的冲击

风险是一种客观的危险、不可抗力的可能性。[1] 按风险产生的原因,

---

[1] 冯必扬:《社会风险与风险社会关系探析》,《江苏行政学院学报》2008年第5期。

可分为自然、社会、经济、政治等风险,贫困者陷入贫困正是由于脆弱性高、应对风险的能力低。脆弱性与贫困彼此伴生、互为因果,一方面,由内外多重风险导致的高脆弱性引发贫困,另一方面,贫困加剧主体脆弱性。[1] 贫困者面临的风险一般包括外部风险和内部风险。外部风险如自然、社会、经济风险等,内部风险如健康、能力、文化风险等。本部分主要从外部因素出发,阐释农村低收入者面临的外部环境风险。而对于贫困者自身的风险,本书将其归为个体发展维度。

(一) 自然灾害与相对贫困

自然灾害是给人类生存带来危害或损害人类生活环境的自然现象。自然灾害是农村贫困产生的重要诱因。农业经营性收入是农民的主要收入来源之一,而农业是自然再生产和经济再生产交织的生物性产业,充分暴露在各种自然灾害的风险之中,进而影响粮食生产、贫困发生率和农村经济健康发展。部分农村地区生态环境脆弱、自然灾害频发,加之部分农民和乡镇企业对生态环境的破坏,形成了"生态环境脆弱-贫困-破坏性开发-生态环境恶化-自然灾害频发-贫困"的恶性循环[2]。

自然环境恶劣导致发展受限。农村相对贫困地区主要集中于原集中连片特困区和贫困县中,这14个集中连片特困区与25个重点生态功能区高度重合,80%的贫困地区都是重点生态功能区,[3] 而592个贫困县中也大多位于山地丘陵地带,76%的贫困县是生态敏感地带,环境恶劣,不利于经济的发展。尤其是西部12个省份中,有7个省份为生态环境极其脆弱区。[4] 这些贫困地区可利用的资源少、环境承载力低,以发展传统农业为主,农村增收渠道狭窄。

自然灾害每年导致中国农业损失严重,是农民贫困的重要致因。我国是一个自然致灾因子较为集中且频发的国家,主要的自然致灾因子有旱

---

[1] 王国敏、张宁、杨永清:《贫困脆弱性解构与精准脱贫制度重构——基于西部农村地区》,《社会科学研究》2017年第5期。
[2] 王国敏:《农业自然灾害与农村贫困问题研究》,《经济学家》2005年第3期。
[3] 刘慧、叶尔肯·吾扎提:《中国西部地区生态扶贫策略研究》,《中国人口·资源与环境》2013年第10期。
[4] 王国敏:《资源约束下西部生态环境重建的战略构想》,《农村经济》2008年第9期。

灾、洪涝、台风、泥石流、农作物病虫害等。据研究,水旱灾害的发生与贫困发生率呈正相关,即前者对农业生产的破坏平均每提高10%,后者就增加2%~3%。① 因此,自然灾害频发是我国相对贫困的主要致因之一。而我国的原832个国家级贫困县中,有690个县易发生旱灾,771个县易发生洪灾,② 182个县的资源环境超载或临界超载③。2021年,全国农民人均可支配收入为18931元,其中,经营性收入为6566元,占比为34.7%。可以发现,我国农民的农业经营性收益占比较高,是农民收入的重要来源。然而,自然灾害风险让农民的庄稼受灾严重,以2020年为例,农作物受灾面积达1996万公顷,绝收271万公顷;因洪涝、地质灾害、旱灾等自然灾害造成的直接经济损失达3089亿元。④ 这些自然灾害对以农业为主的农民造成了严重的打击。

(二) 社会风险与相对贫困

社会风险是人类行为的变化对人类生命安全和社会财富造成损失的可能性。这里的"社会"是狭义的社会,即与自然相对应的人类社会。其中,市场经济风险是社会风险中的重要部分,也是农民在生产经营中面临的重要风险。

对于农民而言,市场经济的逐利性将农民排斥为边缘群体,容易遭受市场波动带来的风险。贫困户本身有较强的脆弱性,难以抵御各种经济风险。出现市场波动时,贫困户若是缺乏外在的风险防范机制,市场上竞争力较强的主体便会排斥贫困户,将风险转移到贫困户身上。因此,市场较大的经济波动会导致贫困户损失的"刚性沉淀"。⑤ 这主要是因为:一是我国农户主要是以家庭为单位的小农经营方式,难以形成合力对抗外部风

---

① 王国敏、郑晔:《中国农业自然灾害的风险管理与防范体系研究》,西南财经大学出版社,2007,第73页。
② 矫勇:《加快补齐补强贫困地区水利短板》,《行政管理改革》2016年第5期。
③ 周侃、王传胜:《中国贫困地区时空格局与差别化脱贫政策研究》,《中国科学院院刊》2016年第1期。
④ 《中华人民共和国2020年国民经济和社会发展统计公报》,http://www.stats.gov.cn/sj/zxfb/202302/t20230203_1901004.html,最后访问日期:2023年12月1日。
⑤ 陆汉文、梁爱有、彭堂超:《政府、市场和社会大扶贫格局》,湖南人民出版社,2018,第17页。

## 第四章 农村相对贫困的生成原因与破解难点

险。并且,农户与土地和自然打交道,天生的资源弱势地位导致其无法抵御市场浪潮的侵袭,例如,在网络时代,一些农户由于受教育程度有限不会使用互联网平台拓宽市场,无法与物联网公司合作形成产销供一体化平台,[①] 导致农产品销路不畅,并影响贫困户的市场参与意识。一些农村养殖户不懂市场价格波动规律,看到某种生禽价格上涨便跟风养殖,结果市场供过于求,价格大跌造成损失。二是贫困地区发展的产业、生产的产品和服务要参与市场流通,才能获取市场利益,但农业生产的物质成本、人工成本和土地成本飙升,农产品价格却一直受限,从而造成农户的收入和消费贫困。为了保护农民的利益,尽管国家实施了粮食最低收购价格政策,但仍然不能弥补国内市场价格倒挂所导致的损失,使得农民"增产不增收"。

市场在落后地区还导致"精英俘获"现象,在扶贫实践中,尤其是产业扶贫项目中,一些针对贫困群体的发展项目不符合贫困群体的能力和资源状况,导致国家的资源项目流到大户和企业中,进而导致贫困户和普通农户在产业发展中被动化、边缘化。政府有可能迫于政绩和考核压力,将国家资源分配给所谓的"大户"和"企业"来发展产业,让"先富"带动"后富"。市场的力量也倾向于与乡村精英合作,降低运行风险。然而资本的逻辑和国外许多国家发展的经验表明,在经济增长的同时,收入差距并没有沿着库兹涅茨曲线[②]的走势,反而差距越来越大。最后的结果是,资本和能人以发展产业为名俘获大量资源,产生"精英俘获"现象,一般农户和贫困户则成为被剥夺和排斥的边缘群体。这种情况不仅发生于村庄内部农户个体层面的精英俘获,村庄层面的精英俘获同样存在,在县市一些发展较好的村反而能够获得更多资源配置从而发展得更好,拉大了村庄之间、农户之间的发展差距。并且,市场经济通过"涓滴效应"在促进落后地区发展的同时,也导致中国发展得更加不平等,形成"马太效应"。

---

① 罗贵榕、刘俊显:《乡村相对贫困治理的长效机制探索》,《学术交流》2020年第11期。
② 西蒙·库兹涅茨(Simon Kuznetz)曾于1995年提出一个国家经济发展过程中收入差距变化的"倒U型"假说,该理论认为,随着经济的发展,在早期收入差距会逐渐拉大,而后是短暂的稳定,在后期逐渐缩小。而要隧穿"库兹涅茨曲线",则需要在经济的发展过程中不断实现包容性增长,目前我国还处于进阶阶段。

贫困地区的发展受限于地理环境和资源禀赋，阻碍了城市发展"涓滴效应"的扩散，反而拉大了发展差距，"市场失灵"现象更为明显。

此外，许多农民还会遭受各种社会突发意外风险，如车祸、工伤等，导致家庭主要劳动力的缺失和收入的暂停而陷入贫困。若不能得到合理的赔偿、身体受损严重将面临家庭失去劳动力陷入长期性贫困的风险；养殖户的牲畜若感染非洲猪瘟、禽流感等疾病而死亡，也会给农户造成重大经济损失，导致返贫或者致贫；农民工的收入受经济社会的影响较大，如新冠疫情的发生，极大地影响了其收入。在许多工厂关闭、公司倒闭的情况下，外出务工的农民工面临着失业的风险。据估计，2020年一季度，农村居民人均可支配收入下降4.7%，农民工月收入实际下降7.9%。[①] 因此，农民面临着各种社会风险，加强制度保障和提升个人风险防控能力是关键。

## 二 经济发展维度：经济社会发展的包容性不足

随着我国工业化、城镇化和市场化改革的快速推进，经济增长并没有显露出亲贫性，而是逐渐显露出亲富性，城乡收入差距逐渐拉大，没有实现经济的益贫性增长。在经济增长过程中社会逐渐转型发展，如从计划经济转向市场经济、传统农业社会转向现代工业社会，一部分低收入户在转型的过程中落入低收入陷阱，呈现转型性贫困现象，没有实现社会的包容性发展。此外，小农经济的弱势、低效益导致农民发展性不足。

（一）经济的益贫性增长不足

纵观全球发达国家和发展中国家的减贫，可以发现，经济增长是缓解贫困的必要条件。也就是说，贫困的缓解必须有经济的增长，但快速的经济增长不一定完全消除相对贫困。如欧美发达国家，在经济如此发达的情况下，仍存在大量贫困人口。可以发现，消除贫困、实现共同富裕，不仅仅在于"做大蛋糕"，更重要的是"分好蛋糕"。

1992年，我国拉开了建设社会主义市场经济的大幕，开始推动社

---

① 叶兴庆、程郁、周群力等：《新冠肺炎疫情对2020年农业农村发展的影响评估与应对建议》，《农业经济问题》2020年第3期。

转型，经济也得以快速发展，经济增长率始终维持在9%左右。然而，与经济增长同步的是收入差距的拉大，自1994年以来，我国基尼系数逐年增大，2008年甚至达到0.491，而近10年全国基尼系数仍在0.47左右徘徊，且城乡内部绝对收入差距仍在扩大。1989~2009年，中国穷人收入增加了6.4倍，而富人收入增加了9.96倍，经济增长明显呈现亲富特征。[①] 也就是说，我国市场化改革以来，经济的持续增长消除了大多数绝对贫困，但相对贫困却愈来愈严重。经济增长只是做大了"蛋糕"，却没有分好"蛋糕"。

究其原因，市场化改革以来，我国的生产资料所有制结构的变化、初次分配和再分配环境的不完善以及个体和地区资源占有和禀赋的差异性，使得农村、农民处于劣势地位。一是改革开放以来，我国多种所有制经济以及多种分配方式并存，由于存在私有制经济和三资企业等，在分配上不可避免地会重效率、轻公平，特别是三资企业中存在资本和劳动对立的现象而导致资本积累，造成两极分化。二是初次分配和再分配的不完善，很长一段时间，我国对初次分配和再分配的公平和效率的问题认识和处理不当，强调"先增长再分配"和"重效率轻公平"的观点，一方面在初次分配中，劳动报酬占比低，而农民的主要收入是劳动收入，这无形之中压缩了农民的增收空间，另一方面，再分配中对农村的社会保障、基本公共服务等的投入低，更加深了城乡不平等。三是农村地区的资源占有率低，部分地区环境恶劣，客观上导致收入差距拉大。因此，在新发展阶段，要在促进经济增长的同时增加经济增长的包容性，实施更有利于穷人的经济增长模式，增加农民在经济发展中的发展机会和能力。

（二）社会的包容性发展不足

社会转型一般有三种，包括体制转型、社会结构变动以及社会形态变迁。本部分所阐述的社会转型主要是市场化、城市化和工业化过程中所导致的体制转型和结构变动，具体表现在从计划经济转型为市场经济、从传统农业社会转型为现代工业社会。我国还处于城镇化、市场化、现代化的

---

① 王生云：《中国经济高速增长的亲贫困程度研究：1989-2009》，博士学位论文，浙江大学，2013。

推进阶段,因此仍处于社会转型时期。不同国家和地区在经济发展和社会转型过程中都会导致一部分群体陷入贫困,工业化和市场化的推进,必然导致一部分群体进城务工,农村逐渐空心化、农业萎缩,进而出现部分群众相对贫困化。

在快速市场化、城镇化和工业化转型进程中,一部分人抓住经济发展机遇和完善的社会保障制度走出贫困,但一部分人由于自身条件限制以及缺乏完善的社会保障而落入贫困陷阱,① 进而形成转型性次生贫困。具体而言,由于城市虹吸效应,农村劳动力源源不断流出,中西部许多农村变得"空心化"和"荒芜化",留给农村的只有"386199部队",即留守农村的妇女、儿童和老人,农村面临着劳动力不强、缺乏生机活力的局面,且妇女、儿童、老人大多面临着收入、健康和精神等多维贫困。李小云等认为,贫困在客观上是由社会转型导致的,主观上则是一个政治的、经济的、社会的建构。②

究其原因,主要是新中国成立以来,为了快速实现工业化和现代化,采取了优先发展城市的策略,形成了坚固的城乡二元结构,且由于工业和城市的发展,资本与劳动力没有同步转移,形成了限制劳动力转移的"转型异化",农村陷入低水平发展的陷阱。改革开放之后,根据"先富帮后富"的理念,实行了差异化的东西部发展制度,更加剧了东西区域间发展的不平等。随着脱贫攻坚的胜利,我国实现了全面小康,但城乡区域发展差距不仅没有缩小,反而逐渐拉大,农村内部差距变得更大。尽管目前已经建立了农村社会保障体系,但保障水平较低,不足以抵御自然和社会风险,如农村的养老保险缴纳水平低,农民领取的养老金也很低,甚至不能维持农村的基本生活需要,不足以保障老年人生活质量和抵御突发风险。目前农村合作医疗报销比例低、保险自付比例高,在发生疾病等风险时需支付的费用远远超过农民的承受能力。因此,低收入农户仍可能由于各种

---

① 刘玉海、云军:《中国减贫新挑战:转型性相对贫困》,《21世纪经济报道》2011年11月14日,第18版。
② 李小云、于乐荣、唐丽霞:《新时期中国农村的贫困问题及其治理》,《贵州民族大学学报》(哲学社会科学版)2016年第2期。

风险而返贫致贫,归根结底是由于其财产权、受教育权、继承转移权等权利被剥夺,丧失了抵御风险的能力。

## 三 制度结构维度:城乡二元结构及配置失衡

新中国成立以来,我国逐渐形成了城乡二元结构体制,导致城乡发展的结构性失衡。在城乡二元结构下,土地等资源呈单向流动,不但剥夺了农民财产收益,也使得城乡之间的公共产品严重失衡,加剧了城乡发展差距。

### (一) 城乡二元结构所导致的结构性失衡

新中国成立以来,为了快速实现社会主义工业化,进而增强国力和国际地位,我国实行了计划经济,以平均主义的分配方式,将农民牢牢地固定在农业和农村上,损害了农民生产的积极性,造成对生产力的破坏,为之后的农村长期贫困埋下了隐患。这种做法在现在看来,其实是拉低了农村生产效率,在人口不断增加而土地有限的背景下,农业的经济收益是呈递减趋势的,大量的农村劳动力没有创造多余的价值,而是处于隐蔽性失业状态。也就是说,他们在农村务农的边际效益递减甚至为"零",可称之为"零值劳动力人口",这也是农村长期贫困的根本原因。[①] 不仅如此,政府还对农民征收农业税,之后演变为"三提五统"[②],对工农业产品实行"剪刀差"政策,对农产品实行统购统销制度,低价购买农产品进行交易,一部分补贴工业和城市发展,一部分以税收的形式流入国家财政。据统计,1952年至1989年,我国从农村的"剪刀差"中提取9700多亿元,加上农业税1200多亿元,[③] 实现了工业和城市发展的"原始积累",形成以农哺城、以农养工的城乡关系,逐渐形成城乡二元结构。

改革开放之后,随着城乡改革的推进和市场经济的确立,城镇化加快

---

① 孙立平:《"厨师困境""剪刀差"与农民的相对贫困》,《财政研究》2001年第1期。
② "三提五统"是合作化和人民公社时期的产物,"三提"是指农户上交给村级行政单位的三种提留费用,包括公积金、公益金和行管费;"五统"是指农民上交给乡镇一级政府的五项统筹,包括教育费附加、计划生育费、民兵训练费、乡村道路建设费和优抚费。1991年颁布的《农民承担费用和劳务管理条例》,成为村提留和乡统筹的法律依据,2006年退出历史舞台。
③ 张保民等:《资源流动与减缓贫困》,山西经济出版社,1997,第10页。

了步伐,国家采取了多种举措统筹城乡发展。21世纪以来,我国对"三农"问题尤其重视,提出了许多缓和城乡关系的理念、制度和政策,其间伴随着许多惠农政策的落实和提出,如农业税的彻底废除、提出建设社会主义新农村、完善农村社会保障制度、深化户籍制度和土地制度改革等,城乡关系极大缓和,但出现乡村凋敝、城乡收入差距逐渐拉大的趋势。于是,党的十八大以来,党中央、国务院提出新型城镇化、乡村振兴等战略,城乡融合发展进入新时代,城乡收入比逐渐降低,但绝对收入差距逐渐拉大,城乡二元结构仍未打破。其主要原因是我国城乡分割的制度仍然存在,城乡要素的单向流动使农村日益衰败。农村的人口、土地、资金等要素单向流动到城镇,造成农村资源的流失,特别是土地资源的流失,导致农民获取的土地财产性收益减少,并扩大了城乡差距,同时国家对城乡基本公共服务投入不平等,更拉大了城乡差距。其中,户籍制度是横亘在城乡之间的巨大阻碍。有研究认为,中国城乡长期多维贫困发生率的差异,43%是由于户籍制度,城乡家庭贫困不平等的17%也是由于户籍制度。① 正是由于实行了户籍制度以及与其相配套的各项政策,彻底将农民和城镇户口划分开来,形成了二元的社会分配格局。这也使城乡之间隔着一条难以逾越的鸿沟,阻碍了城镇化的发展。农村户口一直处于劣势,不能享受城镇医疗和教育服务,造成了农民工的城市融入问题。近年来,尽管我国许多城市的户籍制度有所松动,但由于农民工不能和城镇居民一样平等地享有城市的就业机会以及受农村土地制度的牵绊,农民工市民化仍任重道远。城市在吸纳农民劳动力的同时却没有实现进城农民身份的转化,造成了我国发展的结构性失衡,使得农村长期处于相对贫困境地。

(二)我国土地制度及对农民财产收益的占有

夫土地者,天下之本也。土地问题一直是"三农"问题的核心,农民也将土地看作安身立命之根本。因此,许多进城务工的农民工,就算有立足于城市、在城市安家的"资本",也不愿意将自己的户口迁至城镇,户口的迁离意味着其将失去所拥有的土地使用权,失去在城市融入失败的退

---

① 郭熙保、周强:《长期多维贫困、不平等与致贫因素》,《经济研究》2016年第6期。

路和保障。户籍制度、以土地为核心的农村社会保障体制导致的小农经济结构,在加大了农业劳动力迁移成本的同时,也使得城乡居民无法享受平等待遇。① 同时,这种制度也保障了中国城市化的发展,为农民的进城失败提供了退路,使得中国城市几乎没有贫民窟。

农村土地包括耕地、宅基地和集体经营性建设用地。改革开放以来,我国确立了家庭承包责任制,极大地调动了农民生产积极性,解决了人们的吃饭问题,但存在土地产权主体缺位,基本收益权、处置权和使用权不完整的问题,导致农村土地碎片化严重;同时,"增人不增地、减人不减地""占补平衡"等政策,使得不同农民家庭人均土地占有量存在较大差距。而促进农地流转能够有效地减少相对贫困:一方面,农地流转有助于实现土地规模化经营,促进土地生产率提高,符合"帕累托改进";另一方面,有利于调节土地资源,激活农村资本和劳动力市场,为农户增收和获取信息提供便利,缓解家庭能力贫困。② 为了增强农业竞争力,国家鼓励土地流转,实施"三权分置"的土地制度,但由于流转制度不健全、宣传不到位以及"极大地限制了农民手中对于土地的使用权以及限制流转的方式"③,土地流转极其不畅。并且,私下的土地流转往往导致农民财产性收益受到挤压。在西部山地农村,农民的土地人均占有量不到1亩,土地更难以流转,导致许多农民外出务工而将土地抛荒。此外,大多数农村集体经营性建设用地较少,农村集体经济收益有限,降低了农民的财产性收益。

此外,随着城市化的推进,政府将大量农村土地征收,征地拆迁、拆村建镇等,通过"占补平衡"将农民的耕地和宅基地移作他用,而一些农民"上楼"后却没有享受到被征用后的合理收益。根据马克思的地租理论,农民的土地在被征收和被动城市化的过程中,"不但要承担低级差向高级差区位转移的较高生活费用,而且无法享有城市化过程中由高级差地

---

① 赵玉亮、邓宏图:《制度与贫困:以中国农村贫困的制度成因为例》,《经济科学》2009年第1期。

② 王璇、王卓:《农地流转、劳动力流动与农户多维相对贫困》,《经济问题》2021年第6期。

③ 鄂昱州:《农村土地产权制度运行中的问题及解决途径》,《学术交流》2017年第2期。

块置换开发的差额"[①],致使农民丧失了对土地的交易、贸易、生产和收益的权利。部分农民因为征地被迫成为市民,但城市没有能力为"新市民"全部安排就业,导致其生活成本增加、增收机会减少,陷入相对贫困。政府通过征收土地获得土地的增值收益,并加速了当地的土地城镇化的发展。也正因为如此,党的十八大以前,我国所推进的城镇化主要表现为土地城镇化,城市面积的扩张与人口的流入不成正比;党的十八大以来,党根据实际情况,提出"以人为核心"的新型城镇化,着力提高户籍人口城镇化率,促进农民工市民化。

(三) 公共产品在城乡之间配置的偏差

公共产品的城乡非均衡配置是导致城乡发展差距的重要因素。农村的公共产品或公共服务主要包括涉及公民生存权的社会保障和社会就业等;涉及公民发展权的教育、医疗、卫生和文化等;涉及生活的基础设施,包括水电交通、通信等。其中,教育、医疗、就业和社会保障是重点。城乡二元结构不仅导致土地、人才等生产要素的不合理流动,还导致公共产品在城乡间的非均衡配置。在户籍制度下,我国公共服务按照城乡差异化供给,政府对城市基础设施和公共服务具有明显的财政支出偏向,即政府对农村公共产品的投资力度和服务水平远低于城市。户籍制度捆绑着一系列基本公共服务的保障,大大限制了城乡人口流动,加剧了人户分离的困局。

城乡二元结构限定了城乡公共服务的供给模式,公共产品在城乡之间配置的数量、质量都存在较大差异。一是城乡基础设施等生活类公共产品的供给失衡,如城市和农村的污水处理率分别为95%与22%,城市和农村的生活垃圾处理率分别为97%与60%;在人均市政建设投入上面,城市是村庄的12.8倍。[②] 中西部农村边缘地区、少数民族地区的道路通达度也低于全国水平,加剧了贫困深度。许多原深贫区较之城市还存在信息鸿沟。

---

[①] 毛广雄:《"苏南模式"城市化进程中的农村相对贫困问题》,《人口与经济》2004年第6期。

[②] 穆克瑞:《新发展阶段城乡融合发展的主要障碍及突破方向》,《行政管理改革》2021年第1期。

第四章　农村相对贫困的生成原因与破解难点

二是城乡基本公共服务的质量和数量差距大，进而导致农村人力资本存量低、自我发展能力弱等问题。尽管我国近年来对农村的教育、医疗的投入加大，甚至实现了城乡的全覆盖，但医疗和教育资源仍然不足、质量不高。在医疗方面，2017年，"三区三州"卫生机构床位数仅为全国平均值的21.82%，[①]虽然城乡之间的卫生费用比不断下降，但城乡医疗差距仍较大，如2019年城市每千人所拥有的卫生技术人员为11.1个，而农村为4.96个。并且，农村医疗卫生的质量堪忧，村里面基本有卫生室，但医疗设备和正规医生较为缺乏，仅54.95%的村有执业医师[②]。尽管目前农村的医疗保障全覆盖，但报销比例较低，部分群众在意外来临时仍不能抵御风险而返贫致贫。据统计，全国农村贫困人口因病致贫率为42.2%，西部农村地区高达65.4%。[③] 在教育方面，农村劳动力总体呈现教育水平偏低和老龄化趋势。截至2016年末，全国农业劳动力中，中老年占80.9%，初中及以下教育水平的占91.8%以上，[④] 这对于农村发展非常不利。尽管目前各级政府非常重视农村教育，也加大农村教育的投入力度，但城乡教育质量差异仍然较大。尤其是农村的师资力量低于城镇，学前教育更是农村教育的短板，2017年，59万个行政村有40万个没有幼儿园。[⑤] 教育已经成为城乡差距拉大和贫困代际流动的重要原因。阿马蒂亚·森曾指出，教育和医疗的改善能够提升贫困群体的能力，提高生活质量，"使那些本来会是穷人的人得到更好的机会去克服贫困"[⑥]。因此，在新发展阶段，解决相对贫困，尤其要重视公共服务的改善，推动农村地区公共服务提质增

---

① 殷浩栋：《以城乡融合发展促进长期减贫》，《开放导报》2019年第4期。
② 《第三次全国农业普查主要数据公报（第一号）》，http://www.stats.gov.cn/sj/tjgb/nypcgb/qgnypcgb/202302/t20230206_1902101.html？eqid=dd023ba70001cd8700000004642e6441，最后访问日期：2023年12月1日。
③ 夏支平：《后脱贫时代农民贫困风险对乡村振兴的挑战》，《江淮论坛》2020年第9期。
④ 《第三次全国农业普查主要数据公报（第一号）》，http://www.stats.gov.cn/sj/tjgb/nypcgb/qgnypcgb/202302/t20230206_1902101.html？eqid=dd023ba70001cd8700000004642e6441，最后访问日期：2023年12月1日。
⑤ 中国发展研究基金会：《中国西部学前教育发展情况报告》，《华东师范大学学报》（教育科学版）2020年第11期。
⑥ 阿马蒂亚·森：《以自由看待发展》，任赜、于真译，中国人民大学出版社，2013，第88页。

效，解决农村的发展性贫困，提升"可行能力"。

## 四 个体发展维度：贫困文化和个体能力的制约

乡土社会的小农既是理性的，又存在严重的贫困文化制约，形成了一系列不利于发展的错误思想。同时由于教育、医疗等资源发展不充分，农民普遍缺乏健康意识、受教育程度低，导致其能力贫困，受文化贫困和能力贫困的双重制约，贫困户内生动力不足。此外，农民财产性收入低，家庭资产积累不足，难以抵御各种社会风险。

### （一）小农理性及贫困文化

乡土社会的小农是不是理性的？又是否受制于一定的"贫困文化"？本研究认为农民群体的社会行动既存在理性的地方，同时又受到当地文化的影响。邓大才根据小农的行为与动机，将小农理论分为四种：一是理性小农（舒尔茨小农），其行为和动机是理性的，为了实现利润最大化；二是生存小农（恰亚诺夫小农），其目的和动机是满足生存，实现生存最大化；三是弱势小农（马克思小农），其行为和动机是实现剥削最小化、争取最大化权利，改造弱势地位；四是效用小农（黄宗智小农），认为小农的最终追求为效用最大化。[1] 徐勇、邓大才在现有的小农理论基础上提出了社会化小农理论，认为我国目前的小农是社会化程度较高，融入市场经济但规模较小的小农户，其目的是实现货币收入最大化。[2] 其主要特点是社会化程度高、范围广，货币支出压力大，并且已由生存伦理转向货币伦理，大多数小农已经解决了基本温饱，而主要面对的是消费膨胀，教育、医疗、人情开支大。因此，他们需要实现可支配收入的最大化。然而，现实情况是他们面临着现金支出压力大与收入可增长空间有限的矛盾，致使小农的理性目标是追求货币收入即期化和最大化，使得他们宁愿选择工资较低，风险较低，能够尽快获得的"快收入"，在农业收入增长有限的情况下，他们会选择异常辛苦地外出务工以获得足够的货币收入满足家庭支

---

[1] 邓大才：《社会化小农：动机与行为》，《华中师范大学学报》（人文社会科学版）2006年第3期。

[2] 徐勇、邓大才：《社会化小农：解释当今农户的一种视角》，《学术月刊》2006年第7期。

## 第四章　农村相对贫困的生成原因与破解难点

出危机。而且如果家里有老人,或者自己能够对付,他们还不会放弃农业收入,以确保最低的生活保障,这是社会化小农的理性选择。再看当下的农村,大多数农民仍是社会化小农的状态,为了实现货币收入最大化,大多数半耕半工,异常辛苦,追求即时利益,且部分群体外出务工致使他们身体不断透支却没有较高的社会保障,最终暴露在社会风险之中,稍有意外,则会陷入贫困。

另外,部分地区贫困群众的行为动机深受贫困文化的影响。马克思主义唯物史观认为,经济基础决定上层建筑,上层建筑反作用于经济基础。贫困群众所反映出的贫困文化属于观念上层建筑,是由当地的经济发展和生产关系所决定的,又反过来作用于他们的行为和生活,维持村庄社会的稳定。最终,贫困农民大多持有一种安贫乐道、听天由命的人生观,进而形成得过且过的生活观、终守故土的乡土观、多子多福的生育观①,这是自古以来中国农民的一种生活心态,也是他们传统的生产和生活方式所导致的。一是他们普遍受教育程度低,受传统思想影响重,有较强的安于现状、急功近利的心态,他们不愿意冒险,追求稳定,缺乏创造性,在没有外力的帮助下难以翻身。二是他们大多数追求"多子多福",普遍存在着"重男轻女"的思想,他们认为儿子能够保障家庭地位、延续香火,并认为养儿防老,最终陷入"越生越穷,越穷越生"的恶性循环之中,使得大多数孩子受教育程度低,形成贫困代际传递。三是部分群众因为我国的精准扶贫,获得了大量的转移性收入,让广大贫困群体形成了"愿当贫困户、争当贫困户"的福利依赖思想。尽管贫困县和贫困人口已全面脱贫,部分群众思维方式和习惯的改变不是一蹴而就的,长期以来所形成的"穷人心态"的改变需要一个过程,贫困群体的认知"宽带"被稀缺心态堵塞变窄,从而导致其认知和能力的下降②,形成贫困的怪圈,陷入"贫困陷阱"。四是部分农民的不思进取、安于现状,养成了好逸恶劳的劳动观,农民文化和娱乐方式单一也导致农民价值观流于庸俗。这种贫困文化

---

① 穆光宗:《论人口素质和脱贫致富的关系》,《社会科学战线》1995年第5期。
② 塞德希尔·穆来纳森、埃尔德·沙菲尔:《稀缺:我们是如何陷入贫穷与忙碌的》,魏薇、龙志勇译,浙江人民出版社,2014,第68页。

以及价值观念、行为习惯导致的贫困,有学者称之为"行为贫困陷阱"①,要冲破这个陷阱,需要改变其长期以来所形成的思维方式。

习近平总书记多次强调:"治贫先治愚,扶贫先扶智"②,贫困群体内生动力是脱贫和防止返贫的关键。因此,想要从根本上改变贫困地区的贫穷,缩小发展差距,势必要提升贫困群体的"志"和"智"。

(二)农民个体能力不足

农民个体能力即"人力资本"。1979年,舒尔茨提出了人力资本的概念,认为其是劳动者知识、技能和健康状况的综合,并认为许多发展中国家并没有十分重视人类资本的提升,而将物质资本置于首位,然而,人力资本的提升对贫困的改善至关重要。其中,健康和教育对农户收入提升作用显著,是人力资本和可行能力的关键因素,③ 但这两个因素却成为我国相对贫困人口返贫致贫的重要因子。

就健康因素而言,健康是个体获取资源、实现发展的人力资本,健康是一种能力,也是一种权利。④ 一个人的健康状况是由多种因素造成,如教育状况、生活环境和方式、个人禀赋以及工作环境等。生活环境导致健康受损,部分贫困地区的环境恶劣,影响当地居民的身体健康。不仅如此,许多贫困地区环境污染严重,污染暴露水平高,且大多数贫困群体的污染干预手段缺乏或匮乏,加剧了污染致病程度,部分地区正面临着严峻的由污染导致的"环境健康贫困"的风险。⑤ 此外,经济发展落后的地区,农民社会保障不足,导致其抵御疾病风险的能力弱;贫困地区居民对健康问题的重视不够,尤其是缺乏疾病预防的意识,进而出现小病拖延、大病难以救治的现状。据统计,精准脱贫时期的贫困户中,因病致贫返贫的比例在42%以上,且40%以上的疾病贫困者集中在15~59岁,是家庭的主要

---

① 郑长德:《2020年后民族地区贫困治理的思路与路径研究》,《民族学刊》2018年第6期。
② 《习近平谈治国理政》第2卷,外文出版社,2019,第85页。
③ 程名望、Jin Yanhong、盖庆恩、史清华:《农村减贫:应该更关注教育还是健康?——基于收入增长和差距缩小双重视角的实证》,《经济研究》2014年第11期。
④ 徐小言、钟仁耀:《农村健康贫困的演变逻辑与治理路径的优化》,《西南民族大学学报》(人文社会科学版)2019年第7期。
⑤ 祁毓、卢洪友:《污染、健康与不平等——跨越"环境健康贫困"陷阱》,《管理世界》2015年第9期。

劳动力，从而使得家庭陷入贫病困境。①

就教育贫困而言，大多数相对贫困户面临发展能力贫困、知识贫困和技能贫困等。他们大多受教育程度低，技能培训少，外出务工只能干苦力活，留守农村的老弱群体其知识和技能更加不足，从而限制了收入的增长。在少数封闭的农村，这些农户更加缺乏融入现代社会的能力和驾驭市场的能力，缺乏信息交流能力和社会责任感。因此，只有增权赋能，才能从根本上改善贫困人口的境遇，提升贫困人口的发展能力和机会。

（三）家庭资产积累不足

农村资源包括公共资源和个体资源。一方面，农村和农民确实存在诸多公共资源不足的限制，如村庄内部交通通达度不够、教育医疗资源的非均衡配置等，导致农民发展面临诸多不便。另一方面，农民还面临着家庭性资产积累的不足，财产性收入低，发展能力受限。外部资源在前文已有阐述，本部分主要阐述农民个体和家庭资产积累不足的问题。

农村家庭的收入存在严重的结构性问题，农民的可支配收入主要依赖工资性收入和经营性收入，但二者受社会经济影响大，不稳定性高，且原贫困农户的收入中转移性收入占比高，转移性收入受政策的影响极大，致使贫困户在脱贫之后极易发生"悬崖效应"②而返贫，隐性驱动着贫困的再生产。而收入占比中，财产性收入占比低，应对风险的能力弱，这也是引致农民易返贫致贫的重要原因。2019年，农民平均财产性收入为377.3元，占可支配收入的2.4%，而城镇居民的财产性收入为4390.6元，占比10.4%，③高出农民8个百分点。财产性收入差距的背后是城乡家庭财产的差异，据统计，2018年城镇和农村家庭人均财产分别为292920元和87744元，城镇是农村的3.34倍，且增速比农村快。④这充分反映了财产收入差

---

① 《解决因病致贫因病返贫问题，打赢健康脱贫攻坚战》，http://health.people.com.cn/n1/2018/0425/c14739-29949739.html，最后访问日期：2023年12月1日。
② 在我国表现为前期在外部高福利政策和多种扶贫资源供给的基础上，贫困者的生活水平突增且维持在一个较高的水平，但一旦他们失去这种"外部补给"后，生活水平则急剧下降，导致发展轨迹呈现"坠崖"的现象。
③ 笔者根据《国家统计年鉴2020》的数据计算所得。
④ 经济日报社中国经济趋势研究院家庭财富调研组：《中国家庭财富调查报告2019》，《经济日报》2019年10月30日，第15版。

距的拉大。

农民的财产少和财产性收入低,主要有以下几个方面的原因。

一是大多数边远农村农民收入低,可支配性资源匮乏。目前,农民家庭收入主要来源于务工收入(工资)以及务农收入(经营性收入),相较于二、三产业,农业的附加值低、周期长、利润低,而农民往往风险意识淡薄,鲜有购买农业保险的行为,难以应对自然和社会市场风险带来的冲击。因此,在农产品价格逐渐走低、农业产出不足的情况下,农村家庭的主要劳动力会选择外出务工,而缺乏劳动技能的农民工收入增长空间有限,且大多数农民工从事风险性高的临时性体力劳动,不断透支身体增加劳动强度以获取更多的劳动报酬。他们虽大多数时候在城镇工作,却没有城镇社会保障,而农村的社会保障有限,使其暴露于高风险之中。正是因为福利保障低,农民在消费上表现出即收即付,缺乏稳定的资产和资本积累,难以实现可持续生计。

二是农民缺乏理财意识以及存在不正确的消费观。大多数农民本身收入低,不善于进行投资或者扩大再生产,积蓄一般只会存放于银行,以应对随时可能发生的各种风险。此外,农村婚丧仪式的支出、竞争性炫耀性消费支出都导致短期内农民的支出较高,引发新的贫困问题,比如在许多农村,农民在外打工赚钱都会回来建房,但由于农民存在炫耀性、攀比性心理,房屋面积大,空置率高,利用率低,造成资源浪费。房屋消费上的竞争异化,增加了农民经济压力。[①]

三是农民拥有的土地资源没有得到合理利用。就农村耕地而言,大多数中西部地区人均土地占有量少,且土地流转不畅,不种地的农民往往将其撂荒而没有获得土地流转性收益。且农村还有大量闲置的房屋资产,没能得到合理的利用,许多新建房屋由于农民外出务工而闲置。因此,有条件的地区可以发展旅游业将其充分利用起来。

四是大多数农村集体资源不足、集体经济缺乏。我国农村集体经济组织所拥有的资源性资产和经营性资产尽管总量较大,但利用率低,从而收

---

① 舒丽瑰:《贫困的新趋势:消费性贫困——以鄂东打工村庄的消费竞争状况为例》,《华中农业大学学报》(社会科学版)2017年第4期。

益较低。① 且部分有集体经济的村庄集体产权不明晰，农民的集体经济利益被侵蚀。凡此种种原因，致使农民的财产和财产性收入低，可持续性发展能力弱，难以应对突如其来的风险。

## 第二节 农村相对贫困的破解难点

促进共同富裕，解决农村相对贫困要抓住根本，即治理的重难点。全面审视农村相对贫困的具体特征和我国的具体国情是进行农村相对贫困治理的前提。相对贫困本身具有复杂性、多样性和动态性，加之我国刚全面消除绝对贫困，脱贫不稳固以及相对贫困人口数量多、规模大，城乡区域发展差距大等现状，本书认为我国农村相对贫困治理面临着难识别、难持续、难均衡、难转换的"四难"困境，这也是建立解决农村相对贫困的长效机制需要跨越的"四座大山"。

### 一 难识别：相对贫困多维属性引致识别困境

贫困标准又称贫困线，是确定地区或者家庭是否陷入贫困的分界线，通过此线可以计算贫困发生率、贫困缺口（贫困差距）、判断贫困户是否脱贫等。贫困标准是确定哪些人成为帮扶对象的依据，也是每个国家制定反贫困战略举措的最重要的依据。因此，一个国家想要制定合理的贫困举措，需要制定出符合实际的、科学的贫困标准，以了解贫困群体的具体现状，从而对症下药。目前，国外相对贫困有收入等分定义法、收入平均法、商品相对不足法，② 以及收入比例法、预算标准法和社会指标法。就我国而言，随着贫困治理重心的转移，当务之急是确定贫困标准、构建贫困识别机制。但目前我国在构建相对贫困标准时还面临着诸多难点和挑战。

（一）相对贫困标准制定的难点

相对贫困线的划定十分复杂，既要较为准确地涵盖相对贫困人口，也

---

① 郭晓鸣、王蔷：《农村集体经济组织治理相对贫困：特征、优势与作用机制》，《社会科学战线》2020 年第 12 期。

② 林闽钢：《国外关于贫困程度测量的研究综述》，《经济学动态》1994 年第 7 期。

要考虑其实施的难易程度和合理性。随着社会主要矛盾和贫困治理重点的转变,贫困群体的需求从一维转变为多维,从过去以物质需求为主转变为对生活质量、社会公平和精神享受等多维度的需求。但由于社会发展的不均衡、制度的不健全,许多贫困群众都面临着多维相对贫困,这给相对贫困的标准制定和识别带来了极大的挑战。不仅如此,新发展阶段我国相对贫困群体,不再仅局限于农村的农民,还有城市部分群体以及城乡流动人口;贫困的形成原因也更加复杂,具有结构性和次生性的特点,是多种致贫原因的综合体。此外,还要注意返贫人口的识别问题,监测贫困人口的动态变化,这无形之中增加了相对贫困标准构建的难度。我国国土区域辽阔、人口众多,不同地区、省份和城乡差别较大,这种发展差异也增加了相对贫困标准的构建难度。

具体来讲,一是相对贫困标准一般借鉴发达国家的收入比例法。以收入为标准确定贫困线通常借鉴拉美国家确立的多维贫困标准收入比例法。一般以人均收入中位数的一定比例作为贫困线,但这个比例是采用人均可支配收入中位数的40%、50%、60%或者其他标准尚有争议,比例过高,会导致贫困人口过多,从而增加财政压力,但如果标准过低,会导致不能涵盖全部贫困人口,从而影响贫困治理成效。如果采用多维相对贫困标准,需要考虑采用哪些维度进行识别、这些维度全国农村是否通用、各省是否可以灵活调整确定具体的维度阈值和指标、这些维度的数据是否易获取等问题。其中,基本公共服务的衡量以及权利贫困、能力贫困等指标的构建都是难点。当前学术界对贫困标准仍然没有达成一致意见,部分学者认为可以将人均可支配收入中位数的40%定为贫困线,也有学者认为应该确立多维贫困标准,单一的收入指标测量会掩盖贫困的多维复杂性,从而导致识别偏差,甚至导致政策扭曲①。

二是我国区域发展差距大,贫困标准的区域统筹难度较大。我国城乡收入差距较大,东西区域差距较大,需要统筹考虑"中位数"是以全国城乡为单元,还是仅以农村为单元,是各省在国家大的原则下自行制定还是

---

① 杨力超、Robert Walker:《2020年后的贫困及反贫困:回顾、展望与建议》,《贵州社会科学》2020年第2期。

贫困的多维度和阈值全国统一等问题。

三是贫困标准的动态调整问题。在过去，我们的绝对贫困标准是根据生活水平的提升逐渐发展，从较低的维持最基本生存需要的热量标准逐渐演变到"两不愁三保障"，贫困标准的内涵和范围得到拓展和提升，其中的收入维度根据物价水平等逐年调整。而相对贫困标准构建之后，也需要根据具体实际情况动态调整，这就涉及调整的内容和时间：在内容上，是部分调整还是全面调整，或者只是根据物价水平调整？在时间上，是1年1次、5年1次还是10年1次？

四是是否还需要识别贫困区域、贫困县、贫困村等[1]。如果继续识别贫困区域，还需要制定衡量贫困区域的贫困标准，如一个村的相对贫困户占比超过一定比例可以视为贫困村，一个县的贫困村超过一定比例可以视为贫困县，并加大政策倾斜力度予以重点扶持。

(二) 相对贫困人口识别的难点

由上文可知，贫困标准的制定面临着重重困境，而贫困的识别是根据贫困标准将贫困人口识别出来，再瞄准施策。由于相对贫困的相对性、多样性、隐蔽性、动态性和异质性等，相对贫困的识别也困难重重。

具体来讲，一是我国农村相对贫困人口同质化现象导致贫困识别难度大。按五等份分组，我国还有1亿左右的低收入户，他们的收入差距不大，大多在温饱线上徘徊，且以刚脱贫户、贫困边缘户以及老弱病残等群体为主。这部分群体为数众多，根据不同的标准进行识别会出现不同的相对贫困对象，就算以统一标准，也容易导致识别不精准。例如，这些贫困发生程度相近的贫困群体，如果仅仅以收入维度识别贫困户，容易导致识别出"伪贫困户"以及"贫而不穷"户，从而忽略了"支出型"贫困人口。

二是相对贫困标准和贫困人口的动态性导致贫困识别难度大。贫困不是静止不变的，而是动态发展的。贫困的维度和表现之于每个人也有所不同，且相对贫困有极强的主观性，与不同的人群和标准对比，其贫困的程

---

[1] 左停、苏武峥：《乡村振兴背景下中国相对贫困治理的战略指向与政策选择》，《新疆师范大学学报》（哲学社会科学版）2020年第4期。

度和维度也不同,因此贫困的动态性导致贫困人群和致因的动态性,要加强贫困人口的动态监测,对贫困人口进行动态调整。不仅如此,相对贫困人口的空间区域也不断变化,以城乡流动人口为主,这部分人群在农村一般不属于贫困人口,但若长期生活在城镇,则容易陷入收入、消费、社会融入、权利、能力等多维贫困。高流动性使得他们难以统一管理,处于城乡贫困治理的真空地带和夹心阶层,如何统筹城乡贫困治理,进而有效识别这部分人群,是未来贫困识别的一个难点。

三是贫困识别存在信息阻隔和"数据失真"现象。在脱贫攻坚期,我国对贫困户的识别主要采用建档立卡,全面瞄准,以提高识别的精准性。但研究发现,这种识别方式成本高,容易出现信息阻隔和"数据失真"现象。这是由于我国贫困户的相关信息被分散在扶贫办、民政、教育、医疗、税务、公安、工商等各部门之中,没有实现数据共享、互联互通,在识别贫困户时容易导致信息获取不全面,这些问题在相对贫困识别中仍然存在。此外,我国对贫困户收支信息无法全部获取,在识别的过程中,容易出现为获取资格而谎报信息的现象,最终导致"数据失真",识别出"伪贫困户"。并且,若识别多维相对贫困,一般是建立收入+多维的标准,但由于健康、福利和社会融入等隐性贫困指标难以衡量和获取,扶贫干部在贫困识别的过程中容易以收入为主,忽略其他维度的贫困,进而难以识别出真正的相对贫困户。因此,贫困识别中的这些困境需要相关部门加以重视,从而构建一套合理的贫困识别体系和识别机制。

## 二 难持续:脱贫成果巩固与可持续发展问题

当前,我国绝对贫困人口全部脱贫、贫困县全部摘帽,但仍面临返贫致贫风险。要推进脱贫成果的巩固与脱贫的可持续发展,就需要将贫困治理与乡村振兴战略有效衔接,通过乡村振兴巩固脱贫成果,解决相对贫困,但衔接的具体过程仍面临诸多困境。

### (一)攻坚式扶贫引致脱贫的不稳固性

随着减贫重心的转移,后脱贫时代的减贫模式也将随之转换。具体来讲,即由单一属性的绝对贫困治理转换为多元特征的相对贫困治理,"从攻坚式治理转向制度式治理"[①]，但这种攻坚式治理模式往往聚焦于某个点集中发力、逐个击破，无法兼顾多方，容易出现"顾此失彼"的现象，难以维持可持续脱贫绩效。而我国的许多脱贫举措和战略想要达到持续性效果，需要一个"发育"过程，无论是扶贫产业发展、易地搬迁、农民增收，还是内生动力的生成等都需要一定的时间。然而，我国脱贫攻坚的时限性和非常规性容易导致其发展的短效性和不可持续性。

第一，产业可持续发展困境。脱贫攻坚期实施产业扶贫的主要目标是确保贫困群体 2020 年能够如期脱贫，使贫困者致富增收，快速脱贫。正是因为其对效果和时间的要求迫切，从而导致产业没有完全"发育"完成，在仓促实现产业发展的过程中，也导致产业存在许多问题。一是产业同质化现象严重。扶贫产业更多是由政府推动，没有引入市场力量，从而导致产业同质化竞争以及产品滞销。二是产业依赖性强。由于政府对其信贷、税收的支持和社会对技术和销售的支持，产业独立性不强，对各种扶贫主体和政策资源依赖性强。三是市场竞争力不足。产业以种养业为主，特色产业无特色，产业链条较短、融合层次较浅，从而导致产品的附加值低，市场竞争力不足。四是部分新型农业经营主体带贫意识不强，利益联结机制不健全等。这些产业发展困境导致脱贫稳定性不高、持续性不强。

第二，易地搬迁的后续发展问题。生态环境恶劣、公共服务和社会保障的缺失等是贫困产生的重要原因。而通过易地搬迁可以集聚人口，从而提高公共服务的效率，建立城乡一体的公共服务保障体系，进而从根本上消除贫困，推动持续减贫。[②] 针对环境恶劣、资源匮乏、发展受限的地区，要通过易地搬迁将人口集中到交通便利、公共服务容易覆盖的地区，实现"挪穷窝""换穷业""拔穷根"。当前我国易地搬迁基本实现了"搬得出"，但部分地区政府存在"重搬迁、轻发展"的思想，对搬迁群众"稳得住""能致富""能融入"重视不够。具体表现为搬迁后对配套设施和

---

[①] 梁宵、张润峰：《从攻坚式到制度性：后脱贫时代相对贫困治理的范式转换》，《理论月刊》2021 年第 4 期。
[②] 黄祖辉：《新阶段中国"易地搬迁"扶贫战略：新定位与五大关键》，《学术月刊》2020 年第 9 期。

新基建的配置不足，对贫困群众的长远发展和生活方式等考虑不够，配置不合理。搬迁区产业配套不足，发展单一、规模小，不能使贫困人口获得稳定收入。搬迁区的社区融入和管理服务有待完善，尤其是少数民族地区居民，缺乏文化归属感和认同感，搬迁区的文化建设和组织建设有待加强。

第三，脱贫群众内生动力不足。增强贫困群体的脱贫能力和意识是摆脱贫困的根本之策。但贫困群体的动力生成不是一蹴而就的，而是需要通过内在主动提升能力和外在政策的支持。然而，尽管当前我国已全面消除绝对贫困人口，但大部分原深贫区的脱贫群体政策性收入高，对政府和社会帮扶的依赖性强，内生动力有待提升。一是能力贫困，受教育水平低，工作技能缺乏，老弱病残等群体缺乏劳动力，尤其是农村老龄化现象严重，患有慢性疾病的群体多，极大地限制了其发展。二是精神贫困，贫困群体依赖性强，不愿吃苦奋斗的"等靠要"思想没有改变。三是文化贫困，贫困群体的生活方式和思维方式的长期累积形成了"贫困文化"，如"安于现状""不敢冒险"的思想。通常情况下，贫困群体的"懒汉思想"并非真懒，而是由于保障水平低、劳动能力低，发展机会不足等不敢、不愿承担风险。[1] 特别要注意脱贫攻坚期所形成的贫困边缘群体，他们由于没有享受到政策红利，很容易产生强烈的"社会不公平感"和"相对剥夺感"等消极负面心态，从而影响社会和谐稳定和自身发展。

第四，脱贫群体的可持续增收困境。产业、就业、旅游扶贫等多种扶贫方式的最终目的是增加贫困群体收入，进而促进贫困群体的全面发展。全面脱贫后，贫困户的收入大幅提升，一部分来源于农民外出务工的工资性收入，一部分来源于经营性收入，另外还有一部分来源于政府的政策性收入，而贫困户的财产性收入较低，经营性收入也呈下降趋势，在这种情况下，脱贫户的收入面临着更大的不稳定性。一是农民经营性收入的不稳定性。由于在扶贫过程中，市场参与不足、政府干预过多，农村扶贫产业往往不够稳定。农产品价格的不稳定导致农民增收的不稳定，有时可能因

---

[1] 檀学文、白描：《论高质量脱贫的内涵、实施难点及进路》，《新疆师范大学学报》（哲学社会科学版）2021年第2期。

第四章　农村相对贫困的生成原因与破解难点

为销路不畅、农产品产量过多而滞销甚至亏本。二是农民工资性收入的不稳定性。为了实现贫困户就业，政府帮助设置了许多公益性岗位，一旦政府的政策转变，他们将面临失业；此外，外出务工人群的收入受社会经济的发展和突发事件的影响，如受新冠疫情的影响，许多企业倒闭，许多农民工失业，面临返贫致贫风险。三是政策性、转移性收入高，而财产性收入低。在脱贫攻坚期，政府对贫困户投入了大量的财力，政府的补贴较高，然而农村的集体资产收益低，集体经济薄弱，农民土地流转率低，农民的财产性收入低。因此，当前的脱贫户尽管收入得到提升，但从全国来看，收入仍处于较低水平，不仅如此，他们获得的收入主要靠国家政策支持，缺乏市场竞争力，这极大地影响其收入的持续性。

第五，多种风险下的返贫致贫。当前社会是一个风险社会，我们随时面临着自然灾害风险、市场经济风险、突发情况和意外事件风险等。在这种情况下，刚脱贫户其自身还相当脆弱，很容易返贫致贫。具体来讲，一是新冠疫情等突发事件对脱贫成果巩固造成重大威胁。新冠疫情对扶贫产业的发展，特别是对贫困地区的旅游业发展产生了极大的冲击，特色旅游产品销量下降；同时，极大地影响农民工外出就业，从而降低农民收入。二是自然灾害对收入的影响。洪涝、干旱等自然灾害对农民的种养业造成极大的损失，从而减少农民收入，甚至导致脱贫户返贫。三是经济的下行压力加大、市场的不确定性容易对农民造成冲击，阻碍了农户参与产业发展，加深了农户脆弱性。四是社会的发展以及技术的进步导致对就业的排斥，形成"机器排斥工人"的现象，从而增加农民的就业难度。面对百年未有之大变局，要加强对农民的各项保障以及农民的就业技能培训，增强其就业能力，以促进可持续脱贫。

（二）贫困治理与乡村振兴的衔接困境

实现可持续脱贫和推进农村相对贫困的长效解决，需要将巩固脱贫成果、解决相对贫困同乡村振兴有效衔接，通过乡村振兴推动农村可持续发展和农民持续增收。如何实现二者有效衔接，既是一个重点，也是一个难点。

就实现巩固脱贫成果与乡村振兴的有效衔接而言，最为重要的是如何在实现乡村振兴的过程中巩固脱贫成果。具体来讲，一是两大战略的主体、时间、目标和空间的差异所带来的衔接挑战。脱贫攻坚的实施主体是扶贫部门和社会，治理主体是贫困人口，其主要目标是实现全面小康、满足"两不愁三保障"，且聚焦的地域集中于贫困地区的农村，因此巩固成果也是巩固脱贫地区的脱贫成果；而乡村振兴的实施主体是乡村振兴局、政府各部门和社会各界，实施主体是全体乡村居民，实施空间是全国所有农村，其对应的时间和目标是从2020年到2050年，全面建成社会主义现代化强国。因此，在通过乡村振兴战略巩固脱贫成果时，要处理好二者的关系，把握政策的针对性和统筹性。二是产业升级困难。如前所述，攻坚式贫困治理方式导致扶贫产业规模小、依赖性强、同质化现象严重，产业扶贫的短视化和行政化与乡村振兴的长期性和市场化存在衔接困境。如何推进产业优化升级，提升产业特色，进而推进贫困地区产业振兴是一大难点问题。三是人才资源匮乏。我国在脱贫攻坚期下派了一系列的驻村干部和人才队伍，为脱贫攻坚提供了人才资源，但乡村振兴的实施更重要的是培育本土人才，吸引"城归"人才返乡创业、建设乡村，但目前乡村的教育扶贫还有待深化，基层干部能力和素质还有待提升。四是易地搬迁的后续发展。易地搬迁后要持续完善公共服务，解决产业发展、就业增收、土地等资源配置和社区融入问题，将其统筹纳入乡村振兴之中，以提升易地搬迁群众的可持续脱贫能力，使其稳得住、融得进、能发展。但目前易地搬迁的后续发展问题没有完全解决，部分搬迁群众生活困难，就业增收不稳定，甚至出现群众想要搬回迁出地的情况。五是组织振兴的困境。组织扶贫与组织振兴在参与部门、责任主体、落实主体和监督主体方面有所不同[①]，组织振兴更加强调基层党组织的作用，然而当前许多基层组织的"三化"明显、"两委"班子老龄化、文化素质低，其治理能力有待提升。

就实现相对贫困治理与乡村振兴的衔接而言，需要思考如何将解决相对贫困的顶层设计统筹纳入乡村振兴战略之中，一体推进。如何实现二者的统筹安排，有必要深入探讨。相对贫困治理和乡村振兴二者存在许多内在一致性，如目标一致、内容耦合、作用互促，都是实现社会主义现代化

---

① 唐亮、杜婵、邓茗尹：《组织扶贫与组织振兴的有机衔接：现实需求、困难及实现路径》，《农村经济》2021年第1期。

的战略举措，但二者推进的时间、目标、重点和对象有所不同，为二者的有机衔接带来了一些挑战。具体来讲，一是主体和空间的差异。2020年后我国农村相对贫困仍然主要集中于中西部地区、民族地区和高寒山区；而乡村振兴覆盖全国农村，其主体和空间范围更大。因此，在制定政策时需要考虑，如何将相对贫困治理纳入乡村振兴，让乡村振兴发挥治理相对贫困的功能，从而解决发展的不平衡不充分问题。二是二者的政策和实践的成熟度不一、侧重点不同。乡村振兴的政策创新和实践较相对贫困治理更成熟[1]，2018年中共中央、国务院出台的《关于实施乡村振兴战略的意见》提出了乡村振兴2020年、2035年和2050年三个阶段的目标任务，其中2020年的目标任务是"制度框架和政策体系基本形成"。经过三年多的努力，2021年党中央修改完善了乡村振兴相关法律，并制定了相关政策。可以说，乡村振兴的顶层设计和蓝图已绘就，现在处于由顶层设计、整体规划转向具体对待、微观施策的过渡期。[2] 而相对贫困正处于政策制定的萌芽期，尽管在脱贫攻坚时期有一些政策可以沿用，但还需要根据相对贫困的特点进行分类整理，并加以完善。三是二者的组织衔接难。目前解决相对贫困还没有划分部门，并且相对贫困具有多维性和复杂性，单一部门难以解决不同维度的贫困；乡村振兴由乡村振兴局统领，但乡村振兴包括五大方面的振兴，一般由不同的部门管理，各部门之间的信息共享机制欠缺，使得部门之间工作协调性低。这样的组织设计加剧了二者的衔接困境。

## 三　难均衡：农村公共产品和服务的供给问题

农村公共产品和服务即在农村范围内农民可以共享的产品和服务，主要包括农村基础设施、教育和医疗服务、社会保障服务、就业服务、文化服务和公共安全服务等内容。这些公共产品和服务供给质量与农民生活质

---

[1] 邢成举：《政策衔接、扶贫转型与相对贫困长效治理机制的政策方向》，《南京农业大学学报》（社会科学版）2020年第4期。

[2] 豆书龙、叶敬忠：《乡村振兴与脱贫攻坚的有机衔接及其机制构建》，《改革》2019年第1期。

量的提升息息相关，但目前我国农村公共产品仍存在供给不足、质量不高以及供需失衡等问题，城乡公共服务差距大。据此，党的十九大报告提出要"推进基本公共服务均等化"，党的十九届五中全会提出我国2035年实现"基本公共服务均等化"。如何实现城乡公共服务均等化，满足农民的公共服务需求，并为之提供安全的保障网，这是建立解决农村相对贫困的长效机制的一个难点和挑战。

（一）农村各类基础设施供需失衡

党的十八大以来，随着脱贫攻坚战的开展和乡村振兴战略实施，政府对农村基础设施投入不断增加，广大农村地区，尤其是农村贫困地区的基础设施建设如水、电、通信、交通取得了巨大的成就。以贫困地区农村公路为例，2018年贫困地区有99.5%的自然村主干道硬化；76.5%的自然村能够便利乘坐公共汽车。[1] 尽管如此，我国农村基础设施仍面临着供需失衡的痛点和堵点问题。

具体而言，一是部分地区农村基础设施供需结构失衡，供给效率低。农村基础设施的供给主体是政府，形成了"自上而下"和政府大包大揽式的供给机制，部分政府没有深入调研挖掘农民的真实需求，导致部分需求较少的基础设施供给过剩，而可持续发展的基础设施严重短缺[2]，进而形成供需失衡和供给错位，如近年来我国加大了对农村水电气等设施的供给，但忽略了有利于提高农民信息化的互联网的发展，2018年我国农村互联网普及率仅为38.4%，远低于城镇74.6%的比例，且农村电商基础设施不足，如农产品批发市场建有冷库的仅有41.7%，有冷藏车的仅有11.1%[3]。因而，我国农村基础设施存在供需不足问题，部分发展性基础设施亟须加强。

二是部分基础设施供给不足。基于前文多维相对贫困标准测算，可以发现我国农村地区清洁燃料（贫困发生率44.1%）、信息技术（贫困发生

---

[1] 国家统计局住户调查办公室：《中国农村贫困监测报告2020》，中国统计出版社，2020，第19页。

[2] 熊巍：《我国农村公共产品供给分析与模式选择》，《中国农村经济》2002年第7期。

[3] 马晓河、刘振中：《农村基础设施和公共服务需要明确攻坚方向》，《中国党政干部论坛》2020年第1期。

率 22.9%）等基础设施供给不足。2016 年农业普查公告显示，通天然气的村仅占 11.9%，农村人居环境的基础设施缺乏，如生活污水集中处理的村仅占 17.4%，改厕的有 53.5%，关于农村文化公共服务的设施缺乏，如有剧院的村仅占 11.9%，有物流配送站的村仅占 25.1%，西部地区还有 11.7%的村内是砂石路面。① 2019 年民族八省区使用炊用柴草的比例还很高，广西仅 55%的自然村通客运班车。这一系列数据表明农村的生产、生活、发展性基础设施仍需加强，无论是"硬件"基础设施还是"软件"基础设施，尤其是教师、医疗技术人员等"软件"配备不足，关乎农民发展机会的基础设施存在短缺现象，需要解决以促进农村农民的可持续发展。

三是城乡均等化水平偏低。城乡基础设施的财政投入倾向于城市，由于乡村人口的分散化和农村的空心化，农村基础设施投资效益低、受益人口少，城市的基础设施远远优于农村。城市经济发展水平高，对基础设施投入大，而农村的基础设施主要由乡镇投入或者农民自筹，导致城乡基础设施难以实现均等化。以医疗设施为例，农村的医疗设施远低于城镇，2018 年，城乡每千人医疗机构床位数之比为 8.8 : 4.45。② 并且，农村基础设施长期处于"有建无管"的状态，既缺乏资金也缺乏完善的管护机制。

（二）农村社会保障安全网仍需完善

农村社会保障是基本公共服务的重要组成部分。党的十八大以来，我国不断完善社会保障制度，社会保障覆盖率极大提升，发挥了其风险抵御和兜底保障功能。但长期以来，在城乡二元结构下，依附于户籍制度的教育、医疗和社会保障等形成了城乡差距，进而形成了一定的"路径依赖"③，阻碍了城乡社会保障制度的一体化。因此，相比城市，当前农村的社会保障力度仍然偏弱，尤其是医疗、养老保障水平较低，低收入群体随时可能因为突发情况如疾病、自然灾害等返贫致贫。如何建立一个覆盖面广、保障水

---

① 《第三次全国农业普查主要数据公报（第一号）》，http://www.stats.gov.cn/sj/tjgb/nypcgb/qgnypcgb/202302/t20230206_1902101.html? eqid = dd023ba70001cd8700000004642e6441，最后访问日期：2023 年 12 月 1 日。
② 根据《中国统计年鉴 2019》数据计算所得。
③ 张晖：《国家治理现代化视域下的城乡基本公共服务均等化》，《马克思主义理论学科研究》2018 年第 6 期。

平高的社会保障安全网、有效防止返贫致贫,是未来相对贫困治理和乡村振兴的一个重大挑战。[1]

农村社会保障服务包括养老服务、最低社会保障服务、残疾人生活保障服务和五保供养服务等。[2] 本部分主要阐述与大多数农民息息相关的医疗保险、养老保险和社会救助[3]制度。

就农村医疗保障制度而言,目前我国的医疗制度即"新农合"于2002年首次提出,此后不断完善并推广至全国,覆盖全部农村居民,政府的补贴也不断加大,2016年开始整合城乡基本医疗保险,2018年不再区分城乡居民,实现制度与资金上的城乡并轨。尽管在资金上实现了城乡统筹,但给付水平低、保障范围有限,尤其是医疗保险仅能在定点医院使用,看病和报销十分不便。并且城乡居民缴纳同等医疗保险费用,却不能享受同等医疗条件,一般乡镇医院的医疗卫生条件较差,执业医生和护士数量较少,2000~2019年,农村的新生儿、婴儿以及5岁儿童死亡率均是城市的2倍及以上[4],这也说明城乡医疗水平差距较大。

就养老保障制度而言,2009年我国确立了新型农村社会养老保险制度,即"新农保",并逐步和城市居民养老保险制度并轨,合称"城乡居民养老保险"。但根据CHIP 2018年的数据,参加"新农保"的农村居民,平均每年缴纳养老保险157元,领取的养老金平均仅为294元。[5] 这种低水平的供给,甚至不能维持农村老人的基本生存需要,更谈不上保障其生活质量和抵御风险的作用[6]。农村老年人的主要收入来源大多是家庭供养

---

[1] 左停:《脱贫攻坚与乡村振兴有效衔接的现实难题与应对策略》,《贵州社会科学》2020年第1期。

[2] 孔祥智:《全面小康视域下的农村公共产品供给》,《中国人民大学学报》2020年第6期。

[3] 社会救助分为三种,一是长期生活类救助:城乡居民最低生活保障、农村特困户救助;二是分类救助:医疗救助、失业救助、教育救助、住房救助;三是临时应急类救助:受灾人员救助、临时救助等。社会救助对象主要是城乡困难群体,包括城乡低保对象、农村五保户、特困户、因遭受自然灾害需要给予救济的灾民等。

[4] 孔祥智:《全面小康视域下的农村公共产品供给》,《中国人民大学学报》2020年第6期。

[5] 李实、陈基平、滕阳川:《共同富裕路上的乡村振兴:问题、挑战与建议》,《兰州大学学报》(社会科学版)2021年第3期。

[6] 白增博、汪三贵、周园翔:《相对贫困视域下农村老年贫困治理》,《南京农业大学学报》(社会科学版)2020年第4期。

（46.40%）和劳动收入（34.36%），以养老金收入为生活来源的仅为7.48%，相比之下，城市老年人中有71.05%以养老金收入为生活来源。①

就农村社会救助制度而言，其中效能最高、覆盖人群最广的是农村最低生活保障制度，简称"低保"制度。2007年国务院出台文件提出建立农村低保，之后确立了低保识别标准、动态调整等细则。2021年7月，民政部印发《最低生活保障审核确认办法》，不再区分城乡，第一次在全国范围内实现了低保的城乡并轨，极大地提升了农村困难群体的生活水平。但需要注意的是国家在推行这些社会救助政策时大多以政策文件的形式颁发，而缺乏正式的法律法规文件予以规范。通过法律的形式确立低保等制度，一方面可以推动社会救助的法治化、规范化，另一方面可以增强政策的权威性。②目前仍需注意农村低保等社会救助制度对农民内生动力的影响，不能使其形成"福利依赖"，而应该提升"造血"功能，形成"福利到工作"的制度；此外，部分地区在识别低保户时，简单将低保与其他专项救助捆绑③，低保户往往享受多重救助，而使得其他非低保户的部分困难没有得到救助，从而形成"悬崖效应"；不仅如此，"人情保""关系保""福利保"仍然在部分地区存在，浪费国家资源，并影响基层治理效能和权威。

（三）公共文化和公共安全服务仍需加强

农村公共文化和公共安全服务也是农村公共服务的重要组成部分。随着经济社会的发展，农村居民对精神文化生活开始有更高、更多样化的需求。尽管随着乡村振兴战略的开展，乡村文化振兴不断推进，农村公共文化服务体系逐渐完善，服务能力也不断增强，当前的公共文化服务满足了农民"保底性"的需求，但想要满足实现全面小康后农民多样化的需求，仍面临着诸多挑战。一是公共文化资源和服务配置不均衡。有学者通过实证调研发现：我国公共文化服务呈现明显的"差序结构"，即离城镇越远，

---

① 刘守英、颜嘉楠：《"摘帽"后的贫困问题与解决之策》，《上海交通大学学报》（哲学社会科学版）2020年第6期。
② 王贤斌：《我国农村社会救助的现实困境及其化解之道》，《青海社会科学》2016年第1期。
③ 兰剑、慈勤英：《后脱贫攻坚时代农村社会救助反贫困的困境及政策调适》，《西北农林科技大学学报》（社会科学版）2019年第3期。

公共文化服务越弱。① 国家财政的非均衡投入，导致公共文化服务配置不均衡。城市人口密度高、高学历的人多，对文化多样性的需求更大。而城镇化的发展导致农村"空心化"和"边缘化"，大量农村青年外出务工，农村公共文化服务面临主体性缺失，农村文化也面临着"边缘化"和"空心化"趋势。此外，农民公共文化服务呈现"格式化""内卷化"和供需不匹配现象。由于科层制和以结果为导向的治理模式，政府在进行各种建设的过程中，往往更加重视看得见的结果和绩效（显绩），而忽视农民需要的、周期长、见效慢的结果（潜绩）。比如政府更加注重对农村文化基础设施的建设，而忽略了农村文化内容和品质的提升以及农民文化意识的培养。这种自上而下的治理模式，缺乏与民众的对话机制，没有充分发挥农民的主体性，使得文化服务供给内容呈现单一化、格式化，供给方式是"大水漫灌"，没有满足农民群众真正的文化需求，进而出现供需不匹配和"水土不服"现象。这种文化服务要么较为传统、要么较为现代，忽略了农民的实际需求，如农民比较感兴趣的文艺演出、晚会节目等公共文化活动较少，而政府修建的文化活动室、文化书屋、老年活动中心等利用率低。二是农民自发的文化娱乐层次低。在大多数农村，居民在闲散时，主要娱乐方式是看电视、打牌等。尤其是偏远落后的农村，农民文化素质较低，文化生活匮乏。

农村公共安全也是农村公共服务的一个重要子集。农村社会的安全稳定关系着整个国家的稳定，也是农村开展其他工作、实现乡村振兴的基础。但相比于传统"乡土社会"，社会转型中的"城乡中国"正面临多重风险，导致农村公共安全问题突出。一方面是自然灾害带来的传统安全风险，近年来极端天气增多，给农业、农村和农民都带来了极大的安全风险和财产风险。另一方面是非传统安全风险，比传统风险危害更大，更难预防。例如，科学技术带来的负面影响，转基因食品以及各种假冒伪劣产品在农村大肆泛滥，严重威胁着那些受教育水平低、不识字农民的食品安全和其他安全。随着大量青壮年劳动力的外出务工，农村留下的大多是老弱

---

① 吴理财：《以财政标准化投入推进农村公共文化服务均等化发展》，《行政管理改革》2019年第5期。

病残群体和妇女儿童等，由于其防备意识较低，容易受到诈骗、传销等的侵袭，从而影响其生命财产安全。随着农业生产中农药、化肥的过量使用，以及农村养殖和农产品加工业的垃圾和污水的随意排放，农村人居环境受到严重威胁，空气、土壤和水污染也严重影响部分地区农民的身体健康。随着交通设施的完善，一旦禽流感、甲型流感等传染病暴发，在农村卫生设施、卫生意识相对缺乏的情况下，农村往往会比城镇更容易传播。在种种传统和非传统安全风险的侵袭下，农村相对贫困群体往往会因为某种安全风险而返贫致贫。因此，要加强农村安全防护网的建设，提升农民的防护意识。

## 四 难转换：现有扶贫体制机制创新转换问题

多年扶贫实践证明，科学有效的扶贫体制机制能够提升贫困治理效能。随着我国贫困性质的根本变化，现有的扶贫体制机制难以适应新的贫困类型，必然要求不断完善和创新解决贫困的体制机制，不断完善脱贫攻坚与乡村振兴衔接机制，不断建立解决相对贫困的长效机制。然而，目前这些体制机制尚处于缺位空位状态，是当前扶贫工作的一个重难点。

### （一）现有扶贫体制机制难以维持可持续脱贫绩效

党的十八大以来，我国开展了精准脱贫攻坚战，在这场快速、高效的战役中，我国形成了超常规的、攻坚式的贫困治理制度体系和体制机制。在党的领导下，相关部门形成了对内和对外的双协同推进机制，派遣扶贫工作队和驻村书记，通过东西部扶贫协作、企事业单位定点扶贫和社会组织参与扶贫，整合全社会资源和力量，投入了大量的人力、物力和制度资源，为脱贫攻坚战的胜利提供了坚实的制度保障。经过8年的集中作战，我国的减贫事业取得了辉煌成就，历史性地解决了存在我国千年的绝对贫困问题。

然而，随着我国减贫重心的转移，贫困的主要内涵转变为发展的不充分和分配的不均衡，其主要特征是长期性、发展性、相对性和多维性等，这种超常规的扶贫体制机制显然不适合解决相对贫困，不能维持脱贫的可持续性。具体而言，这种扶贫体制机制所表现出来的"攻坚式"治理模式，在以下几个方面不适宜继续沿用。

一是注重用行政手段解决贫困，忽略市场和贫困主体的力量。将权威力量嵌入贫困治理之中，如在脱贫攻坚期个别地方所实施的产业扶贫、光伏扶贫、易地搬迁以及大量的资金投入和扶贫专项资金的设置都体现了政府的主导性，但也忽略了贫困主体以及市场主体的作用。又如在产业扶贫中，部分地区是由政府选择产业类型和项目，并在其他地方简单"复制"，而没有考虑当地特色和具体实际，贫困群体参与能力不足，导致扶贫项目和产业"水土不服"。又如大量的资金投入和人力资源投入，为脱贫地区输入了大量资源，提升了贫困村的领导力，但容易造成财政负担过重、农民和地方政府对财政投入的过分依赖以及村干部对驻村干部的依赖等问题。

二是制度构建注重完成短期脱贫目标，而忽略脱贫后的长远发展。脱贫攻坚期的政策主要是面向精准扶贫对象和特困区域，具有特惠性，而脱贫后，这些政策是否继续沿用或者覆盖其他低收入户，将临时性政策转换为长期性政策[①]，或者重新构建相关政策，也是需要思考的难题。此外，许多地区更加注重以高效、便捷的物质脱贫手段帮助贫困户脱贫，如直接给予资金支持、物质和生产资料的赠送以及完善当地基础设施，而没有制定"造血"性的可持续发展政策或者对此重视不够，以至于没有从根本上提升贫困户的脱贫能力，激发脱贫的内生动力，如一些政府直接给予贫困地区羊或者猪让其养殖，然而贫困户却将其变卖为现金，而不是扩大养殖规模，增加经营性收入。并且，许多地区的扶贫政策和管理部门呈现临时性和碎片化的特征，比如贫困户的医疗保障政策是由当地的医保局负责，而教育扶贫政策由当地的教育局负责，而没有统筹管理；贫困户能够享受"先诊疗、后付费"以及"一站式结算"服务，但非贫困户却不能享受而产生"政策悬崖"，且扶贫的政策呈现阶段性和临时性，许多政策在脱贫后将会废止，这也给可持续脱贫带来了极大的挑战。

三是自上而下的脱贫体制，导致治理主体的不均衡，如容易形成绝对

---

[①] 王晓毅：《全面小康后中国相对贫困与贫困治理研究》，《学习与探索》2020年第10期。

领导的治理主体,导致治理主体的错误决策和主观行事。

基于此,现有扶贫体制机制亟须转换,根据贫困的具体特征和各地的具体实际不断完善并创新减贫机制,不断完善减贫与乡村振兴衔接机制,以促进脱贫的可持续性。

(二)脱贫攻坚与乡村振兴衔接的体制机制尚需完善

脱贫攻坚与乡村振兴的衔接,内容衔接是"血肉",而体制机制的衔接是"骨骼",通过建立健全"骨骼",才能将"血肉"支撑起来。党中央多次强调实现二者的衔接并于2021年3月颁布《中共中央 国务院关于实现巩固拓展脱贫攻坚成果同乡村振兴有效衔接的意见》,从顶层设计层面提出了衔接的具体重点工作和政策。

在衔接的体制机制层面,要处理好"变"与"不变"的关系,具体工作方式方法以及微观政策要变,工作原则和一些通用的工作机制不变。这就需要从规划、政策和机制等维度具体完善衔接的体制机制。就规划设计而言,中央统筹与地方协调难。站在"十三五"与"十四五"的交替期以及贫困治理重心转变的过渡期,需要从顶层设计统筹谋划二者的衔接,为乡村振兴背景下治理相对贫困打下基础。然而,尽管目前中央的蓝图已绘就,部分地方仍然没有制定出减贫与振兴的统筹协调规划,一些地方仅仅是对脱贫攻坚时期的工作规划加以完善,忽略了乡村振兴的持续性,甚至将巩固成果的规划与乡村振兴的规划相等同;一些地方将其分别设置,制定出两个规划,形成"两张皮"的现象,而没有实现融合形成接续状态。因此,如果将脱贫成果巩固与治理相对贫困融入乡村振兴,首先需要形成一个系统的规划,从政策、体制机制全方位着手。

就政策制度而言,解决特惠与普惠难。中央已经明确在脱贫后的五年设立过渡期,在过渡期保持政策的"总体稳定",以防止"政策悬崖"和断崖式返贫。在总体稳定的基础上,如何处理好现有的常量、增量和变量政策的关系[1],是一大难点,需要仔细梳理和甄别。要逐步淘汰脱贫攻坚时期过时的政策,建立有利于乡村振兴发展的长远政策。处理好对所有贫

---

[1] 陈文胜:《脱贫攻坚与乡村振兴有效衔接的实现途径》,《贵州社会科学》2020年第1期。

困户的特惠政策和对低收入户的普惠政策，"既要考虑短期的'救急难'性质的政策，又要考虑长远的'社会投资'性质的社会发展政策"[1]。此外，要考虑如何完善资金统筹，即如何将脱贫攻坚资金与乡村振兴资金统筹使用，统一管理，进而提升使用效率，发挥"巩固成果"与乡村振兴的双重作用。

就体制机制而言，工作机制衔接难。一些地方将脱贫攻坚与乡村振兴区别开来，存在两套工作机制，缺乏衔接的沟通协调机制。一些地方政府以为脱贫后就完成任务了，没有及时将脱贫人口纳入乡村振兴统筹安排。并且，脱贫时期形成的管理体制，一般规定"市县抓落实"，然而市级政府一般是将任务分配给县城，导致市一级政府缺位、职责定位不清晰[2]。因此，在衔接工作中，如何发挥市一级政府和各部门的作用，调动其积极性，从而推动衔接进程和工作成效，值得探讨。

（三）解决相对贫困的长效机制尚处于缺位状态

随着贫困治理重心的转换，现有扶贫体制机制难以适应新的扶贫形式，需要摆脱原有扶贫体制机制束缚，进行创新。而由于相对贫困本质属性复杂，如何系统构建解决相对贫困的长效机制，既覆盖全面，又规划长远，是2020年后贫困治理的难点和重点，也是本书的最终落脚点。

当前减贫的重点任务是实现巩固脱贫成果与促进乡村振兴有效衔接，这也为相对贫困治理的长效机制奠定了基础，只有将脱贫成果巩固好，才能集中精力解决相对贫困问题。解决农村相对贫困需要与乡村振兴战略统筹衔接，利用乡村振兴带来的机遇，实现"真脱贫、脱真贫"。由于我国农村相对贫困的复杂性特征，减贫工作面临诸多难点，加上脱贫成果不稳固、返贫风险高、政策机制不健全等问题，更加需要构建一套多维减贫体系与长效机制，包括长效识别机制、长效推进机制、长效保障机制、长效考核机制等。当然，构建这一系列的长效机制不是轻轻松松、一蹴而就

---

[1] 左停：《脱贫攻坚与乡村振兴有效衔接的现实难题与应对策略》，《贵州社会科学》2020年第1期。

[2] 高强：《脱贫攻坚与乡村振兴有机衔接的逻辑关系及政策安排》，《南京农业大学学报》（社会科学版）2019年第5期。

的，而是需要系统谋划、逐步完善。

具体而言，一是识别机制。如前所言，贫困标准的类型、维度和指标的构建等是2020年后贫困治理要面临的首要问题，需要加强全国实践调研和数据分析，构建符合实际的贫困识别标准，并对贫困人口进行动态监测和管理。

二是推进机制。针对贫困状况构建推进机制，如何基于相对贫困的"相对性"和"贫困"，即发展的不平衡和不充分问题推进相对贫困的解决是重点，这就需要全面推进乡村振兴战略、发展农村集体经济，保障农村发展的全面性和可持续性。目前我国农村社会保障水平不高，城乡社会保障和福利水平差距大，如何构建城乡统筹的社会保障体系，仍要加强探索。针对不同类型的贫困构建不同的帮扶机制，实现其可持续发展是重点，实现治贫与振兴的衔接也是重点。

三是保障机制。将政府主导的减贫方式转变为多元主体共同参与的"主体性均衡"的治理模式，形成多元治理的格局，尤其是要采取相关激励政策，充分发挥贫困者个体的主观能动性，发挥社会组织尤其是慈善组织的作用。

在此基础上，要构建一个综合全面的考核评价监督体系。既能定期考核贫困治理的效果，不断调整贫困主体，又能激励贫困治理参与主体和贫困者本身继续努力，形成一个闭合的良性循环体系。这些机制的构建需要政府、学者和社会多维发力，从而推动相对贫困治理，最终实现共同富裕。

# 第五章 解决农村相对贫困的识别监管机制

贫困识别是选择特定对象进行帮扶的过程,包括对贫困区域、贫困人口的识别、认定和管理。由于贫困是一个社会性命题且处于动态变化之中,贫困识别成为国际社会研究贫困的难点。我国贫困识别经历了区域、县域、村级和贫困户识别的历程,最终形成了包括区域、县、村和农户的综合式识别机制。农村相对贫困识别同样需要瞄准区域和人口,设定重点帮扶县和村,但最为困难和关键的是瞄准相对贫困人口。针对相对贫困人口构建精准识别机制和监测管理机制。贫困标准是衡量与判断贫困的尺度,贫困标准的制定和贫困人口的识别是开展反贫困工作的前提和基础。我国应该加快制定以相对贫困为减贫重心的识别标准。基于贫困标准对农村相对贫困人口和致因的识别是关键,能够瞄准贫困人口,为解决相对贫困提供前提和基础,解决"扶持谁"的问题。

## 第一节 农村相对贫困的识别内容

正确有效地将贫困人口识别出来并进行贫困归因是贫困治理中的关键一环。贫困对象的识别涉及扶贫识别单位的选择问题。[1] 改革开放以来中国的贫困治理实践逐渐形成了一种包括贫困区域、贫困县、贫困村与贫困户的综合式识别机制。相对贫困的分布呈现集聚性和离散性的特征,且相对贫困包含相对贫困人口和相对贫困区域。因此,在解决相对贫困时不仅

---

[1] 胡兴东、杨林:《中国扶贫模式研究》,人民出版社,2018,第177页。

要继续对相对贫困户进行识别,也要对相对贫困区域,如县和村进行识别。

## 一 我国贫困识别机制的演化

贫困识别是确定贫困对象的过程。贫困识别机制是在减贫过程中确定贫困标准、选择减贫对象的动态识别和管理机制,涉及贫困瞄准的主体、对象、内容、形式等,[1] 其最终目的是扶贫项目和资源能够覆盖精准、提升扶贫资源利用率。基于贫困瞄准单元选择合适的贫困识别方法是提升贫困识别精度的关键。有研究指出,贫困识别使用的方法越多,贫困识别精度越高,但同时可能导致贫困瞄准成本的增加。[2] 因此,我国在进行贫困瞄准时,要进行权衡,选择适宜的瞄准方法。在国际社会,常用的贫困识别方法有四种[3]:①指标瞄准,即通过设计一定的指标快速识别贫困人口,我国脱贫攻坚时期的"两不愁三保障"就是指标瞄准;②自我瞄准,通过一些扶贫项目的参与,让贫困户暴露;③基于社区的瞄准,即通过社区熟人社会对贫困户进行商议评定,如脱贫攻坚时期的"两评议"(村民小组和村民代表大会两次评议);④代理家计调查,即通过设计一定的指标体系,进行量化测评,低于贫困线的则为贫困户,如甘肃在评定贫困户时就通过指标体系量化测评。

从瞄准单元来看,我国反贫困期主要瞄准的有集中连片特困区、贫困县、贫困村、贫困户等,且形成了以贫困户为主,贫困片区、县、村结合的识别方式。根据识别的结果,分配扶贫资源,基于贫困县分配扶贫资金,并将资金用在贫困户和贫困村上,通过普惠和特惠政策、发展和兜底政策保障贫困户脱贫。

贫困区域识别,即在减贫过程中瞄准和识别某一贫困片区,进行整体帮扶。在改革开放初期,我国中西部许多地区存在普遍贫困,贫困发生率

---

[1] 张琦、史志乐:《我国农村贫困退出机制研究》,《中国科学院院刊》2016年第3期。
[2] 马文武、杜辉:《贫困瞄准机制演化视角的中国农村反贫困实践:1978-2018》,《当代经济研究》2019年第5期。
[3] 王中原:《精准识贫的顶层设计与调适性执行——贫困识别的中国经验》,《中国农业大学学报》(社会科学版)2020年第6期。

高、贫困规模大,以 1978 贫困标准测算出我国贫困人口 2.5 亿人,贫困发生率为 30.7%。因此,当时对贫困个体识别的意义不大,需要开展贫困区域识别,通过推动经济发展带动减贫。而这些区域主要是"老少边穷"地区,通过每个省确定具体的贫困区域,使用帮扶资金改善基础设施、发展生产,能够覆盖到足够多的贫困人口,在当时是符合实际的。21 世纪初,我国开始从国家层面确定贫困区域,2011 年印发的《中国农村扶贫开发纲要(2011—2020 年)》(以下简称《扶贫开发纲要》)明确了确定连片特困区的标准要素,并基于县域 GDP、人均财政预算和收入,先后确定了集中连片特困区和"三区三州"重点扶贫区域,并将扶贫资金和政策予以重点倾斜。这些深度贫困区是"贫中之贫""坚中之坚",也表明我国开始从区域发展不平衡维度解决空间贫困问题。以区域为单位的贫困瞄准成本较低,一般使用群体瞄准法和指标瞄准法。

贫困县域识别,即以县域为瞄准单元,进行贫困识别和帮扶。由体制改革推动经济增长带动扶贫的边际效应逐渐递减,农村贫困开始由之前的普遍贫困到出现贫困分化,尤其是县域之间的贫困差距逐渐拉大。为了提升贫困瞄准的精准度,县域瞄准应运而生。1986 年,我国主要以人均纯收入为标准,先后确定了 331 个国家贫困县,并照顾老区县和少数民族县。1994 年,我国颁布了《国家八七扶贫攻坚计划(1994—2000 年)》,对贫困县进行了调整,贫困县识别标准以收入为主,同时兼顾人口数量、基本生活条件等,确定了 592 个国家重点扶持贫困县。2001 年,国家确立了"631"指数法识别标准,即贫困发生率占 60%、人均纯收入占 30%、县域发展指标占 10%,并将东部 33 个重点县指标全部调到西部,西藏整体享受重点县待遇,不占指标。最终调整后数量不变,仍为 592 个国家扶贫开发重点县。这意味着国家资源的投入目标从促进经济增长转变为支持贫困人口的发展。2011 年,《扶贫开发纲要》确定贫困县数量不变,但将识别权力下放到各省(区、市),允许各省(区、市)基于区域异质性进行贫困县的调整。此外,2011 年,我国还确定了 680 个连片特困地区县,其中,国家扶贫开发工作重点县 440 个。因此,2011~2020 年,我国贫困县除了这 592 个国家重点贫困县,还包括 14 个集中连片特困区的 240 个贫困

第五章　解决农村相对贫困的识别监管机制

县,共计 832 个贫困县。可以发现,经过 40 年的扶贫实践,我国的贫困县一直在已有基础上进行调整和增加,然而,许多贫困县一直是贫困县,这一方面反映了我国通过扶持贫困县来缩小区域发展差距的决心和力度,另一方面反映了我国农村空间贫困的持久性。①

贫困村的识别,即以村为贫困瞄准单元,识别出贫困村予以帮扶。随着县域和区域扶贫的推进,我国整体贫困得到很大的改善,贫困人口的分布逐渐分散化。2000 年后,国家贫困县覆盖的贫困人口下降到 50%②,大量非贫困县的贫困人口不能享受到国家的政策红利,且贫困县贫困人口也是非均匀分布,故《扶贫开发纲要》提出要"到村到户",这意味着我国扶贫瞄准机制从县域下沉到村级,瞄准单元的缩小也意味着我国的扶贫资源可以下放到村和贫困人口。但如何识别贫困村成为一个难题。在亚洲开发银行专家提出的参与式贫困指数(PPI)基础上,我国结合实际设计了包含 3 个维度、8 个指标的贫困识别指标体系③,并基于此共识别出 14.8 万个贫困村,瞄准了当时 83% 的贫困人口。2011 年后,贫困村由县乡政府综合考虑贫困发生率、村民人均纯收入和村集体经济收入等情况确定,识别出 12.8 万个贫困村。这有力地改善了贫困村的面貌,提升了扶贫效率,但对贫困户的直接帮扶有限。而贫困村的退出以贫困发生率为主要标准,一般低于 3%,且须统筹考量基础设施、产业发展、集体经济以及公共服务等情况。

贫困户的识别,即以贫困户为瞄准单元直接帮扶。长期以来的区域、县域、村级瞄准都属于扶贫开发模式的区域扶贫,更多依靠经济增长,发挥"涓滴效应"带动减贫,没有直接对贫困户进行帮扶。许多贫困户呈现结构性特征,且收敛于特殊人口和特殊地区,需要识别到户进行有针对性

---

① 罗翔、李崇明、万庆等:《贫困的"物以类聚":中国的农村空间贫困陷阱及其识别》,《自然资源学报》2020 年第 10 期。
② 唐丽霞、刘洋:《中国扶贫瞄准机制的演化与展望》,《湖北大学学报》(哲学社会科学版) 2020 年第 5 期。
③ 3 个维度是生活状况、生产生活条件、卫生教育状况;8 个指标是人均年粮食产量、人均年现金收入和土坯房的农户比重、饮水有困难的家庭比重、农户的通电率、通机动车的自然村比重、女性长期患病率、中小学生辍学率。

的帮扶。基于此，2011年《扶贫开发纲要》提出建立扶贫到户机制，2014年，习近平提出精准扶贫思想，要求对贫困人口进行精准识别。一般来讲，贫困的识别基于贫困标准，而我国的贫困标准是人均年收入2300元（2010年不变价）。但中央认识到贫困户的精准识别不能仅看收入，需要制定相关的扶贫对象识别办法，2014年，国务院扶贫办印发具体的工作方案①，并提出在贫困识别时，以收入为主，综合考虑住房、教育和健康等状况。随着精准扶贫的开展，各地在贫困识别的过程中还开创了许多独特的做法，如贵州毕节的"四看标准"②以及广西的"几不准"③，还可以通过大数据排查"负面清单"④。在贫困户的瞄准中，基于贫困户总量分配各地贫困户数量，并根据识别标准建档立卡，掌握具体的致贫原因，再基于这些原因进行有针对性的帮扶。

## 二 相对贫困的区域识别

相对贫困的分布不仅体现为人口的分布，还体现为区域的分布。分析我国相对贫困的现状，可以发现相对贫困主要分布于中西部地区农村，尤其是原深度贫困区和贫困县。我国农村相对贫困表现为区域发展的不均衡，不仅体现为城乡和东西部发展的不均衡，还体现为不同村之间、不同县之间的发展不平衡。改革开放以来，我国逐渐进行大规模的扶贫开发，并开始进行区域瞄准，包括贫困区、贫困县、贫困村的瞄准，贫困区域的产业发展、基础设施、公共服务逐渐得到改善。因此，有必要继续坚持对贫困区域的识别，以扶持那些发展相对落后的区域，改善基本公共服务。针对不同的瞄准单元（区域、县、村、户）有不同的识别标准和瞄准方法。一般来讲，贫困瞄准的单元越精准，识别越困难。贫困区域的识别往往需要借助一定的维度指标体系。定性和定量方法相结合，对每个区域的

---

① 《扶贫开发建档立卡工作方案》（国开办发〔2014〕24号）。
② "四看标准"即"一看房、二看粮、三看有没有读书郎、四看劳动力强不强"。
③ "几不准"的标准主要包括不准在城镇购房、不准有小车、不准有财政供给、不准有小型超市、加工厂和其他实体经济、不准家庭成员中有2人及以上在外务工。
④ 周晓露：《多元主体参与下贫困识别的制度及其实践》，博士学位论文，华中师范大学，2017年，第64页。

具体情况进行把握，才能确定贫困区域。基于已有瞄准基础和发达地区实践，本书认为，对相对贫困区域的瞄准，主要包括对相对贫困县的识别和相对贫困村的识别。

（一）相对贫困县的识别

在实现全面脱贫后，西部许多刚刚脱贫县的经济基础仍然薄弱，产业发展单一，基础设施和公共服务尽管基本覆盖，但城乡差距较大。因此，为了实现可持续发展、巩固脱贫成果，有必要将脱贫县继续确定为相对贫困县，对其进行持续帮扶，改善相对落后的状况。此外，党中央提出要"在西部地区脱贫县中集中支持一批乡村振兴重点帮扶县……增强其区域发展能力"①，并将确定重点帮扶县的权力下放到各省。西部10个脱贫省份，基于各地实际，考量人均GDP、人均可支配收入等指标，结合脱贫情况和返贫风险，确定了160个国家乡村振兴重点帮扶县。并且，各地基于实际情况确定了一批省级乡村振兴重点帮扶县。而这些国家级和省级帮扶县自然是我国相对贫困县，需要从多个维度给予支持。针对这些相对贫困区域，有必要继续实行西部大开发等战略，坚持东西部扶贫协作、定点扶贫和社会力量参与帮扶，提升相对贫困区域的总体发展水平，不断缩小区域发展差距。

（二）相对贫困村的识别

相对贫困村的瞄准有利于从村层面推进解决农村相对贫困，改善农村基础设施、公共服务、饮水安全、人居环境等。一些村庄没有集体经济，或者集体经济较为薄弱，难以维持村庄公共服务改善的开支，导致村民面临着公共服务等多维贫困。因此，可以参照之前确定贫困村的方法，重点考察收入、支出、公共服务和生活条件等指标。而集体经济可以反映一个村庄的整体发展情况，因此，可以重点考察集体经济发展情况，将集体经济收入作为识别相对贫困村的一个重要维度。我国东部地区，解决相对贫困不仅确定了贫困户，还针对集体经济状况识别了一部分集体经济薄弱村，如江苏2015年将集体经济收入未达到每年18万元的村视为集体经济

---

① 《中共中央国务院关于实现巩固拓展脱贫攻坚成果同乡村振兴有效衔接的意见》，人民出版社，2021，第15~16页。

薄弱村，并识别出 821 个相对贫困村；广东省相对贫困村的识别是全村人均收入 8000 元以下，且该村的相对贫困人口要占全村户籍人口的 5% 以上，贫困村的脱贫目标为"两不愁三保障一相当"以及贫困村年人均可支配收入为全省的 60%。基于此，本书认为各地各省可以下放权力到区县，自主确定一批相对贫困村对其进行帮扶，尤其是注重对集体经济薄弱村的帮扶。

## 三 相对贫困人口的识别

相对贫困人口的识别是精准解决相对贫困的前提，只有识别出相对贫困户陷入贫困的差别化原因（致因的识别），才能对其提供个性化支持。相对贫困人口的识别包括了识别标准的制定和具体识别过程。

### （一）相对贫困人口的识别标准

贫困概念的界定不仅是在学理上认识贫困"是什么"，还需要将贫困外化为可以测量和识别的标准。因此，贫困识别的前提是确定可操作化的贫困标准，这是贫困识别的基准。国际社会的贫困标准逐渐经历了从静态到动态、从确定到模糊、从一维到多维的变迁，鲜明地体现了时代性、易变性和区域性。

纵观全球国际组织、发达国家、发展中国家所制定和使用的贫困标准，可将其大致分为三类，一类为收入贫困标准；一类为消费贫困标准；另一类为多维贫困标准。其中，收入贫困标准可分为收入比例法、收入位置法；消费贫困标准可分为基本需求法、水准均衡法。收入比例法是目前发达国家，尤其是欧盟国家普遍使用的相对贫困识别方法，这种方法的使用建立在城乡完善的基本公共服务以及城乡发展差距不大、各类数据统计完善等现实情况的基础上，操作简单，易于比较，但仅按照国民收入一定的比例确定统计标准，容易在经济发生危机时导致识别偏差。尤其是我国农村贫困人口的政策性收入高，转移性收入占比接近 20%，在调查居民收入时应将福利性、转移性收入另算，以更精准地反映居民真实收入水平。收入位置法有利于缩小居民发展差距，减少不平等，但这种方法无法评判政策扶持效果，且若一个国家的收入水平普遍较低、人口规模较大也不适

# 第五章 解决农村相对贫困的识别监管机制

用,否则低收入人口较多,国家财政压力太大。此外,美日等国基于基本生活需求对不同家庭规模划出了不同的贫困线,这种贫困测量法需要有完备的收入和纳税系统,且他们的基本需求是处于较高水平的基本需求。而我国的人口基数大,数据信息统计不完善,特别是流动人口和农民数量多,对于家庭收支的调查不够精准,对我国不太适用。最后是多维贫困标准。自联合国开发计划署提出全球多维贫困指数(MPI)以来,越来越多的国家和世界组织开始基于全球 MPI 制定适合本国实际的 MPI(见表5-1),也有越来越多的国家认识到收入不是贫困的唯一表现,贫困更多地表现在用钱买不到的公共服务需求上。有研究认为多维贫困更多评估的是公共服务带来的直接效果,比收入测量更加准确,且城乡多维贫困差距明显,农村是城市的 1.5~3.5 倍。[①] 贫困的这些非货币维度,如卫生、教育和生活水平是由货币以外的因素决定的,且短时间变动较慢,而货币贫困是在一个时间点上观察到的,稳定性差,因此选择非货币维度的测量所反映的真实度可能更高。并且,货币贫困无法反映人民陷入贫困的根源,容易产生贫困边缘人口以及忽略能力贫困而导致的政策偏差[②]。采用多维贫困可以弥补货币贫困的不足。然而,多维贫困标准的构建比较复杂,需要结合实际构建维度和指标,对各维度详细的统计数据要求高。由于我国幅员辽阔,各地区可能面临的贫困维度不同且所占的权重不同,各指标的统计难度较大。

表 5-1 部分国家和世界组织的多维贫困维度与指标

|  | 世界银行 | 联合国开发计划署 | 墨西哥 | 欧盟 |
| --- | --- | --- | --- | --- |
| 货币收入/生活水平 | 消费或收入小于1.9美元/天 | 房屋、资产情况 | 低于国民福利门槛的收入 | 国民收入中位数的60%以下、资产情况 |
| 基础设施 | 电费、饮用水、环卫 | 电费、饮用水、环卫、炊用燃料 | 电费、饮用水、环卫、炊用燃料 |  |

---

① Sabina Alkire, Maria Emma Santos, "Acute Multidimensional Poverty: A New Index for Developing Countries," OPHI Working Papers (2010).
② 沈扬扬、李实:《如何确定相对贫困标准?——兼论"城乡统筹"相对贫困的可行方案》,《华南师范大学学报》(社会科学版) 2020 年第 2 期。

续表

|  | 世界银行 | 联合国开发计划署 | 墨西哥 | 欧盟 |
|---|---|---|---|---|
| 教育 | 成人学业成就、儿童入学率 | 成人受教育水平（受教育年限）、儿童入学率 | 成人受教育水平、入学率 | 早期离校生（18~24岁） |
| 健康和营养 | 医疗机构分娩率、儿童接种 DPT3 疫苗覆盖率、儿童和妇女的营养状况 | 儿童死亡率、儿童和妇女的营养状况 | 保健服务覆盖面、食物获取 | 婴儿死亡率、预期寿命、自我保健需求未得到满足 |
| 安全 | 犯罪发生率、自然灾害发生率 |  |  |  |
| 就业 |  |  | 获得社会保障 | 失业家庭、雇佣老年工人 |

资料来源：The World Bank，"Poverty and Shared Prosperity Report 2018：Piecing Together the Poverty Puzzle"，2018，p.11。

通过对比全球各种不同的贫困标准，发现无论是哪种标准都有优缺点，重要的是选择一个符合我国国情和社会主义性质、国家发展目标的贫困标准，并不断完善精准测量所需要的客观条件。同时，将贫困测量结果与制定我国扶贫政策、国家发展规划紧密相连，如将其纳入乡村振兴之中，因户因人施策。

第三章已具体分析了本书所制定的农村多维相对贫困标准的依据、思路以及内容。本书需要基于所制定的贫困标准进行测算，因此，所制定的贫困标准受制于数据可得性，最终基于 CFPS 2018 数据设计了包括货币、健康、教育、生活条件、社会保障和就业 6 个维度 14 个指标的多维相对贫困标准。在实际操作中，可以根据数据库和我国农村实际情况的变化，对贫困标准进行优化调整（见表 5-2）。例如：增加对主观满意度的测量、调整受教育年限（我国"十四五"规划中，计划 2025 年平均受教育年限达到 10.6 年）、扩展发展性维度，等等。

表 5-2 中国农村多维相对贫困标准优化设计

| 维度及权重 | 指标 | 阈值 | 权重 |
|---|---|---|---|
| 货币 1/7 | 人均可支配收入 | 人均可支配收入的 40% | 1/14 |
|  | 消费支出 | 恩格尔系数大于 50% | 1/14 |

续表

| 维度及权重 | 指标 | 阈值 | 权重 |
|---|---|---|---|
| 健康 1/7 | 健康状况 | 家中成员有慢性病（3个月以上）或者残疾（持有残疾证）或者自评不健康 | 1/14 |
| | 就医条件 | 对当地看病点的就医条件或者医疗水平自评感到不满意 | 1/14 |
| 教育 1/7 | 受教育程度 | 家中劳动年龄人口平均受教育年限小于11年 | 1/14 |
| | 儿童入学 | 家中至少有1名学龄儿童（7~15岁）未入学 | 1/14 |
| 生活条件 1/7 | 住房 | 人均小于15平方，或3人同住一屋 | 1/42 |
| | 卫生厕所 | 家中不能使用室内外冲水厕所 | 1/42 |
| | 饮水安全 | 不能获得安全饮用水 | 1/42 |
| | 做饭燃料 | 没有使用天然气、液化气、电等清洁燃料 | 1/42 |
| | 耐用消费品 | 家庭耐用消费品的总价值低于3000元人民币（或者少于3件） | 1/42 |
| | 信息获取 | 家中无获取外界信息的网络或者有线电视 | 1/42 |
| 社会保障 1/7 | 养老保险 | 有符合条件的家庭成员未参与养老保险 | 1/14 |
| | 医疗保险 | 有家庭成员未参与社会医疗保险 | 1/14 |
| 就业 1/7 | 长期失业 | 家中有劳动能力的人长期失业（12个月以上） | 1/14 |
| | 非正规就业 | 家中至少有1人为非正规就业 | 1/14 |
| 主观维度 1/7 | 生活满意度 | 回答不满意或不太满意 | 1/14 |
| | 自我认同感 | 对自己持不肯定态度 | 1/14 |
| 剥夺阈值 | 剥夺维度指标权重之和 K≥30%可识别为多维相对贫困 | | |

注：指标和阈值根据世界银行、联合国和其他发展中国家多维贫困标准、我国的"十四五"规划和2035年远景目标纲要、CFPS 2018调查数据和我国农村实际情况综合确定。

在贫困标准制定之后，需根据该标准识别相对贫困人口。世界银行将收入维度融入多维贫困标准之中，采取等权重法；墨西哥将收入维度纳入多维贫困标准，并赋予50%的权重，在识别的时候充分考虑收入和其他维度的剥夺情况；而哥伦比亚、越南等国家将收入单独列出，既可以分别测算收入贫困和多维贫困，又可以共同使用。本研究将收入和消费指标合并为货币维度，并采用等权重法，赋予1/7的权重。在识别中基于国际经验，将剥夺指标权重之和K≥30%识别为多维相对贫困。同时，由于收入与消费指标仍然是判断贫困的关键性指标，为了凸显我国货币维度的贫困率，可借鉴哥伦比亚和越南等国家，在测算多维贫困发生率的同时，测算货币贫困发生率。根据收入指标所确定的收入贫困线和多维贫困标准分别测算得到收入贫困率和多维贫困率,反映了货币维度和非货币维度的相对贫困人口规模,以及反映货币维度和非货币维度的贫困程度,具有重要的政策意义。

在具体实践操作中,一方面根据多维相对贫困标准识别剥夺阈值大于等于30%则为相对贫困家庭。另一方面,作为上述识别的补充,可以对货币维度和非货币维度分别进行测量,将贫困家庭分为多维绝对贫困家庭、多维相对贫困家庭、收入脆弱家庭和社会脆弱性家庭(见表5-3),分别对这些家庭进行监测。在实现全面小康之后,多维相对贫困家庭是主要关注对象,也是本书的重点研究对象;多维绝对贫困家庭是需要兜底保障的对象,大多数属于没有劳动能力的老弱病残家庭;货币脆弱家庭、社会脆弱家庭需要进行贫困监测,防止其陷入多维相对贫困。

表5-3 2020年后我国农村货币贫困和多维贫困的识别设计(补充)

| 多维绝对贫困家庭 | 多维相对贫困家庭 | 货币脆弱家庭 | 社会脆弱家庭 |
| --- | --- | --- | --- |
| ①剥夺权重为30%及以上<br>②收入低于国家绝对贫困线 | ①剥夺权重为30%及以上<br>②收入在国家绝对贫困线与人均可支配收入中位数40%之间 | 收入低于人均可支配收入中位数的40%的贫困线,其他维度剥夺权重0%~30%之间 | 面临1个及以上多维贫困指标的剥夺,货币维度在贫困线之上。 |

(二)相对贫困人口的识别要点

贫困人口的识别是贫困标准确立的主要目的,将低于贫困标准的贫困人口按照一定的程序和规范选定出来,确定为帮扶对象,解决"扶持谁"的问题,是进行贫困治理的"第一颗扣子"。正如习近平总书记所强调的,"脱贫攻坚工作要做实,必须把贫困识别、建档立卡工作做实"[①]。若识别出现偏差,如将一些不是贫困户的群体纳入贫困户,而真正的贫困户却未能入选,那么一定会影响之后的贫困治理效果。因此,贫困人口的识别需要精准,尽可能地让符合标准的群体入选获益,应纳尽纳,实现脱贫和发展。

相对贫困人口的识别首先需要厘清相对贫困概念的内涵外延,其次要确定衡量相对贫困的标准和指标,最后基于此标准通过一定的程序,获取群体的贫困信息,以评估是否纳入贫困范畴。可以发现,在精准识别绝对

---

① 《习近平扶贫论述摘编》,中央文献出版社,2018,第73页。

贫困人口时，在中央的顶层设计之下，各省份开始对贫困标准和识别进行"调试性执行"，采用了指标瞄准、社区瞄准和调查瞄准等综合性识别方法。这样的方法和程序，在相对贫困人口的识别中同样适用，不同的是，绝对贫困人口的识别是从最开始的自上而下指标分解的规模控制逐步做到最后的应扶尽扶、应纳尽纳，而相对贫困人口的识别应从一开始就进行应识尽识，以减少受指标限制导致的识别偏差和贫困边缘户现象。

相对贫困人口的识别同样需要国家的宏观政策架构和微观政策调适。一方面，解决相对贫困作为实现共同富裕的主要内容，作为实现第二个百年奋斗目标的重要任务，需要党和国家从宏观政策和发展规划上进行顶层设计，包括制定识别标准、识别时间、发展规划、大致的识别程序、识别主体的责任等内容。另一方面，我国区域差距巨大、贫困人口类型多元，各地实际情况千差万别，需要地方政府和社会力量精准化、差异化治理。

相对贫困人口的识别要以家庭为单位。这是因为在多维贫困标准中，一些涉及生活环境维度的指标通常是以家庭来统计的，家庭中某一个人贫困，可以通过家庭其他人的力量抵御贫困，所以国际经验和我国反贫困政策主要都是以家庭为单位开展。针对前文所提出的贫困标准，在识别相对贫困人口的时候，需要围绕货币维度（收入+消费情况）以及非货币维度（就业、社会保障、生活环境、教育、健康卫生等）进行，可以通过指标瞄准或者家计调查瞄准，采取实地调研访谈和观察获得贫困信息，再结合社区评议和大数据信息的核准，以获得最终的相对贫困户信息，进行一定的政策帮扶。针对每一贫困户，需要基于其具体的贫困维度信息和实际状况进行分类治理，找到贫困致因，精准施策。

## 四　相对贫困类型和致因的识别

贫困的类型基于不同的视角有不同的分类，如基于贫困的程度分为绝对贫困和相对贫困，基于贫困的时间分为长期贫困和暂时贫困，此外，还可以基于贫困的致因分为收入贫困、消费贫困、权利贫困、能力贫困、健康贫困、知识贫困和精神贫困等多种类型。贫困人口的识别只是解决贫困的第一步，想要靶向治疗、精准施策，更为关键的是对贫困人口类型及其致因进行识别。

　　通过分析贫困人口的信息和数据库的比对，可以找到贫困户的致因。例如，精准扶贫时期，基于2014年全国农村贫困人口的建档立卡数据库进行数据分析，发现我国农村的绝对贫困的致因主要有疾病、缺资金（收入低）、缺技术（教育不足）、缺劳动力等。因病致贫占42.1%，缺资金占35.5%，缺技术占22.4%，缺劳动力占16.8%。[①] 此外，这些致贫因素在不同的区域占比不同，如因病致贫中，东中西部分别为58.1%、51.6%、28.9%；在资金的缺乏上，西部为44.9%，中部为28.9%，显著高于东部；西部地区还存在基础设施落后、自然条件差等致贫因素。[②] 因此，针对不同的致因，我国提出了"五个一批"工程。同样，对于相对贫困的识别，不仅需要识别出贫困的主要致因和类型，还需要识别出不同区域的致因差异。如在本书的第三章，基于制定的贫困标准，通过AF法和CFPS 2018数据，所识别的主要相对贫困致因有养老保险缺失、受教育程度低、基础设施缺乏、收入低、健康状况差以及就业机会少等。以$K=30\%$为例，健康卫生维度的贫困贡献率为21.1%，就业维度为17.6%，教育维度为18.5%，养老保险的指标为13.4%，生活条件为15.0%，货币维度为14.2%。就不同区域而言，健康卫生维度在东中西部的贫困贡献率分别为19.9%、21.7%、21.8%；生活条件维度在东中西部的贡献率分别为13.1%、13.1%、17.3%；教育贫困在东中西部的贡献率分别为16.7%、17.6%、20.7%；就业贫困在东中西部的贡献率分别为20%、21.6%、12.7%；收入贫困西部最高为9.3%，但消费贫困东部最高为7.3%。基于此，可以发现东部地区就业贫困和消费贫困比中西部严重，但中西部的教育、健康以及生活条件和收入贫困比西部严重。因此，在进行贫困治理时，西部更需要完善基础设施、公共服务，同时也要加强产业建设和推进就业，而东部地区需要促进就业，完善养老保障等。当然，这里的识别是基于2018年的数据，随着指标的拓展和数据的更新，具体情况可能会发生改变。

　　因此，在识别相对贫困人口时，需要结合贫困标准的具体内容和大数

---

① 胡兴东、杨林：《中国扶贫模式研究》，人民出版社，2018，第44页。
② 胡兴东、杨林：《中国扶贫模式研究》，人民出版社，2018，第44页。

据信息,来甄别贫困的类型和深度,提高贫困识别精度。不仅如此,在贫困识别时,还需要将贫困致因分类整理,形成应对的政策。

## 第二节 农村相对贫困人口的精准识别机制

根据相对贫困标准精准识别相对贫困人口是解决相对贫困的关键。贫困识别机制包括识别的主体、对象、内容、标准、程序和结果评估等。在讨论了相对贫困识别的标准、内容和瞄准对象之后,需要通过一定的程序和方法对相对贫困户和致因进行识别。在此过程中,需要灵活使用贫困标准,用历史和发展的眼光动态识别贫困户,完善贫困人口信息数据,寻求多元主体筛选监督评定,尽量减少贫困识别的误差。

### 一 在识别中动态调整贫困标准

马克思主义发展观认为事物是处于不断运动、变化、发展中的。贫困标准也需要随着现实情况不断调整,包括货币维度的不断提升以及非货币维度内容的增减和提档升级。尤其是在识别的过程中需要对贫困标准进行符合实际的调整,以达到贫困人口的动态精准识别。

(一)基于时间变化的贫困标准调整

贫困标准需要随着一定时期经济社会发展的状况进行动态调整。例如,我国绝对贫困标准经历了三次大的调整,逐渐成为与国际贫困标准接轨的贫困标准,能够满足我国消除绝对贫困的需要。相对贫困标准同样如此,不是相关部门制定后就一劳永逸,而是要随着社会发展和人民生活水平的实际状况不断调整。

就货币贫困维度而言,在收入方面,我国以人均可支配收入中位数40%为相对贫困标准,在国际社会是较低的相对贫困标准,可以逐渐与国际相对贫困标准接轨,把人均可支配收入中位数的50%定为贫困线。比如在2021~2035年,可以以五年规划为周期,逐渐上调收入贫困线,即2021~2025年定为农村人均可支配收入中位数的40%,2025~2030年定为农村人均可支配收入中位数的45%,2031~2035年定为农村人均可支配收入中位数的50%。在2035年基本实现社会主义现代化之际，可不分城乡设置贫困线，将贫困线稳定在我国人均可支配收入中位线的50%~60%。同时，在五年周期内根据每年国家统计局所统计的收入数据实时更新，一年动态调整一次。

就其他维度而言，考虑到多维贫困的测度需要进行家计调查，导致获取信息的成本高，在具体识别时可以进行适当缩减，对于暂时不能获取的信息可以替换或者删减指标，总之，在具体的识别中要灵活处理。此外，贫困维度、指标和阈值也需要随着贫困群体的状况进行调整，一般而言，可以按照国家发展规划和统计局数据以及CFPS/CHNS等数据进行周期性调整，按国家发展五年规划，具体的维度、指标和阈值可以5年调整一次。到2035年基本实现社会主义现代化之际，在实现了城乡差距显著缩小、人民生活水平极大提升、基本公共服务均等化的目标之后，中央和地方可以对贫困标准进行修订和精简，选取个别的维度或者拓展现有维度，关注每个维度的相对差距，尤其对个别家庭的某些低于社会平均水平的维度进行着重扶持。

（二）基于空间场域的贫困标准调整

在识别的过程中，既要遵循国家的刚性贫困标准，又不能太拘泥于该标准，可以在程序、维度及阈值上适当灵活处理。贫困标准首先是中央统一制定，地方可以根据中央的标准适当调整，实现央地标准的有机结合。国家贫困标准是针对全国的一个整体情况所制定的，但我国幅员辽阔，地区发展差异巨大，其致贫原因不一，若都以同样的标准，则容易引起识别偏差，如我国之前的绝对贫困标准主要适用于中西部地区，而对东部地区不具有普遍意义，故而东部发达地区根据经济发展水平制定了适合自身的贫困标准，也提前开启了相对贫困的识别与治理。地方政策在贫困标准制定时需要一定的自由裁量权和自主性，不能被国家标准束缚。因此，地方政府可以根据本省实际，在国家标准的基础上作适当调整，并建立补充门槛[①]。

---

[①] 四川省A县在相对贫困试点工作中，将"四有"人员排除在相对贫困之外。"四有"指识别对象有商品房、轿车、公职人员身份或法定赡养人，只要具备其中一项条件，则不属于相对贫困。

第五章　解决农村相对贫困的识别监管机制

在收入和消费维度，各省可以根据消费价格指数做适当调整，东部地区消费水平高，可以适当提高地方标准，而西部地区消费水平低，可以低于国家贫困线。此外，在其他维度，各地区也存在区域差异，特别是民族地区、边疆地区、偏远山区面临的剥夺更多，而相对发达的地区面临的剥夺较少。因此，各省（区、市）在具体识别的过程中也需要对具体的维度、指标和阈值进行调整。调整的原则包括符合实际、易于操作、契合目标，最终建立不同区域或者不同省份的识别标准。只有符合区域实际的贫困维度、指标、阈值和权重，才能尽可能降低识别的偏误，真正识别出需要帮助的贫困群体，制定出符合实际的贫困治理政策。需要指出的是，正如美国制定贫困门槛线和贫困指导线一样，我国的国家标准主要是为了把握贫困的整体状况、确定贫困发生率，而地方贫困标准的制定主要是为了识别贫困人口，对症下药。

## 二　以历史和发展的视角动态识别

贫困户的状况不是一成不变的，而是处于动态变化发展的过程中。因此，我们在识别贫困户时，不仅要基于时空差异对贫困标准和内容进行调整，还要基于贫困户本身的"前世今生"，在获得贫困户的历史数据基础上，以历史的视角、发展的眼光，全面、客观、动态地分析贫困户的现状和致贫原因，确定贫困户的类型，进行针对性帮扶。

### （一）以历史的视角识别贫困户

坚持马克思主义唯物主义历史观，全面、客观、历史地看待贫困户的现状和致因，要以历史的视角而不是仅以当前的现状分析贫困户。基于贫困标准收集的关于贫困户的多维数据，包括货币维度的收入、消费指标，以及非货币维度的生活条件、教育、医疗和社会保障等指标，只能反映当前的状况，因此还需要结合贫困户以前的生活条件，历史地动态地进行考察。在脱贫攻坚期，我国已经形成了较为健全的贫困人口数据库，再结合相对贫困户之前所享有的福利水平、社会保障、工资收入等历史数据，综合评判其贫困状态是暂时性贫困还是长期性贫困。若是暂时性贫困，如因为突发事件和意外致贫，则需要对其进行临时救助，帮助其渡过难关，步入正轨；若是长期性贫困，如缺乏劳动力或社会保障导致收入不稳定，则需要从就业、社会保障等多个维度进行帮扶，使其生活进入稳步向上的可持续发展状态。因此，在贫困户识别时，不能忽略历史数据的比对作用，从历史的视角识别贫困户，以客观的视角分析贫困致因，最终达到精准识别、对症下药的目的。

（二）以发展的眼光识别贫困户

贫困户的识别还需透过现象抓本质，用发展的眼光进行识别。马克思的运动观和发展观认为，事物都是处于运动变化和发展中的，因此要用发展的眼光看问题。一些贫困户可能由于某些原因暂时陷入贫困，但能够凭借自己的能力快速脱贫。一些贫困户尽管当前没有陷入贫困，但未来很有可能因为各种突发情况陷入贫困，他们没有抵御风险的能力，极度脆弱。因此，并不是所有的贫困户贫困程度都一样，在贫困户识别的过程中，不仅要查看其以往的数据，还需要结合现有的耐用消费品、家庭资产以及人力资本等，评估其脆弱性水平和发展能力，综合考量农户的贫困状况。基于某一时期的静态指标，将贫困户纳入长期帮扶，会造成瞄准偏误和政策失效。[1] 因此，在识别贫困户时，不仅要关注当前低于贫困线的贫困户，而且还要关注当前生活水平和福利保障超过贫困线，但脆弱性明显的贫困户，要将其纳入动态监测范畴，未雨绸缪。

三 整合线上与线下数据多维识别

由于农民收入的真实性难以把握，以及致贫原因的复杂性和动态性，识别需要收集农户的多维数据，以消除识别主体和客体的信息不对称性。一方面可以基于贫困标准设计调查问卷，获得一手的农户相关问卷信息，并通过实地走访、民主评议校验问卷的真实性；另一方面可以通过大数据技术，整合多部门信息，获得更可靠的数据。

（一）收集反映贫困人口致因的多维数据

贫困人口的识别既要通过制度、技术等解决贫困户漏评、错评等问

---

[1] 赵锐、眭睦、吴比：《基于动态贫困理论视角的精准扶贫机制创新》，《农村经济》2018年第1期。

题,还要着力解决公共政策的标准性与社会事实的不规则性之间的张力。①一般来讲,贫困识别要以刚性的、不可逾越的国家贫困线为指针,但农民对于自己的收入、消费和财产等状况不太清楚,真实数据难以获知。因此,不能通过单一的贫困线去评定,而是需要从多个维度去识别,找出贫困人口的多种致贫原因。因此,在识别货币贫困与其他维度贫困的过程中,尤其要分析贫困指标的贡献率,找到对贫困家庭贡献率高的几个指标,即"病根",从而因地制宜,分类施策。

精准识别贫困人口和致贫原因,不能仅停留在数据,而是需要深入实地进行摸底探访,否则容易因贫困主体和识别主体的信息不对称而导致识别偏差。特别是伪贫困户低报收入,而真实的贫困户由于受教育能力低、政策理解能力有限,参与争取权利的意愿相对较低,极大地加剧了贫困户识别的实践偏离。实现全面小康以后,相对贫困的识别可以借助银行、民政、教育等部门进行数据的互联互通,获得更加可靠的数据,防止出现"信息孤岛"现象,并长期追踪一部分贫困群体,了解其收入和消费的大致概况。在其他维度方面,也要充分辨别其陷入贫困的原因,不能"眉毛胡子一把抓",而是要精准识别、分类识别,因人施策。因此,在具体的贫困识别操作中,不能仅"知其然",更要"知其所以然",如弄清楚收入贫困是因为缺乏劳动力还是因为"好吃懒做"等;消费贫困是因为收入低,还是因为群体的消费意识、消费习惯和消费环境;是因病致贫还是教育致贫等。在此基础上才能根据这些致因分类施策,从源头进行治理,提升治理效能。

(二)采取定性与定量相结合的方法整理数据

我国传统的贫困识别大多使用问询和观察的方法,主要通过"望闻问切"对贫困户做出综合性的分析判断,是一种定性的识别方法。这种识别方法简单明了,但结果较为模糊,内容抽象,信息碎片化,不能精准识别出贫困人口,无法揭示出各指标之间的内在机理和动态变化及其变化原因。为此,部分省份也制定了本省的定量识别办法,如甘肃的 7 项定量指

---

① 刘成良:《2020 年后国家贫困瞄准能力建设研究》,《农业经济问题》2021 年第 6 期。

标综合积分排序法，湖北某县将"四看标准"的指标进行量化分析，尽可能地缩减评估人员的自由裁量权，但是"人情户""关系户"的情况仍有可能存在。为此，各地又相继对贫困户开展"回头看"，以获取更加精准的贫困户信息，不断更新完善。

新发展阶段的相对贫困人口识别，可以充分利用定量分析方法，将定性与定量方法相结合。定量分析由于计算过程复杂，对识别人员的能力和精力要求较高，在获取了较为准确的数据之后，可以引入社会力量，找到专业化、技术化的工作人员进行定量分析，挖掘致贫因子之间的量化关系，找出贫困致因的内在机理和规律，进而合理制定治贫之策。具体而言，可以通过大数据和概率统计锁定区域范围，排查一部分人群；同时，采纳各种经济和数学模型，利用计量方法对多维贫困指数进行精准计算，以测量贫困程度、贫困缺口和瞄准精度等，剖析致贫因子的贡献率和作用机理。[1] 将望闻问切的定性方法和精准测量的定量方法相结合，能够提高贫困人口识别的精准性和有效性，能够将"贫困人口+致贫原因"一同识别，找准"短板"，实现"有效治理"。

## 四 基于多元主体参与的协同识别

在脱贫攻坚时期，我国贫困户的识别一般要经过"主动申请、乡镇认定、民主评议、县级确定、建档立卡"等过程，以确保程序上的合理性。为了更加精准地识别相对贫困人口，需要多元主体进行参与和监督，在程序上予以多元保障，切实做到公平、公开、公正。

### （一）农户：主动申请与民主评定

脱贫攻坚期的贫困户识别是自上而下的，一般由上级政府估算各地贫困率，进而分配贫困户名额。信息误差可能导致一些地区贫困户指标过剩，而一些地区贫困户指标过少，从而导致贫困户的被动申报，不利于调动贫困户的积极性。相对贫困人口的识别可以建立自下而上的贫困户自动申报机制，农户在有困难的时候主动提出申请，反思脱贫原因，主动确定

---

[1] 汪磊、伍国勇：《精准扶贫视域下我国农村地区贫困人口识别机制研究》，《农村经济》2016年第7期。

自我脱贫目标和计划，参与到反贫困治理中，这样有利于调动农民脱贫意愿，实现主动脱贫而不是被动脱贫。

在民主评定中，要更加重视村民的意见。对于生于斯长于斯的农民来说，村里的脱贫评选大会和民主评议，他们最有发言权，对当地各家各户情况的了解程度远远大于政府部门以及第三方组织。因此，贫困户的评选不能仅由村委会或者镇政府直接决定，而是需要通过村民大会讨论。村民大会的确认、调整是提高贫困户识别精准度的重要一环。在广泛听取村民意见之后，才能得到更加客观公正的贫困户信息，防止一部分农户"拉关系""找关系"，一部分村民通过"诉苦"和"说闲话"等"日常形式的反抗"①，对村干部评定贫困户造成一定的压力和"信任危机"。

（二）社会：信息获取与流程监督

在脱贫攻坚期，乡镇和村委干部对贫困的识别作用极为关键，乡镇工作人员，尤其是村干部本身能力有限，同时容易利用手中的权力为自己或他人牟利，最终导致瞄准偏差。② 在贫困户主动申请和村民民主评议之后，为了防止基层干部因能力和主观倾向所导致的识别偏差，上级政府可以在识别中引入第三方组织和机构参与贫困对象的瞄准。一方面，政府可以通过外包服务找到专业化的数据收集人员，通过第三方协助（如PPP模式）购买民营企业的社会服务，通过专业化的数据收集进行贫困识别，尤其是在获取了大量数据之后，可借助第三方力量和新兴技术对数据进行多维化的测评和分析，特别是对各维度指标的权重和贫困致因的分析，提出更科学的帮扶建议，弥补县级政府和乡镇干部的能力不足。另一方面，在政府评定工作中，社会组织可以参与其中，对政府的瞄准过程和最终成效进行监督和评估，以确保评估的过程更加科学、公正、合理，减少识别偏差。

（三）政府：信息核查与公开公示

在"主动申请、乡镇认定、民主评议、县级确定"的既有评定流程

---

① 周晓露：《多元主体参与下贫困识别的制度及其实践》，博士学位论文，华中师范大学，2017，第116页。
② 杨瑚：《精准扶贫的贫困标准与对象瞄准研究》，《甘肃社会科学》2017年第1期。

中，县级政府的作用是根据乡镇级和村级干部提供的有资格被评为贫困户的名单和具体信息，确定最终贫困户名单。在这个过程中，容易出现下级政府提供的信息不够准确，或者存在"权力寻租"现象，这就需要县级政府对贫困户的信息和评定过程进行全程把控。

镇乡级政府获取的贫困户信息统一录入贫困人口数据库，同时整合各部门、机构的相关数据库，对收集到的贫困户信息进行对比核查，若相差不大，且低于相对贫困标准，则确定为相对贫困户；若相差较大，则需要相关工作人员进行核查，并探究其中原因，建立奖惩制度，若是下级政府的原因，要给予惩罚。因此，要加强县级政府贫困认定的主体地位，乡镇主要负责信息的收集和录入，县级政府负责对贫困群体指标权重的计算、贫困致因的分析，并筛选出贫困户，再下村进行核查。核查无误后，县级政府确定贫困户名单，再进行公示和跟踪，同时要留意公示期间村民的认可情况。

贫困户个体申请、社会组织和第三方机构的专业化数据收集和测评、县级政府的核查和公示，形成了贫困户识别的全流程。在这个流程中，做到自我监督和相互监督，能够确保贫困人口识别的精准性、公正性和公开性。

## 第三节 农村相对贫困人口的监测管理机制

相对贫困处于动态变化之中，易变性强。其识别工作不是一蹴而就的，而是需要基于实际情况进行调整；且我国完成全面脱贫攻坚之后，一些脱贫户的脆弱性仍然较强，可持续增收发展能力还有待提升，面临着返贫风险。例如，一部分群体面临着产业不可持续发展困境、易地扶贫搬迁的后续扶持问题、贫困群体的内生动力不强且外在帮扶减弱的困境，随时可能因病因灾因意外事故致贫。因此，建立动态监测和预警机制是巩固拓展脱贫成果的有效举措和预防贫困的第一道关口，能够做到早发现、早干预、早帮扶，防止脱贫户返贫致贫。

### 一 科技赋能构建贫困监测平台

借助大数据和人工智能等技术构建完善的贫困人口数据库和贫困监测

## 第五章　解决农村相对贫困的识别监管机制

平台，对贫困人口的动态监测尤为重要。贫困人口和低收入人口的多维数据是构建数据库和建设贫困监测平台的前提。通过构建监测平台可以对有贫困风险的人群进行及时监测预警。

信息占有量是决定扶贫"精准"与否的重要因素，贫困信息对贫困标准的制定、贫困者的识别至关重要，要不断完善信息表达和传递的机制与方式①。各部门对贫困信息的互联互通有利于合力减贫，提高工作效率。以哥伦比亚为例，在贫困动态性和多维性的指导下建立了贫困信息共享系统，且信息每年更新一次，该信息系统包括贫困家庭信息系统、投资项目系统和贫困家庭接受服务计分系统，三个系统由不同的部门负责，但三个系统信息共享、互相协作，大幅提升了数据收集的准确性、贫困动态监测的有效性和贫困项目实施的针对性。就我国而言，不仅要健全贫困信息系统，还要实时对刚脱贫群体和贫困边缘群体进行监测。然而，我国目前的扶贫信息尚不完善，建档立卡数据库仅在识别和考核上发挥了作用，没有在贫困监测和信息共享上发挥作用。因此，在解决相对贫困阶段，要充分利用建档立卡数据库，同时不断将低收入户和贫困边缘群体纳入信息系统，结合视频、网络等对贫困村、贫困户进行实时监测，不断更新贫困户系统，根据测量结果制定扶贫规划和有效措施。

构建完善的贫困人口数据库对相对贫困人口动态监测尤为重要，可以整合分散的条块信息。给贫困人口建立贫困数据档案，统一录入数据库，可以对全国的贫困人口数据进行更新、分析和动态管理，也可以看到每户的致贫原因和帮扶措施②。其中，比较具有挑战性的工作是数据的来源以及可靠性。相对贫困人口数据库的建设，需要利用国家和各省已有的扶贫信息数据库，以及国家相关机构的基础数据库。结合已有的扶贫数据库信息，利用国家人口基础信息数据库，可以采集包括税务、民政、社保、交通、房管局、车管所等部门信息，将其提取并录入数据库。如家庭收入，可以调取银行一段时间的资金流水和存款数额；房产信息，可以在房管局

---

① 庄天慧、杨浩、蓝红星：《多维贫困与贫困治理》，湖南人民出版社，2018，第 275 页。
② 徐京平、邢兰若：《精准扶贫的现实困境与治理逻辑——基于互联网+视角》，《经济问题探索》2021 年第 2 期。

查看是否有产权房，农村的房屋则可以实地调研察看；人社部可以查看相关人口的就业状况，包括社保缴纳情况、养老金发放等情况；民政部可以查看居民所享受的国家补贴情况，如低保金、五保和残疾人补助金；教育局可以了解相关教育费用以及是否有辍学情况等；医保局和卫生系统可以查看居民医疗费用和健康状况，由于部分农民生病一般去小诊所，没有记录，因此需要结合实地调研情况分析。对以上各部门的数据、通过实地调研获取的脱贫攻坚时期贫困户数据和基于相对贫困标准获取的数据进行分类汇总，可以获得系统的居民信息。在全面获得居民的收入、健康、劳动力、教育、耐用消费品等基本信息之后，可以建立集查询、追踪、考核于一体的贫困人口大数据信息综合管理平台和数据库[1]。一方面可以提升识别的精准性，消除信息的不对称性，另一方面可以基于此制定贫困治理政策，提升治理效能。

值得注意的是，该数据库的主要作用是实现对贫困人口的动态监测，确定脱贫和返贫情况。同时需要不断完善边缘人口数据库，通过确定边缘人口标准，如收入在贫困线的1.5倍以内以及其余维度中有一个以上维度被剥夺者，均可纳入边缘人口数据库中，及时对其进行监测。

此外，基于大数据和人工智能赋能优势，构建大数据平台，利用大数据的5V[2]特性，可以确保监测的科学性和可靠性。如甘肃建成了全国第一个精准扶贫大数据管理平台，从帮扶对象、数据分析、帮扶效果多个维度开展动态监督和管理。贫困人口的动态监测不仅包括对现存贫困人口的监测，还包括对贫困边缘人口以及大部分农户的监测。这就需要整合原贫困户数据、政府部门和相关机构（公安、人社、税务等）数据、非政府部门（水电费系统、交通通信系统、支付宝与微信记录等）数据，建立起覆盖尽可能全面的数据库。在这个过程中，可以充分利用"块数据"[3]的共享

---

[1] 汪磊、伍国勇：《精准扶贫视域下我国农村地区贫困人口识别机制研究》，《农村经济》2016年第7期。

[2] 大数据的5V指Volume、Velocity、Variety、Value、Veracity，即大量、高速、多样、价值和真实。

[3] "块数据"是与来源单一、数据孤立、数据垄断的"条数据"相对应的一个概念，意指把各种分散的点数据和分割的条数据汇聚在一个特定的平台上，使之发生持续聚合效应的数据。

性和融合性等特点，实现点、线、面的全面集成，记录人的活动和困境，能够提供更加精准的服务，降低人为操纵数据的可能性，增强资源配置的有效性等优点，但需要注意贫困户的个人隐私问题。[1] 基于数据库和平台的构建，才能对重点人群进行动态监测。

## 二 构建重点人群动态监测机制

动态监测是防止规模性返贫致贫的重要手段。对重点人群进行动态监测可以有效做到早发现、早干预、早帮扶，树立底线思维，巩固脱贫成果。这需要确定监测对象和监测范围，采取线上与线下相结合的方式进行监测，并坚持预防性措施和事后帮扶相结合，从源头阻断返贫致贫。

### （一）精准确定监测对象和监测范围

对农村相对贫困进行动态监测，首先需要明确"监测谁""怎样监测"等问题。2022年中央一号文件提出，为防止发生规模性返贫，要完善监测帮扶机制，"精准确定帮扶对象"[2]；2021年颁发的《中共中央国务院关于实现巩固拓展脱贫攻坚成果同乡村振兴有效衔接的意见》提出"合理确定监测标准"[3]。此外，《关于建立防止返贫监测和帮扶机制的指导意见》（国开发〔2020〕6号）以及《中央农村工作领导小组关于健全防止返贫动态监测和帮扶机制的指导意见》（中农组发〔2021〕7号），强调了监测的重点、范围和内容。这些政策文件既为我国"十四五"时期巩固脱贫成果，监测返贫致贫的绝对贫困人口提供了方向，也为我国解决相对贫困、构建低收入人口常态化帮扶机制提供了政策依据。

在迈向实现"全面现代化"的新征程中，需要构建低收入人口的动态监测机制，防止返贫并缓解相对贫困。因此，在确定监测对象时，不仅要考虑易返贫致贫、绝对贫困线以下的群体，更要考虑农村所有低收入人

---

[1] 谢治菊：《块数据在农村精准扶贫中的应用及反思——兼与"条时代"大数据应用相比较》，《南京农业大学学报》（社会科学版）2017年第5期。
[2] 《中共中央国务院关于做好二〇二二年全面推进乡村振兴重点工作的意见》，《人民日报》2022年2月23日，第1版。
[3] 《中共中央国务院关于实现巩固拓展脱贫攻坚成果同乡村振兴有效衔接的意见》，人民出版社，2021，第8页。

口，如低保户、农村特困群体以及刚性支出较大、收入不稳定的群体。精准确定监测对象，需要制定监测标准和范围。如河北省以脱贫标准的1.5倍作为收入监测线（2020年是6000元），并将监测对象分为3类，分别为脱贫不稳定户、边缘易致贫户和突发严重困难户。针对前文所制定的我国农村相对贫困识别标准，本书认为应将收入低于当年收入贫困线的1.5倍，恩格尔系数小于50%且有大额支出的，多维标准的剥夺权重为1/5以上且有住房安全、教育、医疗和饮水安全等问题的贫困户纳入监测。具体而言，可以在构建贫困人口数据库，进行监测和核查时，将贫困人口的具体情况进行分类管理（见表5-4）。

表5-4 农村贫困监测标准和预警

| 贫困家庭类型 | 监测标准 | | 预警 | 干预 |
| --- | --- | --- | --- | --- |
| 多维绝对贫困家庭 | 收入低于国家绝对贫困标准、一年内有大额支出情况 | 多维指标的剥夺权重在30%及以上且健康、教育、住房、饮水安全中的两个以上存在问题 | Ⅰ级预警 | 持续帮扶兜底保障 |
| 多维相对贫困家庭 | 收入处于国家绝对贫困标准与相对贫困标准之间、一年内有大额支出情况 | 多维指标的剥夺权重在30%及以上且健康、教育、住房、饮水安全中的1个以上存在问题 | Ⅱ级预警 | 暂时帮扶精准施策 |
| 边缘贫困家庭 | 收入低于相对贫困标准的1.5倍 | 多维指标的剥夺权重在1/5及以上 | Ⅲ级预警 | 持续监测社会保障 |

资料来源：笔者基于既有贫困认定标准制作。

通过对不同类型的贫困家庭进行监测预警并获取相关信息，政府部门可以依据相应级别和具体剥夺维度采取一定的干预手段。Ⅰ级预警为多维绝对贫困家庭，即某一段时间的收入低于国家绝对贫困标准、一年内有大额支出情况，多维指标的剥夺权重在30%及以上且健康、教育、住房、饮水安全中的两个以上存在问题，需要对这类家庭进行持续帮扶和兜底保障；Ⅱ级预警为多维相对贫困家庭，收入处于国家绝对贫困标准与相对贫困标准之间、一年内有大额支出情况，多维指标的剥夺权重在30%及以上且健康、教育、住房、饮水安全中的1个以上存在问题，这一部分群体需要加强稳定收入和就业的扶持，风险稳定消除之后可以不予帮扶；Ⅲ级预警为边缘贫困家庭，收入低于相对贫困标准的1.5倍，多维指标的剥夺权重在 1/5 及以上，这部分家庭需要持续监测，若有风险苗头，及早干预和阻止。总的来说，这些家庭主要体现为风险应对能力弱，脆弱性明显，一遇到突发情况，容易陷入贫困，需要提升其风险应对能力，如稳定就业，完善社会保障等举措。

（二）线上与线下相结合进行动态监测

相对贫困的动态性、易变性和复杂性要求基于大数据建立动态监测机制，尤其是对农村低收入人口和原建档立卡户进行监测，及时进行预警、反馈、处置，确保将贫困扼杀在萌芽里；对农村相对贫困群体和边缘相对贫困群体进行动态监测，加强对脆弱群体的风险防范；提高贫困治理的精度和效度，最大化减少贫困人口。基于此，在制定相对贫困标准和监测范围之后，需要采用线上与线下相结合的方式对该群体进行动态监测。一方面，利用大数据进行平台监测，在绝对贫困人口数据库的基础上，将新增贫困人口纳入数据库，确保"不落一户、不漏一人"，完善低收入人口数据库；另一方面，充分发挥制度优势，通过基层干部（驻村干部、乡村网格员、村干部）定期开展入户排查，掌握这些低收入户的具体情况，合理安排预案。例如，浙江构建了扶贫对象动态管理机制，初步形成了"线上一键申报、线下网格发现、实时定向监测、月度动态调整制度"①，在动态管理的基础上，分类施策。

具体而言，基于构建的大数据平台和数据库对贫困户的信息进行比对，同时对不同部门的数据库进行比对，及时将预警信息分类分级反馈给基层进行核实②，进而形成多部门联动的风险研判和处置机制，如卫生健康局反馈大病、重病和慢性病等新增人员情况，医保局反馈个人支付医药费过高的农户信息，住建局反映住房情况等。此外，村干部或网格员要对农户的生产生活、住房安全等情况进行日常摸排，重点核实上级部门的反馈和预警情况，再进行反馈和审议等。对易返贫致贫人口实施常态化监

---

① 雷刘功、李锦华、王琦琪：《紧盯"重要窗口"新目标新定位 健全解决相对贫困长效机制——访浙江省农业农村厅厅长、省扶贫办主任王通林》，《农村工作通讯》2020年第19期。

② 《中央农村工作领导小组关于健全防止返贫动态监测和帮扶机制的指导意见》，http://nr-ra. gov. cn/art/2021/8/4/art_624_191159. html，最后访问日期：2023年12月1日。

测，若有人越过贫困标准线，及时发现和响应，迅速纳入贫困人口数据库，及时帮扶，从而显著提高识别效率和精准度。贵州岑巩县依托贵州"扶贫云"大数据防贫监测平台，快速发现返贫致贫人口并采取措施，将线上预警与线下核查相结合，识别出有返贫致贫风险的家庭，落实政策帮扶，效果显著。江苏省探索建立了"阳光扶贫"系统，并定期开展扶贫对象动态调整，建立了监测预警机制以及相对贫困申报和数据管理平台，通过低收入农户主动申报、基层干部入户核查，确定家庭是否纳入扶贫对象范围，通过预警监测系统及时发现返贫人口并给予针对性扶持。

（三）坚持预防性措施和事后帮扶相结合

对贫困群体和边缘群体进行动态监测，获得预警级别并核实致贫因子之后，根据不同的风险因子确定分类帮扶机制，进行针对性帮扶，落实"一户一策"，能够有效预防贫困。因此，针对动态监测，要健全响应机制，分层分类进行帮扶，坚持预防性措施和事后帮扶相结合，采取有针对性的帮扶措施。[①]

首先，对贫困群体进行分类监测和追踪管理。对于老弱病残等无劳动能力或基本丧失劳动能力的贫困人口，要保障其基本生存需求，适当满足更高层次的需求，并将其纳入长期扶持人群进行管理。对于有劳动能力却因疾病和自然灾害等突发意外情况暂时陷入贫困的人群，要重点管理，及时为其提供就业机会，让其自力更生摆脱贫困。另外，对贫困群体的收入、教育、医疗等多维数据进行追踪管理，根据这些信息及时调整更新帮扶政策。贵州省铜仁市江口县通过建立监测预警机制，对监测对象分类实施帮扶，有针对性地解决疾病、上学、自然灾害等致贫风险，筑牢防返贫致贫的"拦水坝"。

其次，坚持预防性措施和事后帮扶相结合。就预防性措施来说，在发现住房、教育、就业以及突发情况等方面的致贫风险后，尽可能地缩短认定时间，简化认定程序，及时及早帮扶。同时加大对乡村振兴重点县和易地搬迁安置区的公共服务、就业等方面的扶持和倾斜力度，巩固脱贫成

---

[①] 《中共中央国务院关于实现巩固拓展脱贫攻坚成果同乡村振兴有效衔接的意见》，人民出版社，2021，第8页。

果,增强其稳定性,防止这些地区的群众返贫。就事后帮扶来说,要坚持"缺什么补什么"原则,对于因灾、因病等突发情况返贫的,要落实社会保险和医疗救助等政策,及时消除风险;对于失业、收入不稳定者,要加强技能培训、就业扶持、劳务输出;对于无劳动能力的特殊贫困群体,要及时落实低保、五保、残疾人补助、社会救济、高龄补贴等政策。对于有住房安全、饮水安全等致贫风险的,需要即增即改解决。无论是自然风险,还是社会风险,都需要加强对风险的干预和预警,构建短、中、长期相结合的风险干预机制,及时阻断返贫风险的生成与演化路径。[①] 短期加强临时救助,中期加强社会保障和自然灾害预报,长期统筹推进乡村振兴,加强人力资本提升和产业的可持续发展。

## 三 定期对贫困人口进行"二次识别"

贫困的动态变化以及在贫困户识别中存在的偏误要求定期对贫困人口实行"回头看",进行"二次识别",不断更新完善现有贫困户数据,确保贫困治理工作的规范性。一方面,贫困是动态变化的,贫困户的确定并不意味着贫困的持续,而是意味着贫困的改善。贫困户在国家、社会的政策帮扶下,在其自力更生下逐渐实现脱贫,定期对贫困人口"回头看",能够确保其脱贫的稳定性和治贫工作的有效性。另一方面,要核查贫困户识别是否有误,程序是否规范,如是否做了入户调查、民主评议、公示公开、审核复查等工作,通过健全定期核查机制,实现贫困人口识别的精准化。

在具体的操作上,主要分"两步走"。一方面要进入贫困户家中进行观察、交谈,留意家庭生活状况,同时要核查之前确定贫困的程序是否规范、各种资料是否齐全,核查贫困人口总数、户数和人数是否正确,若发现贫困户的造假和欺瞒现象,将其纳入征信系统并予以一定的惩罚,遏制争当贫困户的现象[②]。另一方面使用大数据进行排查,在构建贫困人口数据库的基础上,通过比对现有贫困户在民政局、统计局、房管局、车管

---

① 王媛:《后扶贫时代规模性返贫风险的诱致因素、生成机理与防范路径》,《科学社会主义》2021年第5期。
② 刘成良:《2020年后国家贫困瞄准能力建设研究》,《农业经济问题》2021年第6期。

所、农业农村局的相关信息，排查贫困户名下所拥有的房产、车产、收入、就业等详细信息。这些不能通过询问获得的数据，使用大数据可以得到全面真实的呈现。根据排查的信息对贫困户进行剔除和更新，同时也对数据库中的贫困户数据进行清理和替换。因此，互联网、大数据技术在"回头看"中发挥着重要的作用，能够提升识别的精准性，降低人为因素的干扰。在这一过程中，需要民政、公安、社保局、房管局互联互通，这样能够极大地提升识别效率、节省行政成本。在数据平台上对扶贫对象、致贫原因进行分析，能够全方位掌握贫困状况，对贫困人口动态追踪和监管，并不断完善和更新贫困人口数据。

### 四 健全贫困人口动态退出机制

贫困是动态变化的，有进有退才符合贫困的基本属性。贫困人口的识别不仅要"应有尽有"，更要"应退尽退"。在对贫困人口进行动态监测和"二次识别"后，将不符合贫困标准的人口及时剔除，将符合贫困退出标准的人主动劝退，能够获得一定时期较为精准的贫困人口数据，减少我国扶贫资源的浪费，提升贫困人口脱贫的主动性和积极性。

#### （一）制定多维贫困退出标准

在脱贫攻坚期，各地基于《扶贫开发纲要》和《关于建立贫困退出机制的意见》构建了符合实际的关于本省的贫困县、贫困村和贫困人口退出机制。甘肃省对贫困县的退出标准确立了 15 项指标，对贫困村的退出标准确立了 13 项指标，对贫困户的退出标准确立了 7 项指标[①]。就贫困户的退出标准而言，主要看其是否超过国家提出的收入标准以及"两不愁三保障"。而相对贫困户的退出同样要基于相对贫困户的认定标准，若贫困户持续稳定地超过本书提出的相对贫困维度和指标，可以预见其返贫致贫概率小，则可鼓励其主动退出。贫困户退出标准要稳定超过其贫困认定标准，不能仅从收入考察，而是要从教育、医疗、资产、住房等多个维度评

---

① 人均可支配收入超过国家现行扶贫标准、有安全住房、家庭无因贫辍学的学生、有安全饮水、参加新型农村合作医疗、参加城乡居民基本养老保险、有培训需求的劳动力参加技能培训。

估脱贫成效,使其稳定可持续脱贫。

(二) 合理公正地实施贫困退出

鼓励贫困户主动退出。在贫困户退出的过程中,要坚持正向激励原则,鼓励满足退出贫困标准的人口自愿主动脱贫,加强"耻感文化"制度建设[①],发扬以好逸恶劳为耻,以勤劳致富为荣的精神,激发贫困者的内生动力。这样既有利于公平地分配扶贫资源,让更多的边缘贫困户享受到扶贫资源,又有利于让脱贫户自力更生。

构建贫困退出的民主评议机制。针对贫困户主动申请以及组织提议申请退出的贫困户,需要经过驻村干部核实以及普通群众的民主评议,在达成一致意见之后,公告退出。在这个过程中,需要发挥一般农户的作用,让贫困退出得到大众的认可,更加公平公正公开。此外,发挥第三方评估的作用,以保证退出的公平性、公正性和有效性。除了发挥普通农户、村干部和驻村干部的评估作用,还可以制定包含收入、生活水平、健康、基本公共服务等指标的评估指标体系,引进大专院校、社会组织以及科研评估团队对脱贫成效以及脱贫人口的可持续性进行评估,增强评估的科学性和公正性。

构建贫困人口动态监测机制。要定期对退出人员进行回访调查,以确保治贫成效和贫困户的可持续发展能力。为防止返贫,坚持脱贫不脱钩,设置五年过渡期,在过渡期内严格落实"四个不摘"要求,以保证政策的连续性。这种"扶上马送一程"的渐进式退出,可以减轻脱贫户的后顾之忧,有效巩固脱贫成果。

(三) 加大对贫困退出机制的保障

要完善对贫困退出的人力、物力和财力的保障,增强正向激励机制,保证退出的规范性、科学性和精准性。一是加大对人力物力的支持,聘请专业人员对贫困人口进行动态管理,采取更为科学有效的监测方法。二是增加对贫困退出的投入,在坚持摘帽不摘政策的基础上,要继续对贫困户进行一定的支持,使其能够完全自力更生,有较强的自身发展能力之后再

---

① 唐任伍、肖彦博、唐常:《后精准扶贫时代的贫困治理——制度安排和路径选择》,《北京师范大学学报》(社会科学版) 2020 年第 1 期。

完全撤掉支持。三是增强正向激励机制，要对扶贫干部和脱贫户进行正向激励，对积极发展产业、提升自身能力的脱贫户进行政策激励，解除其后顾之忧，对做得好的村干部予以奖励，纳入考核体系；而对于"等靠要"的贫困户和"懒政行为"的扶贫干部要坚决惩处，抵制"数字脱贫"，实施倒逼机制。

相对贫困人口的识别是第一步，在识别之后进行动态管理同样重要。通过构建完善的贫困人口数据库，定期核查，对其进行"二次识别"，基于大数据对贫困人口进行动态监测，及时剔除和补录一部分贫困人口，不断调整相对贫困人口数据库，定期对贫困人口进行"回头看"，同时对贫困人口和贫困边缘人口进行动态监测，防止返贫致贫。

# 第六章 解决农村相对贫困的实践推进机制

解决相对贫困要充分发挥社会主义制度优势,在高质量发展中实现共同富裕。构建解决相对贫困的实践推进机制是回答相对贫困"扶什么""怎么扶"的问题,基于相对贫困的本质内涵和我国农村实际,在推进举措上,既要涵盖"相对性",从生产关系维度出发,用保障性政策解决不平衡问题,又要涵盖"贫困",从生产力维度出发,用发展性政策解决不充分问题,实现经济增长与社会保障的良性互动。乡村振兴战略是推动城乡均衡发展的必由之路,既能解决发展的"不均衡"问题,又能解决发展的"不充分"问题。集体经济是解决农村内部共同致富的根基,大力推进乡村建设,尤其是基础设施建设和公共服务提升,能够为乡村振兴和集体经济发展提供支撑,是实现农村发展的前提和保障。因此,本书从乡村振兴战略、发展壮大集体经济以及大力实施乡村建设行动出发,从发展和保障维度推进解决农村相对贫困。

## 第一节 乡村振兴战略是推动城乡均衡发展的必由之路

乡村振兴战略的最终目的是解决农村发展的不充分问题,实现城乡均衡发展,农村的发展关系到共同富裕的全面实现。因此,农村相对贫困治理与乡村振兴战略是一枚硬币的两面,都是为了解决共同富裕问题。将相对贫困问题的解决纳入乡村振兴,一体推进、一张蓝图绘到底,不但可以巩固脱贫成果,还可以缓解相对贫困,具体路径机制见图6-1。乡村振兴的全面推进,不仅能"巩固"脱贫成果,更能实现"拓展",推动农业农村全面发展。我国农村地区长期落后于城市,很大程度上源于城乡二元结构下的体制机制弊端,城乡要素资源的单向流动导致农村"空心化"、农村产业发展滞后、农民持续增收乏力,且许多偏远地区农村存在生态脆弱等问题。在推动构建新发展格局、新型城镇化、城乡融合发展的背景下,基于乡村振兴的总要求,可以从畅通城乡经济循环、促进乡村产业兴旺、长效培育人才队伍、涵养文明乡风、农村绿色减贫与发展、发展集体经济、基本公共服务及能力提升①等举措出发,不断促进农民增收,扩大农村内需,促进城乡融合,改善农村人居环境,提升群众生活满意度、幸福感,进而消除农村收入贫困、消费贫困、主观贫困等多维贫困,最终实现城乡均衡发展。

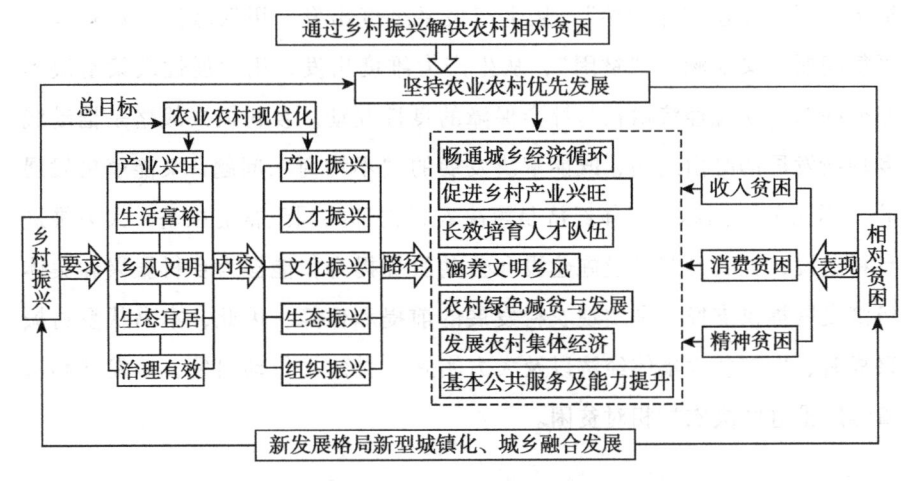

图 6-1　贫困治理纳入乡村振兴的具体路径机制

## 一　畅通城乡经济循环

围绕乡村振兴战略"生活富裕"的要求,通过畅通城乡经济循环、强

---

① 集体经济是解决农村内部相对贫困的根基,能够体现社会主义制度优越性,是解决社会主义贫困的重要举措,故在第二节详细阐述。基本公共服务既是乡村振兴的重要内容,又是乡村建设的重要内容,对解决多维贫困,提升村民的生活便利度、生活质量和兜底保障都有重要作用,故在第三节详细阐释。

第六章　解决农村相对贫困的实践推进机制

化高质量资源对农村发展的支撑作用,解决城乡在投资消费、收入分配、资源配置等方面的不均衡问题,进而推动农村全面发展、实现农业农村现代化并带动相对贫困问题的解决。

(一) 协调推进城镇化与乡村振兴战略

中国的现代化发展极不平衡,即我国农业现代化滞后于工业化和城镇化,城镇化滞后于工业化(两个滞后)[①]。基于此,党的十九大提出乡村振兴战略。新型城镇化将传统上扩大城区面积的"形式"城镇化转变为以人为核心的城镇化,有序推进农业转移人口市民化,注重发挥城市对农村的反哺作用,进而实现工农、城乡一体化。因此,新型城镇化和乡村振兴有一个共同的目标即实现城乡融合发展,二者都是顺应我国城乡发展趋势提出的重要战略举措,决不能顾此失彼,将二者对立起来,而应以乡村振兴为抓手,不断促进我国现代化进程中城乡格局的变化[②],缩小城乡差距,最终形成城乡良性互动、城乡全面融合发展的局面。具体来讲,在"双循环"发展背景下,要打通城乡循环不畅的堵点,推动城乡双向开放。一方面,以新型城镇化战略为着力点,扩大城市对农村居民的开放,促进进城农民市民化,使其平等享受城镇居民的公共服务和社会保障,提升进城农民的幸福感,同时建立激励机制,鼓励有条件的居民进城落户安家,并给予资金支持等。加快县城城乡融合与小城镇发展,增加住房供给,促进县城就业的农民工就地市民化。另一方面,以乡村振兴为抓手,扩大农村对城镇居民的开放[③]。农村的发展需要城市居民以及外出务工居民创业就业。这就需要保障城市居民入乡条件,满足其休息、居住和办公等需求。加大农村宅基地制度改革和住房保障,提升公共服务,完善配套就业创业设施,这样才能促进城乡良性发展,也能够从根本上提升脱贫地区整体发展水平。

(二) 促进城乡要素资源合理流动

乡村要振兴、农村要发展,需要以城带乡、以工补农。农业农村的发

---

① 宋洪远、赵海:《我国同步推进工业化、城镇化和农业现代化面临的挑战与选择》,《经济社会体制比较》2012年第2期。
② 陈锡文:《实施乡村振兴战略,推进农业农村现代化》,《中国农业大学学报》(社会科学版) 2018年第1期。
③ 叶兴庆:《在畅通国内大循环中推进城乡双向开放》,《中国农村经济》2020年第11期。

展需要非农部门的大力支持和帮助,没有城乡联动,乡村振兴就不能实现,也谈不上在乡村振兴统筹下解决相对贫困问题。而城乡联动的关键是城乡要素的合理流动。造成我国"两个滞后"的基本原因是以政府为资源配置主体的生产要素呈单向流动,市场机制的再平衡作用没有发挥。因此,促进城乡要素资源合理流动,一要充分发挥市场的决定性作用,推动生产要素市场化,打通制度性壁垒,完善要素按市场定价、定报酬的机制,继续促进土地、资本、劳动力、技术等要素在市场经济条件下的优化配置。二要激活农村"人、地、钱"的要素存量并提升质量。部分农村地区的人力资源没有得到充分利用,要坚持本土培养和外来引进相结合。就土地要素而言,许多耕地、集体经营性建设性用地以及宅基地没有得到合理利用。因此,要不断盘活农村存量建设用地,保障乡村产业发展用地,整理废弃宅基地、放活其使用权,使"沉睡"的资源得以充分利用。就资金要素而言,要不断完善农村金融体系、农民信用体系,加大财政支农的比例,确保农业农村发展的资本投入。三要扩大农村"人、资金、数据、技术"等要素增量。完善激励机制,鼓励外出务工和城市居民下乡干事创业、投身农村建设,引进外来资本,设立乡村振兴基金或开发金融产品支持农村发展新产业、新业态;尤其是要充分发挥"技术"和"数据"等要素的作用,如利用人工智能和大数据等对相对贫困人口的识别、对农村产品的售卖,推动产业、消费和电商扶贫的融合发展[①],带动产业兴旺。

(三)推动城乡生产与消费的有效对接

当前,我国农村居民的消费水平偏低,动机不足,且大多数农村不健全的物流设施也制约了农村的消费需求。农村产品与城镇居民消费需求存在脱节,其产品特色不强、品质不高,难以满足城镇居民多样化、品质化需求。因此,要激活农村消费潜力,提升农民消费水平,同时加强城乡生产和消费的对接,生产出满足城市居民多样化、绿色化消费需求的产品。具体而言,一是更新农民消费观念、促进消费升级。加强对农村居民的消费引导,开拓健康、医疗消费领域,推广旅游、文化等享受型消费,促进

---

[①] 王小林、张晓颖:《中国消除绝对贫困的经验解释与 2020 年后相对贫困治理取向》,《中国农村经济》2021 年第 2 期。

消费多样性，增加并升级农村居民耐用消费品，提升消费品质等。二是完善城乡商品流动的基础设施，如完善物流体系和农产品仓储保鲜冷链设施，使网购商品进得来，农产品出得去，建立线上线下相结合的服务网点，推动农村居民购物的便利化，降低消费成本。三是加强农产品供给侧结构性改革，促进县域城乡融合，构建县域产业发展平台，使其成为对接城乡生产和消费的桥梁，从而能够生产出适销对路、满足城乡居民多层次需求的产品，推动农产品的绿色化、智慧化生产，以增加供给的有效性，提升农产品的附加值，最终提升农民收入和消费水平。

## 二 促进乡村产业兴旺

围绕乡村振兴战略"产业兴旺"的要求以及党的十九大提出的"构建现代农业产业体系、生产体系、经营体系"[1]，不断促进农村产业兴旺，从而助益农村可持续增收和长远发展。习近平总书记强调，"发展产业是实现脱贫的根本之策"[2]。"攻坚式"扶贫模式中的产业扶贫面临着产业同质化现象严重、市场竞争力不足、产业依赖性强、新型经营主体带贫意识不强等问题，产业发展不可持续。这就需要后脱贫时代因地制宜发展特色产业，不断推动产业融合，延长产业链、推动产业市场化发展，增强产业发展的独立性、培育新型经营主体，完善利益联结机制，走中国式农业现代化道路。

### （一）产业布局：发展长效特色产业

产业布局需要根据市场需求，选择有市场竞争力和比较优势的产业。各地在发展产业时，最基本的逻辑是选择具有当地特色和资源优势的产业。各地要充分利用其已有的产业基础、资源禀赋和区位优势，发展特色产业，避免同质化，走出一条特色产业发展之路。在具体规划上，要立足长远，做好产业布局，将分散的产业纳入产业体系之中，推动产业的可持

---

[1] 习近平：《建成小康社会 夺取新时代中国特色社会主义伟大胜利——在中国共产党第十九次全国代表大会上的报告》，人民出版社，2017，第32页。
[2] 《习近平在宁夏考察时强调 解放思想真抓实干奋力前进 确保与全国同步建成全面小康社会》，http://www.xinhuanet.com/politics/2016-07/20/c_1119252332.htm，最后访问日期：2023年12月1日。

续发展。此外，还需要考虑经济效益，但大多利润较高的"新农业"市场风险大，"改造农民"与"驾驭市场"如何平衡是政府产业布局面临的重要考验①。资本和劳动双密集的产业对于贫困村是一个较好的选择。特色农产品的种植业兼具特色与长效性，在政府政策和扶贫资金的支持下吸引企业投资，同时注重提升产品质量，迎合城市居民消费需求，打造特色、有机农产品品牌，提升市场竞争力。此外，要充分利用技术和数据优势，通过高科技提升农产品质量，通过互联网、大数据收集消费者数据信息，生产适销对路的农产品，推动产业的长效发展。

（二）产业结构：打造农业全产业链

乡村振兴需要一二三产业融合发展。随着社会的现代化转型，农业资源不断流入工业和服务业，农民在农业中获得的收入相对下降，且由于农业的特性，面临着自然和社会的双重风险。② 因此，农业始终处于产业发展的弱势地位，我国农业全产业链的中上游发展缓慢，农业处于价值链低端，附加值低。因此，想要提升农业效益，促进发展的持续性，需要打造农业全产业链，实现一二三产业融合。农业的三产融合是通过产业的复合与重构，催生新业态，形成产业聚合体的过程。③ 打造农业全产业链，促进三产融合，按照农业农村部相关意见文件④，一要着力培育新产业新业态，延伸产业链条。一方面，发展休闲农业、观光农业、康养农业等实现横向产业链的延展。另一方面，对农产品进行深加工、做大做强品牌，开发特色化、多样化的产品，增加产业附加值。例如，有条件的地区，可以构建集生态保育、食物保障、原料供给、休闲旅游、就业增收于一体的"山水田园综合体"⑤，促进农村的生态、生活和生产价值的实现。二要发

---

① 许汉泽、徐明强：《再造新集体经济：从"产业扶贫"到"产业兴旺"的路径探索——对 H 县"三个一"产业扶贫模式的考察》，《南京农业大学学报》（社会科学版）2020 年第 4 期。
② 孔祥智、谢东东：《缩小差距、城乡融合与共同富裕》，《南京农业大学学报》（社会科学版）2022 年第 1 期。
③ 江泽林：《农村一二三产业融合发展再探索》，《农业经济问题》2021 年第 6 期。
④ 《农业农村部关于加快农业全产业链培育发展的指导意见》，http://www.gov.cn/zhengce/zhengceku/2021-06/02/content_5614905.htm，最后访问日期：2023 年 12 月 1 日。
⑤ 王留根：《相对贫困论》，中国农业出版社，2020，第 64 页。

展现代农业产业园区、特色产业集群、融合示范园区和科技示范园区等,实现相关产业联动发展并促进资源共享。三要推动相关基础设施和物流网络建设,提升农村产业原料生产基地的标准化、规模化、机械化、数字化水平,充分利用人工智能等先进技术进行智能化生产。搭建农产品体系化物流网络和销售市场,开发多种销售业态和模式。充分利用互联网和大数据等技术提供产品生产、行情咨询等服务。同时,要加强农村电商主体的培训培育以及农民创业培训等。

(三)产业模式:打造多元复合型模式

推动产业复合发展,推动"一县一业"发展格局,2022 年中央一号文件提出,"大力发展县域富民产业"[①]。在"攻坚式"扶贫模式下,扶贫产业对政府和社会帮扶群体的依赖性强,政府在产业发展中起着主导作用,往往是政府选择产业并自上而下地推行。政府往往选择短平快的项目,且大多集中于传统农牧业,产业的可持续性低。因此,新发展阶段,推动产业长效发展,要将政府"主导"转变为政府"引导",更多发挥其在基础设施、制度保障以及公共服务上的作用,逐渐形成在政策支持下以市场化方式推动的"造血式"产业发展的模式[②]。具体而言,一是打造复合型的产业发展模式。贫困地区的产业发展大多数比较单一,要在尊重市场发展和产业发展需求的基础上,培育复合型产业发展模式,分散市场化带来的风险。二是充分发挥多元主体带动作用。将低收入群体的发展与村庄"熟人"、合作社以及龙头企业等经营主体发展结合,形成共赢局面。引导不同类型产业优势互补,不仅要发挥头部企业的领航作用,也要发挥小微企业、庭院经济、小作坊等特色产业带动就业增收的独特作用[③]。将国家给予贫困户的分散资源交由经营主体经营,可以解决经营主体的发展资金问题、有劳动能力群体的增收问题以及扶贫资源分散化的问题,提升资源利

---

① 《中共中央国务院关于做好二〇二二年全面推进乡村振兴重点工作的意见》,《人民日报》2022 年 2 月 23 日,第 1 版。
② 虞洪、林冬生:《脱贫攻坚长效机制分析——基于四川省通江县的实践》,《农村经济》2017 年第 9 期。
③ 姜长云:《新发展格局、共同富裕与乡村产业振兴》,《南京农业大学学报》(社会科学版)2022 年第 1 期。

用效率。三是充分发挥有劳动能力群体的主体性，充分尊重村民发展产业的意愿，根据当地实际情况来选择产业，而不能因为脱贫时限打造短平快的项目。同时，可以创新"小农扶贫"模式，帮助直接建立小农与市场的联系，实现价格共赢，或者将小农组织起来再造集体经济。①总之，在实现全面小康之后，只有增强产业发展的独立性和市场竞争力，才能促进产业可持续性。

（四）经营模式：建设现代化经营体系

不断完善和建设现代化经营体系是推进农业农村现代化，实现长远可持续发展的重要举措。建设现代化经营体系，一方面有利于规避小农生产的市场风险，提升农业的市场竞争力，另一方面有利于引进现代化的生产技术、经营管理方式进行适度规模经营，提高农民收益水平。首先，要抓好家庭农场和农民合作社两类经营主体。通过稳定土地承包关系，促进土地流转，发展适度规模经营。发展各类专业合作社为农户提供指导、销售、购买、借贷、保险等服务，深化农业产业和专业分工，农户联合经营、按股分红，能够有效地延长产业链、提升生产效率。其次，鼓励龙头企业、种养大户、小农户和社会化组织等组建农业产业化"联合体"，促进龙头企业对农户就业和发展的带动作用。鼓励发展"企业+合作社+农户+基地"的经营模式，从而形成"生产—加工—销售"的联合体，鼓励有条件有能力的群体发展"直播带货"，形成"线上+线下"一体化互联网销售模式②。龙头企业作为管理和统筹主体，将生产和服务外包给合作社和农户，小农户以土地、劳动力等入股合作社或者龙头企业，不仅有利于促进小农的组织化、规模化生产，还有利于增强小农产业抵御市场风险的能力。再次，创新利益联结机制。在实现农业产业化联合的过程中，要注重保护农民的利益，基于公平原则，让农民获得相应的产业经营收益。创新收益分享模式，农民的利益回报可以是多样的，如订单种植、合作社

---

① 许汉泽、徐明强：《再造新集体经济：从"产业扶贫"到"产业兴旺"的路径探索——对 H 县"三个一"产业扶贫模式的考察》，《南京农业大学学报》（社会科学版）2020 年第 4 期。

② 罗贵榕、刘俊显：《乡村相对贫困治理的长效机制探索》，《学术交流》2020 年第 11 期。

第六章　解决农村相对贫困的实践推进机制

分红、企业务工等,构建起农户积极参与、多劳多得的激励约束机制。改变农户在利益联结中的边缘地位,帮助贫困户积累资源,提升能力,实现资源相济、能力互补,其合作也才能更紧密长久。① 不断完善利益联结机制,提高农户的收益和地位,才能实现可持续增收。

(五) 根本出路:走中国式农业现代化道路

习近平总书记指出,党领导中国人民"创造了中国式现代化新道路"②。其中,中国式农业现代化道路是中国式现代化新道路的重要组成部分。中国共产党自成立以来,对这条道路进行了艰辛探索,大体经历了军事化、集体化、产业化、系统化四个阶段,③对农业现代化的认识不断深化,从最初的"机械化"到"机械化、水利化、化肥化、电气化",再到"科技化",农业现代化成效显著,农业现代化水平明显提高,将饭碗牢牢地端在自己手中。④ 实践证明,农业现代化可以有效提高土地或劳动生产率,从而促进农业增产、农民增收。

具体而言,第一,中国式农业现代化意味着农业机械化水平的提升,机械化是提高农业劳动生产率的物质基础⑤,只有不断提升农业机械化水平,才能有效提升农业生产效率,增加农民收入。第二,中国式农业现代化意味着农业数字化水平的提升,新一轮科技革命以数字化为核心,通过将大数据、云计算等数字化技术应用于农业生产和经营,可以获得农产品的生产、消费等信息,有效解决"小农户大市场"的信息盲区,进而促进农业降本增效,提升产业链价值链,催生新产业新业态,如农村电商的发展,将特色农产品带出"田间地头",进而拓展了农产品销售渠道。第三,中国式农业现代化意味着农业绿色化水平的不断提升。绿色化是发展现代农业的必由之路。绿色生态农业的发展既符合治理环境污染的要求,也符

---

① 范建刚:《利益联结机制中的扶贫责任偏离及其治理》,《思想战线》2020年第6期。
② 《习近平:在庆祝中国共产党成立100周年大会上的讲话》,www.qstheory.cn/yaowen/2021-07/01/c_1127615372.htm,最近访问日期:2024年8月20日。
③ 杨志良:《中国式农业现代化的百年探索、理论内涵与未来进路》,《经济学家》2021年第12期。
④ 中华人民共和国国务院新闻办公室:《中国的全面小康》,人民出版社,2021,第13页。
⑤ 张占耕:《新时代中国特色农业现代化道路》,《区域经济评论》2018年第2期。

合人民对绿色产品的需求。要充分利用现代化科技发展绿色生态、高效农业。第四，中国式现代化意味着农业功能化水平提升。农业不仅有满足基本生活这一经济功能，而且会随着社会的发展发挥其他功能，如生态功能、文化功能、政治功能等。要充分挖掘农业的其他功能，如发展休闲农业、生态康养等，这不仅能够促进农民增收，也能够推动农业共享化发展。第五，中国式农业现代化意味着农业共享水平的提升。共享的最终目的是实现共同富裕。中国式农业现代化意味着农业现代化成果共享，而不是以资本逐利为目的，在农业经营收益分配上注重公平和共享，不断缩小收入差距，促进城乡融合。

向第二个百年奋斗目标迈进，要乘着新发展格局、乡村振兴战略的东风，继续推进中国式农业现代化，不断实现农业的可持续发展，促进农民持续增收，朝着共同富裕目标前进。这就需要基于我国"耕地少，人口多特别是农民多"[1]的实际不断推进农业现代化。要立足国情，将农业现代化与农村现代化相结合，其中，强化科技支撑是动力，推进农业产业化、绿色化发展是方向，实现小农户与现代化农业有机衔接是关键，完善农业支持保护制度是保障。

其一，强化科技支撑，提升农业机械化、科技化和信息化水平。农业科技是农业现代化发展的支撑。[2] 实践证明，科技支持至关重要，发达国家高水平的农业科技支撑着80%的农业收益，而我国的农业科技仅贡献了48%的农业收益。[3] 因此，我国要提升农业科技水平，增加投入、培养人才，促进科技研发和技术推广，进而提升机械化、智能化、信息化水平，实现信息化与机械化的有机融合。同时，突破"卡脖子"技术，打好种业翻身仗，不断推进农业科技创新。

其二，加快农业转型升级，推动农业产业化、绿色化发展。高效、生态农业是我国现代化农业发展的方向。一方面，增加对农业的资金投入，

---

[1] 《邓小平文选》第2卷，人民出版社，1994，第164页。
[2] 王国敏：《中国特色农业现代化道路面临的"瓶颈"约束研究》，《四川大学学报》（哲学社会科学版）2009年第5期。
[3] 中国社会科学院农村发展研究所、国家统计局农村社会经济调查司：《中国农村经济形势分析与预测（2007-2008）》，社会科学文献出版社，2008，第188页。

## 第六章 解决农村相对贫困的实践推进机制

吸引各类人才,不断促进农业产业化发展,优化农业生产结构,实现"接二连三",延长产业链,增加产业附加值,形成新型农业产业体系。另一方面,不断加大农业绿色化转型升级,促进产业的绿色发展,如充分利用当地特色发展绿色生态农业、休闲观光农业等,生产生态、有机、绿色农产品,满足城乡居民多层次生活需求。

其三,促进小农户与现代化农业有机衔接。学术界对我国农业现代化道路的模式存在3种主张,即规模化道路、小农道路以及适度规模经营的家庭农场经营道路。[1] 囿于"大国小农"的现实国情,规模化农业显然不适合我国具体实际,尽管我国人口城镇化率达60%,但仍有5亿多农民,城市的容纳能力决定着大多数农民工无法在城市体面生活,需要保留土地承包权和经营权作为农民进城失败的退路[2]。因此,小农经营要实现现代化,可以发展农业社会化服务体系,培育市场化的社会服务主体,实现服务的现代化。同时,小农户的发展离不开现代农业经营主体的发展,要以家庭经营为基础,发展家庭农场,实现适度规模经营。

其四,完善农业支持保护制度。农业是弱质性产业和高风险产业,且具有多种功能价值,这就要求不断加强对农业的支持和保护,不断完善补贴政策,优化相关政策。加强财政对乡村产业的支持,有效解决补贴发放的"最后一公里"问题。加大财政对农业产业园、产业集群的建设。加大对农业发展的直接补贴力度,如耕地地力保护补贴、农机购置补贴。对生产效率高、品牌化建设好、绿色有机的农业实施奖补政策,以带动其他村民发展,同时优化发展环境,加快引导社会资本投入。

其五,基于不同区域实际采取不同的现代化道路模式。东部地区由于土地资源紧缺、劳动力流失严重,应转变农业发展方式,提高土地产出率和劳动生产率,促进一、二、三产业的联动发展。中部地区要提高农村基础设施建设水平、优化农业生产结构、加快农业科技升级,转变农业增长方式[3]。

---

[1] 胡鹏辉、吴存玉、吴惠芳:《中国农业现代化发展道路争议评述》,《中国农业大学学报》(社会科学版) 2016年第4期。
[2] 贺雪峰:《为什么要维持小农生产结构》,《贵州社会科学》2009年第9期。
[3] 王国敏等:《中国特色农业现代化道路的实现模式研究》,四川大学出版社,2013,第299~303页。

西部部分地区由于生态功能的限制，应主要提供生态产品，附带提供农产品。因此，构建西部地区生态、特色农业模式是促进西部农业现代化的现实选择，要促进小型机械化运营、发展特色农业。东北部地区一直是我国最大的粮仓，因此，要采取多种措施继续保障其商品粮基地的发展，如加大种粮补贴力度、加强机械化水平、延长粮食产业链，加强农田水利设施建设，提升种粮农民素质，保护东北地区黑土地的生态环境等。不同地区情况不同，一定要基于具体实际采取具体措施，而不能一刀切地发展农业现代化。

## 三　长效培育人才队伍

无论是治贫还是振兴，人才资源都是第一生产力。不断培育农村人力资本是动力引擎。收入来自劳动创造，而劳动力提升的关键在于人力资本的培育。农村群体不仅要有"想发展"的主体意识，更要有"能发展"的主体能力。贫困主体"可行能力"提升的关键在于创造公平的公共环境，通过完善教育、医疗等公共服务，提高贫困群体的能力和市场竞争力。

### （一）加强教育扶贫，阻断代际传递

习近平总书记多次强调："治贫先治愚、扶贫先扶智。"[1] 舒尔茨认为，改善穷人的关键是"提高人口质量，提高知识水平"[2]。教育是阻断贫困代际传递的根本之策。要充分保障贫困群体及其子女的教育权利，尤其是义务教育、儿童和妇女的教育。一是保障未成年人高质量完成义务教育。一方面，加大教育资源投入，不断完善贫困地区义务教育阶段的办学条件和交通条件，对于空心村和人口较少的地区，要完善教育资源的供给方式，促进小学、初中尽量就近入学，高中集中入学。同时构建"引得来、留得住"的教师人才队伍体系，提升教学质量，其关键是提升教师福利待遇和发展通道。通过"教育+互联网"，购买优质教育资源，使贫困地区的居民也能享受更高水平的教育。另一方面，完善学生教育资助体系，继续实施贫困地区教育"两免一补"政策，为贫困户子女接受教育解除后顾之忧。

---

[1]　《习近平谈治国理政》第二卷，外文出版社，2017，第85页。
[2]　舒尔茨：《论人力资本投资》，吴珠华等译，北京经济学院出版社，1990，第40页。

二是保障贫困地区女性教育，阻断贫困代际传递。扎根贫困地区40年的张桂梅老师深刻认识到农村女性教育的重要性，她经过不懈努力成功创办免费女子高中，有效阻断了许多贫困家庭的代际传递。三是发展职业教育。对于部分未升学的贫困子女鼓励其上职业院校。开展校企合作不仅能够促进贫困人口有效就业，也能为当地产业发展提供人才。

(二) 实施技能培训，提升人力资本水平

除正规教育以外，通过农民夜校、讲习所、企业等对农民进行技能培训也是提升其"造血"功能的重要途径。根据贫困人口发展需求提供发展生产、务工经商、经营管理等多种技能。同时，鼓励农民在实践中学，注重培训实效。具体而言，一是开展多种技能培训。就发展生产技能而言，包括现代农业种植、农业机械使用、农产品加工包装等技术培训；就务工经商技能而言，包括家政服务、电商、建筑和冷链物流等技术培训；同时要加强农业生产、市场经济等理论知识的学习，促进科学种田和规避市场风险。二是开创多种培训方式。党员干部进行政策解读、经验传授。企业组织岗前培训、订单培训和岗位技能培训。对于农业发展技术而言，要在"干中学"、在田间地头学，注重实践效能。重视科学技术的作用，在农业技术孵化园、农业专业合作社中向农民传授技术知识，培养"土专家""田秀才"。三是正向激励贫困户参与培训，并纳入考核范畴。将农民的培训情况、就业情况纳入乡村人才振兴进行考核，并对优质就业户和优质种养户予以奖励，以激励其他贫困户参与培训。

(三) 加强健康扶贫，提升身体素质

贫困群体的可持续发展能力，不仅需要高素质和高技能，也需要过硬的身体素质和健康的生活方式。俗话说，"身体是革命的本钱"，许多偏远农村地区生态环境恶劣、环境污染严重，居民存在诸多不良生活习惯，严重影响了其身心健康，如高原地区容易患心脏病。部分贫困群众不注重膳食均衡，并且大多没有保险意识，一旦发生重疾，便会倾家荡产。基于此，想要提升贫困群体的身体素质，不仅要完善医疗水平，而且要让他们认识到身体健康的重要性，掌握保持身体健康的方法。一要加强健康知识宣传。一方面宣传健康的生活方式，使其意识到"爱干净、讲卫生"以及健身的重要性，大力开展"爱国卫生运动"。另一方面宣传医疗卫生知识，使其明白预防大于治疗，重视保险和预防。二要为贫困妇女和儿童提供营养援助，提高他们的身体素质。部分贫困群众仅能维持基本的温饱，而不能实现更健康、均衡的营养膳食，可以借鉴美国的妇女、婴儿和儿童计划（WIC）以及食品券计划（SNAP）[①]来完善我国农村儿童的营养改善计划。三要不断改善人居环境，如改厕、污水处理等，让贫困群体居住在宜居、舒适的环境之中。四是不断完善医疗保障水平，提升报销比例，从而增强贫困群体抵御疾病风险的能力，防止"因病致贫返贫"。

## 四 积极建设文明乡风

围绕"乡风文明"的总要求，不断实现文化振兴，满足农民多样化、多层次的精神文化需求，实现农民精神共同富裕。在实现全面小康之后，乡村文化振兴不仅要改造农村的贫困文化，更要通过文化和"福利到工作"的制度激发农民的主体意识，避免福利依赖。

### （一）改造农村的贫困文化

"贫困文化理论"认为，贫困者在长期的贫困环境中逐渐形成了难以改变的贫困思维、"穷人心态"和贫困亚文化，这些思维习惯阻碍了贫困者脱贫自主性，降低了认知"宽带"，进而产生贫困代际传递。自古以来，中国农村形成了自给自足的小农经济形态，农民形成了相对封闭、保守和落后的思想。受"安贫乐道""不患寡而患不均、不患贫而患不安"等思想影响，他们一般安于现状、追求稳定、缺乏创造力，难以适应现代化社会的发展且存在"多子多福""养儿防老"的思想，从而形成了好逸恶劳的劳动观、流于庸俗的价值观。消除贫困群体的贫困文化，要抓好移风易俗，以多元包容的理念改造贫困文化，不断宣传积极进取、奋发向上的价值观。具体而言，一是"取其精华，去其糟粕"。处理好"扬"和"弃"的关系，充分挖掘农村优秀文化并将其发扬光大，建立文化自信。同时，

---

① 妇女、婴儿和儿童计划（WIC）为收入低于贫困线185%的家庭孕妇和5岁以下儿童提供补充食品、营养教育和培训。食品券计划（SNAP）每月为总收入低于贫困线130%或净收入低于贫困线100%的个人和家庭发放只能购买食品的借记卡。

要抛弃文化中不好的元素,如得过且过等文化习惯。二是树立正确的财富观和消费观。一方面,部分贫困区域存在"重消费轻积累"的文化,注重节日消费、人情消费,极大地增加了支出负担。[①] 因此,要加大宣传,树立财富积累的观念、理性正确的消费观念。另一方面,一部分群众面临各种风险和不安全感不敢消费,从而导致消费水平和生活水平难以提升,这部分群体也需要积极引导,并完善社会保障水平,让其敢消费。三是建立多元化的文化活动,完善农村文化基本公共服务,推动农村精神文明建设,培育文明乡风[②]。鼓励村民积极参与村庄各类发展事务,发挥村规民约的作用,教育和引导其保持良好的生活和卫生习惯,改掉陈规陋习,推进改厕、改厨等人居环境整治;因地制宜完善各地农村基本公共服务,开展多种娱乐活动,满足贫困群体的精神文化需求。

(二)激发农民的主体意识

通过文化共鸣和情感认同解决农民的精神贫困,增强主体意识。文化共鸣是对特定范围内的语言和非语言内涵的理解达到一致和认同。[③] 价值判断影响实践选择[④]。因此,对贫困群体进行"扶志"要注重从文化层面去理解贫困群体,加强文化价值观的渗透,打造和谐的情感氛围来改变贫困群体的思维方式和意识,针对不同的贫困群体要因地制宜地采取措施。一是加强文化价值观的渗透。一方面,不断弘扬中华优秀传统文化,如"艰苦奋斗""自力更生""自尊、自爱、自强"精神,采取人们喜闻乐见的方式帮助广大人民群众树立主体意识。通过各种励志教育,激发贫困群众的奋发图强意识,以及"弱鸟先飞""敢于先飞"的意识,变自发为自觉,从而达到情感认同。另一方面,加强群众的思想引导,弘扬社会主义核心价值观,不断强化爱国意识,使其认识到党带领其脱贫的信心和决

---

① 汪三贵、胡骏、徐伍达:《民族地区脱贫攻坚"志智双扶"问题研究》,《华南师范大学学报》(社会科学版)2019 年第 6 期。
② 《关于开展扶贫扶志行动的意见》,https://www.nrra.gov.cn/art/2018/11/19/art_46_91266.html,最后访问日期:2023 年 12 月 1 日。
③ 袁小平:《贫困群体能力建设中的文化共鸣及其反贫效应——基于符号互动的视角》,《探索》2019 年第 1 期。
④ 熊文渊:《可行能力视角下高校教育扶贫的转向》,《重庆高教研究》2017 年第 5 期。

心，进而增强其脱贫信心，发挥基层党组织的引领作用。二是注重保障贫困群众各项权利。尊重贫困群体的主体地位，在农村各项事务发展中充分发挥其主体作用，落实群众的参与权、管理权、监督权、知情权等，使其参与贫困治理、乡村振兴的全过程，保障他们的需求和权利，从而调动其脱贫致富的积极性。三是营造和谐向上的情感氛围。一方面树立典型，发挥"榜样"的力量，对依靠自身力量、主动脱贫的带头人给予表彰，促进致富带头人与其他贫困群体的交流互动，学习其经验，激发低收入人群致富意愿。另一方面，建立奖惩机制，对那些好吃懒做、依赖思想严重者实施"负向激励"，对那些勤劳致富、自主脱贫者实施"正向激励"，[1] 并进行有条件现金转移支付。同时加大贫困区域和贫困者对外交流的机会，邀请发展较好的地区和致富带头人开展活动，营造积极向上、不甘落后的文化氛围。

建立"福利到工作"制度，避免福利依赖。贫困群体的精神贫困和农村长期沉淀下来的文化贫困所导致的贫困人口"志不足"是内因，而脱贫攻坚期目标任务的约束性和紧迫性，超常规扶贫方式导致贫困人口主体缺位、福利依赖和行为失范是外因[2]。为此，在2020年之后农村贫困群体可能会出现精神贫困，要实现农村可持续发展，就要注重贫困群体的发展性，实现脱贫的可持续性，其贫困治理的体制机制和政策工具都需要调适与重构。具体而言，一是加大以工代赈实施力度，建立福利到工作（WTW）制度。一方面不断完善以工代赈方式，提供更多就业岗位，提升劳务报酬发放比例，提高群众自力更生能力；另一方面，借鉴美国和许多欧洲国家所建立的WTW制度，必须参加工作才能接受援助，对有劳动能力的群体，规定补贴领取的条件和时长，加强工作培训，并动态调整福利领取资格，进而提升贫困人口的就业意愿和能力。二是推广有条件现金转移支付[3]，

---

[1] 李海金：《全面建成小康社会与解决相对贫困的扶志扶智长效机制》，《中共党史研究》2020年第6期。

[2] 李海金：《全面建成小康社会与解决相对贫困的扶志扶智长效机制》，《中共党史研究》2020年第6期。

[3] 在特定时间内，通过直接的现金补贴方式，促进贫困人口，特别是赤贫人口的人力资本投资，要求受益家庭必须保证家中适龄儿童入学，并达到一定的出勤率作为基本的领取补贴的条件。

避免简单发钱发物，杜绝"保姆式扶贫"，而应该对贫困群体提供符合特定发展需求的资金，如领取家庭必须保障家中适龄儿童入学，从而改善儿童教育问题，提升人力资本，改变贫困代际传递。三是完善社会救助制度，对于有劳动能力的人，在享受低保制度时，要强制加强就业培训，提升就业能力，并设置享受低保的过渡期，避免福利依赖。

## 五 促进乡村绿色发展

围绕乡村振兴"生态宜居"的总要求，实行绿色减贫。绿色减贫是通过可持续、可循环、绿色的生产方式和生活方式实现贫困人口脱贫，达到脱贫致富与生态建设的双赢。绿色减贫吸纳了绿色发展、缓解相对贫困与可持续生计意蕴，能够协调和平衡效率、公平与可持续发展。[①] 因此，2020年后，绿色减贫仍然是解决相对贫困的重要举措和必然选择。绿色主体培育是绿色减贫的关键，发展壮大绿色产业体系是重点，促进生态修复和环境治理是保障。

### （一）构建绿色主体培育机制

农村绿色减贫与绿色发展首要的是培育绿色主体，提升其绿色治理意识。积极推动形成绿色减贫方式和生活方式。绿色主体涵盖范围很广，包括企业、社会、政府和个体，主体的绿色意识培育包括自身发展和外部优化。各主体所形成的绿色减贫意识和协同参与直接影响绿色治理成效。[②] 一方面，各治理主体主动参与，提升绿色减贫意识。各级党委、政府要深刻认识绿色减贫的内源式发展和可持续生计的深刻意蕴，将绿色发展理念贯彻到减贫发展的全过程，合理配置自然资源和促进生态产品价值实现；积极引导群众和社会组织参与绿色治理，尤其是对贫困主体进行绿色资本赋权和可持续行动力赋能[③]，推动贫困群体积极参与绿色减贫过程，不仅

---

① 王元聪、刘秀兰：《相对贫困绿色治理：逻辑、困境及路径——以四川藏彝民族地区为例》，《民族学刊》2021年第2期。
② 翟坤周、侯守杰：《"十四五"时期我国城乡融合高质量发展的绿色框架、意蕴及推进方案》，《改革》2020年第11期。
③ 王元聪：《绿色减贫的靶向功效、运行逻辑及长效机制——基于"主体—产业—空间"三维互嵌耦合阐释框架》，《思想战线》2020年第2期。

有助于提升贫困主体的行动力，增强干事创业能力，还能够极大提升贫困群体自信心和满意度，阻断贫困代际传递，削弱落后的贫困文化氛围，从而打破贫困陷阱，并发挥"邻里效应"带动区域性绿色减贫。另一方面，完善相关规章制度促进各治理主体协同参与和治理。一要对生态资本所有权进行合理监管，维护所有者的合法权益，促进其开发生态资本的积极性，并完善法律体系，保障其权益。二要完善绿色减贫治理的绩效考评机制，正确处理经济、社会、生态的关系，搭建政府与社会沟通的平台，回应社会公众对其治理行为和效果的评价，并动态调适减贫政策。

(二)发展壮大绿色产业体系

我国的深度贫困区与生态脆弱区、生态富集区高度重合。锁定环境保护与贫困治理的双重目标，继续坚持绿色减贫理念，既要"绿水青山"，又要"金山银山"。对于生态富集区，要将生态优势转化为经济优势；对于生态脆弱区，要加紧生态修复和环境治理。绿色减贫的关键是实现产业绿色化和绿色产业化。随着社会主要矛盾的转换，人民群众不再满足于物质需求，而是追求精神生活的富足，希望满足多样化、个性化的发展需求。休闲旅游文化等服务型产业需求不断扩大，这也为资源富足地区提供了发展契机，这些地区可以通过挖掘其独特的自然资源、地域特色和民族文化等，发展壮大产业体系，形成比较优势，这种需求也会倒逼相关产业的转型，如部分地区利用资源优势发展休闲农业、观光农业、田园综合体。目前，绿色产业主要有四种开发形式，一是具有观赏性价值的产业，如旅游扶贫等。二是农业产业链延伸的产业，如观光农业、电商扶贫、循环农业、庭院经济等。三是开发精神文化类产业，如文化节日、文化展览以及文化产品的输出等。四是利用新技术促进产业绿色化，如光伏扶贫和大数据产业扶贫等。这些产业能够盘活贫困地区资源、促进可持续发展，提升发展质量并激发贫困地区群众的内生动力，促进当地群众的长效致富增收。未来开发绿色产业时，一是根据市场需求开发产业，全面规划产业发展，坚持不规划不设计不动工。二是通过农业和农村制度改革，如土地、林地所有权改革，增加农民收益权和议价权，加大对产业开发的金融和政策支持。三是不断促进产业融合，发展新产业和新业态，延长产业链条。四是不断完善利益联结机制,增加绿色产业的益贫性,让人民群众享受更多绿色收益。

(三) 促进生态修复环境治理

对于部分生态脆弱地区,可以通过生态修复、生态补偿、增加公益性岗位等方式促进贫困群众脱贫。对于部分生态环境恶劣、难以实现发展的地区,可以通过移民搬迁实现脱贫。随着脱贫攻坚的完成,我国的生态移民和易地扶贫搬迁基本解决了自然性生态贫困引发的绝对贫困问题,但人为导致的生态环境破坏和环境污染仍需改善。在2020年后,一方面,仍要继续落实好退耕还林还草等生态修复工程,设置部分公益性岗位促进其就业增收。对于已经搬迁的居民,要推进易地搬迁的后续扶持工作,完善搬迁区的基础设施、公共服务,促进产业的可持续发展,让搬迁居民能够"住得下""融得下"。另一方面,要做好农村人居环境整治。包括促进农村生活垃圾分类处理,推进厕所革命,加强农村污水处理,推广低成本、高效率的污水处理技术,重视农村危房改造,从整体上提升村容村貌,提升人民群众的生活质量和生活满意度。此外,要防止城镇产业污染转移到农村,在城乡产业转移和资源开发中,设定严格的准入门槛。

## 第二节 农村集体经济是实现农村内部共同发展的根基

针对农村内部的相对贫困,发展集体经济是根本之策,可以有效提升农民的财产性收入和农村公共产品供给能力,既能够从发展维度解决农村发展的不充分问题和贫困问题,又能够从分配维度解决农村内部发展的不均衡和"相对性"问题。集体经济的高质量发展是推进乡村振兴、实现共同富裕的必由之路,对于促进居民可持续增收,缓解农村多维贫困有重要意义。习近平早在福建任职时就提出,"集体经济是农民共同致富的根基"[①],并强调在实现共同富裕和乡村振兴中,"坚持农村土地

---

① 习近平:《摆脱贫困》,福建人民出版社,1992,第143页。

集体所有制性质，发展新型集体经济"。① 因此，要在理论上把握集体经济对解决绝对贫困和相对贫困的重要性，并在实践上一以贯之，通过不断推进集体产权制度改革、管理好集体资产、加强党建引领和能人带动作用等举措，发展壮大农村集体经济。

## 一 农村集体经济是跨越贫困的必然选择

从马克思、恩格斯等经典作家到中国化马克思主义者无一不强调社会主义要实行"集体所有制"或者"公有制"，这是实现共产主义的制度基础。就农村而言，土地是重要的生产资料，坚持土地集体所有才能发展壮大农村集体经济。在集体所有制下的合作生产是实现共同富裕、解决贫困的必然选择。

（一）坚持土地集体所有制是发展壮大集体经济的前提和基础

发展集体经济的前提是坚持土地集体所有制，而土地集体所有制的前提是社会主义生产资料公有制，亦称"集体所有制"，这是实现共同富裕的制度基础。建立在资本主义制度之上的私有制是贫困产生的根源，为此，消除贫困首先需要实现公有制，"由整个社会来经营"②，"以共同使用全部生产工具和按照共同的协议来分配全部产品"③。马克思曾明确提出土地集体所有制的重要性。"以公有的或者说社会所有的形式……占有大地产"，才能够避免"国库、高利贷者、新生的大地主"的"三位一体的侵害"，"土地的私有权……是十分荒谬的"④。

改革开放以来，社会上不时出现土地私有化的杂音，阻碍农村土地制度改革。中国几千年的历史反复证明土地私有必然导致土地兼并，损害农民利益。习近平同志明确指出："坚持农村土地农民集体所有。这是坚持农村基本经营制度的'魂'。"⑤ 这个制度关乎我国的基本制度、国家粮食安全以及农民的利益。改革要坚持"四条底线"，即"不能把农村土地集

---

① 《习近平谈治国理政》第 3 卷，外文出版社，2020，第 261 页。
② 《马克思恩格斯选集》第 1 卷，人民出版社，2012，第 302 页。
③ 《马克思恩格斯选集》第 1 卷，人民出版社，2012，第 302 页。
④ 马克思：《资本论》第 3 卷，人民出版社，2004，第 878 页。
⑤ 《十八大以来重要文献选编》（上），中央文献出版社，2014，第 668 页。

第六章　解决农村相对贫困的实践推进机制

体所有制改垮了，不能把耕地改少了，不能把粮食产量改下去了，不能把农民利益损害了"①，维护集体所有制的根基作用。推进乡村振兴，缓解相对贫困，应该始终坚持土地集体所有，发展壮大集体经济。

（二）集体所有制下的合作生产是集体经济形态的发展媒介

马克思明确了私有制向集体所有制的过渡路径，即无产阶级扮演"政府"的角色，制定符合农民利益的举措，"让农民自己通过经济的道路来实现这种过渡"②，之后，马克思认识到可以用"合作生产"来代替"经济的道路"。也就是说，马克思认为在实现"私有"向"集体所有"过渡的进程中，农民可以将土地交给合作社管理，既有利于实现规模化经营，又可以最大程度避免农民失地的风险，因此，"合作生产"成为过渡的"中间环节"③是十分有利的。恩格斯认识到合作社对于提高农业经营水平和增收意义重大，一方面，合作社可以为小农户提供社会化服务和农业生产资料，如"一定数量的农具、收成、种子、肥料、耕畜"④等。另一方面，合作社可以为小农户提供培训和具有机械化水平的农具，能提高农业生产力、提升劳动者的专业技术水平。此外，恩格斯在《法德农民问题》中，论述了发展农业合作社的必要性以及充分尊重农民的意愿引导农民走合作社的道路，他指出，"通过示范和为此提供社会帮助"⑤将私人生产变成合作社生产。恩格斯强调农业合作化是一个逐渐转变的过程，不是一蹴而就的。

农民合作社是带动农民进入市场的基本主体，是发展农村集体经济的新型主体。⑥习近平同志在地方从政实践中，就深刻地认识到农民合作社的重要性，认识到农业要发展，必须参与市场竞争，提高产品竞争力。建立合作组织能够有效解决小生产和大市场的矛盾。因此，习近平在浙江主政时就提出"三位一体"⑦大农业发展模式。2017年中央一号文件首次提

---

① 《十八大以来重要文献选编》（上），中央文献出版社，2014，第671页。
② 《马克思恩格斯选集》第3卷，人民出版社，2012，第338页。
③ 《马克思恩格斯选集》第4卷，人民出版社，2012，第581页。
④ 《马克思恩格斯选集》第4卷，人民出版社，2012，第360页。
⑤ 《马克思恩格斯选集》第4卷，人民出版社，2012，第370页。
⑥ 朱信凯、张晨、杨晓婷：《习近平农业思想及十八大以来的实践》，《经济社会体制比较》2017年第5期。
⑦ 三位一体即农民专业合作、供销合作、信用合作。

· 241 ·

出，要积极发展生产、供销、信用"三位一体"综合合作①，这极大地促进了小农户与大平台的有机结合，为较小规模的家庭经营走向规模化、现代化开辟了道路。

（三）农村集体经济是贫困地区实现脱贫和发展的基本遵循

马克思、恩格斯认为，建立集体所有制下的"合作生产"是实现共同富裕的必由之路。②他们认识到合作社能够提高农业生产力，提升劳动者的专业技术水平。在社会主义和共产主义制度下，劳动者集体生产，能够充分发挥各自的才能，实现物质财富和精神财富的极大丰裕，从而达到共同富裕的目的，彻底摆脱贫困。但从资本主义向共产主义转变的"第一阶段"，还带有旧社会的痕迹，不可避免存在一些弊端，尤其是经济发展落后的国家建立社会主义，面临着巨大的挑战，如生产力状况的制约、上层建筑的制约、国际环境的挑战以及自身探索中的失误。因此，社会主义阶段或者初级阶段也会存在贫困，只不过这些贫困不是由制度本身的缺陷所致，而主要是由外在多重因素所致。在集体所有制下发展集体经济，是社会主义国家消除贫困的必然选择和制度优势的彰显。

改革开放以来，邓小平高瞻远瞩提出"两个飞跃"思想，不断实现低水平的集体化向高水平的集体化转变，指导中国农村改革发展实践。习近平同志在福建任职时，逐渐形成了"统"的思想，指出要发展"大农业"，实现"经济大合唱"，重视"统"的作用，把"统"与市场经济相结合，通过多种形式发展集体经济。③习近平同志深刻认识到集体经济是"坚持社会主义方向，实现共同致富的重要保证"，"是振兴贫困地区农业的必由之路"，是"农村精神文明建设的坚强后盾"。④可见，农村集体经济的发展可以有效推动农村经济的发展、农民收入的提升以及农村公共服

---

① 《中共中央国务院关于深入推进农业供给侧结构性改革加快培育农业农村发展新动能的若干意见》，《人民日报》2017年2月6日，第1版。
② 崔超：《发展新型集体经济：全面推进乡村振兴的路径选择》，《马克思主义研究》2021年第2期。
③ 张杨、程恩富：《壮大集体经济、实施乡村振兴战略的原则与路径——从邓小平"第二次飞跃"论到习近平"统"的思想》，《现代哲学》2018年第1期。
④ 习近平：《摆脱贫困》，福建人民出版社，1992，第142~143页。

务的改善,是推动农村物质文明和精神文明的重要基石。许多农村"需要统的没有统起来,该分的却分了",导致"从一个极端走向另一个极端"①,要大力改善这种状况,发展新型集体经济。

## 二 农村集体经济对解决相对贫困的作用

农村集体经济是利用集体资源,通过合作与联合实现共同发展的一种经济形态,是社会主义公有制经济的重要形式。② 集体经济是集体所有制在我国农村经济上的具体体现,从新中国成立以来的农业合作社到江泽民同志提出的"两个联合"③ 的股份合作与职工持股等新形式,集体经济在我国摆脱农村绝对贫困过程中发挥了重要作用,也必将在解决相对贫困、实现共同富裕中发挥重要作用。

(一) 有效解决农民收入贫困问题

通过为集体成员开发多种收入来源,集体经济能够实现居民收入的多元化,增强其稳定性。通过发展多种集体产业,如种养业、观光旅游业、服务业等,村民能够获得经营性收入和工资性收入。通过劳动入股、资金入股、土地入股等方式,村民能够获取财产性收入。财产性收入在一国的占比是衡量一国发达程度的重要标志。④ 2019 年农村财产性收入为 377.3 元,占总收入的 2.35%,而城镇财产性收入为 4390.6 元,占总收入的 10.36%,占比差距较大。农民财产性收入的提升是缩小城乡收入差距的关键⑤,也是提高农民收入的关键。而发展集体经济是增加村民财产性收入的重要举措。

规模化生产有助于实现农业现代化,促进居民可持续增收。发展集体

---

① 习近平:《摆脱贫困》,福建人民出版社,1992,第 142 页。
② 《中共中央国务院关于稳步推进农村集体产权制度改革的意见》,https://www.gov.cn/zhengce/2016-12/29/content_5154592.htm? eqid = cd7246050000d2700000000664842c66,最后访问日期:2023 年 12 月 1 日。
③ 以劳动者的劳动联合和劳动者的资本联合为主的集体经济,尤其要提倡和鼓励(简称"两个联合")。
④ 涂圣伟:《着力将财产性收入培育成农民增收新亮点》,《中国经贸导刊》2010 年第 14 期。
⑤ 司伟:《经济转型过程中的中国农业农村现代化》,《南京农业大学学报》(社会科学版) 2021 年第 5 期。

经济能够有效地将农村分散的土地、人力和资金集聚起来，促进农业发展的规模化、组织化和机械化。通过合作与联合形成规模经济，能够优化产业结构、扩大规模，提高抗风险能力，进而增加产业附加值和品牌效应，促进产业兴旺，实现农业现代化，增加农民就业岗位，促进可持续增收，实现"生活富裕"目标。

（二）有效解决农民多维贫困问题

通过集体收入的增加有助于改善农村的教育、医疗等资源，促进农民全面发展。发展农村集体经济，增加集体收入，使村集体有更多的资金能够投入农村基础设施和公共服务中，不仅能够为农民群众提供兜底保障，也能够"为农村精神文明建设提供物质基础"[1]，满足村民精神文化需求。同时，农村公共产品供给的过程能够优化村庄的治理体系和治理能力建设，实现村民的认同感，提高农民的组织化程度，进而促进乡风文明以及村庄的和谐发展，消除农村多维贫困。实践证明，村集体经济发展较好的村庄，村民的教育、医疗和养老服务更有保障，村庄的凝聚力和治理能力也较高，能够有效提升村民素质，促进村庄整体的发展。

（三）有效解决内生动力不足问题

发挥集体经济的激励效应，能够有效激发困难群众的内生动力。发展集体经济可以通过集体劳动和集体分配实现劳资关系的自我扬弃[2]，进而增强农民的主体性和生产发展能力，促进可持续增收。农村集体经济的发展能够实现劳动、资本和土地的聚集，实现生产资料的集中，农民的劳动不是作为对立物而存在，而是实现了劳动的对象化，能够有效调动村民的积极性和主动性，增强村民的幸福感。村民为自己生产、劳作，劳动产品归集体所有，统一分配，进而提升农民的主体性。此外，发展集体经济，国家资源可以有效地分配给集体经济组织，进而解决扶贫资源的精英俘获问题，有利于保障低收入群体的利益。

---

[1] 习近平：《摆脱贫困》，福建人民出版社，1992，第144页。
[2] 杨博文、牟欣欣：《新时代农村集体经济发展和乡村振兴研究：理论机制、现实困境与突破路径》，《农业经济与管理》2020年第6期。

## 三 发展壮大新型农村集体经济的路径

农村集体经济不仅能促进居民增收，还能实现居民收入的可持续发展以及促进农村基本公共服务的全方位发展，这与相对贫困治理具有显著的契合性。因此，要多措并举促进农村集体经济的发展壮大。

### （一）推动土地制度和集体产权制度改革

推动土地制度、集体产权制度改革，激活农村闲置的资源。一方面，改革农村土地制度，盘活农村闲置的土地、山林等资源资产。按照"取之于民，用之于民"[①]的要求，调整土地资产收益分配格局，使更多的土地收入用于农业农村发展。完善"三权分置"制度和宅基地退出制度，促进土地流转，让想种地的人有地种，不想种地的人也能够获得部分土地收益，而不是让土地撂荒。另一方面，改革农村集体产权制度。党的十九届五中全会提出，要"深化农村集体产权制度改革，完善产权权能"[②]。对农村集体资产进行清查、处理，推进集体资产确权和股份制改革，解决其产权不清晰、归属不明的问题，有助于增加农民的财产性收入。这深刻反映了"产权明晰—要素流动—包容性增长—贫困消除"的减贫逻辑[③]。一是明确集体经济组织对集体资产的产权权能，建立城乡统一的要素交易市场。二是促进利益联结机制的构建。三是各地政府要分类推进、优化股权管理，盘活集体资产、发展集体经济。

### （二）基于"农情""区域情"发展集体经济

基于各地农村的实际情况，充分利用平面资源和立体资源，因地制宜选择产业和发展模式。各村在发展集体经济时不仅要充分利用平面资源开发第一产业，如种养业的发展，更要将平面资源转化为立体资源，不断发展第二、第三产业，如生态旅游业、休闲农业，创造更多的附加值。具体

---

[①] 《中共中央办公厅 国务院办公厅印发〈关于调整完善土地出让收入使用范围优先支持乡村振兴的意见〉》，http://www.gov.cn/zhengce/2020-09/23/content_5546496.htm，最后访问日期：2023年12月1日。

[②] 《中华人民共和国国民经济和社会发展第十四个五年规划和2035年远景目标纲要》，人民出版社，2021，第74页。

[③] 梁春梅、李晓楠：《农村集体产权制度改革的减贫机制研究》，《理论学刊》2018年第4期。

而言，一方面，基于资源和特色培育主导产业，通过发展具有比较优势的主导产业，带动其他产业和整个地区经济的发展。另一方面，选择符合实际的发展模式，在集体资源多、积累好，适合发展产业的地区，应发展以产业为主的集体经济；在不适合发展产业的地区，可以加强土地综合整治和资源综合利用，探索"土地运营"模式和"资产承包"模式；在居住分散的地区，可以建立各种集体经济组织，成立生产合作社，建设"合作共赢"的社会化服务模式等。因此，因地制宜、因村施策来发展集体经济，并积极探索股权流转、抵押和跨社参股新形式[1]，不断增加股权权能实现新形式。

我国东、中、西部农村集体经济的发展极不平衡，要根据各区域发展实际分类推进。我国集体经济区域分布呈现"6-2-2"格局，即东中西分别为64.7%、17.7%、17.6%，分布极不均衡；此外，14%的村集中了全国75%的集体资产，而收益超过50万元的仅10.4%，一般集中在发展条件较好的村。[2] 就资产的类型而言，经营性资产平均占比47.4%，仅东部超过这一比率，中西部仅为26.5%和23.9%[3]，其余为公益性资产，无法产生收益。因此，就东部集体经营资产较多、集体经济发展较好的地区而言，要充分利用农业科技、大数据和人工智能发展集体经济，促进集体经济的壮大，为中西部地区发展集体经济发挥示范引领作用和协作帮扶作用。就中西部大多数集体经济薄弱村而言，要通过内生力和外驱力的良性互动实现发展。一方面要基于本地的资源禀赋和特色优势发展产业，加强村党组织的引领和能人的带动作用，另一方面要持续投入资金和人才予以保障。例如，位于四川省秦巴山区的S村，充分利用当地适宜种茶的自然特色和资源禀赋优势，因地制宜发展茶产业，构建现代农业产业园区，村党支部积极引进和培育龙头企业、专业大户等新型经营主体，一方面不断提升产品品质，延长产业链，依托景区，探索"农旅融合"新路子，另一

---

[1] 《中共中央国务院关于支持浙江高质量发展建设共同富裕示范区的意见》，人民出版社，2021，第13页。
[2] 乔金亮：《全国农村集体"家底"摸清楚了》，《经济日报》2020年7月14日，第5版。
[3] 汪正文：《唤醒更多农村"沉睡"资产》，《人民日报海外版》2023年3月14日，第11版。

方面在党组织的领导下，加大资金支持，整合建设项目，构建农业风险防控机制，引导农民参与农业保险。2020 年，S 村实现集体收入 8 万元，带动村民人均增收 8620 元。

（三）合理利用集体资产和帮扶资金

合理利用政府财政帮扶资金，加强对集体资产的管理。对于脱贫攻坚期遗留下来的扶贫资产[1]以及乡村振兴所投入的资产要进行台账管理[2]，做到产权明晰，在此基础上进行规范化管理和交易，可以将其投入集体经济之中，享受入股分红，进而享受集体资产收益。此外，要加强对集体资产的管理，预防和处理对集体资产的非法侵占，使农民对资产拥有充分的占有、收益、有偿退出和抵押权。为此，要加强对集体资产的监管，防止集体资产的"空间开发的非正义"，被少数人据为己有，借鉴现代股份制企业管理办法，设立检查委员会，确立集体资产使用的公开、公正，同时充分利用大数据、人工智能等技术管理集体资产，[3] 推动集体资产管理的高效化和透明化。

（四）加强农村基层党组织领导

加强党建引领和能人带动作用，打造集体经济领导班子。集体经济的发展离不开党的领导和村庄能人的带动。要"发挥村党组织对集体经济组织的领导核心作用"[4]，只有坚持党中央和基层党组织的领导，才能不断坚持集体经济发展的正确方向。党领导建立集体经济组织和合作社，更加强调劳动联合，最大程度吸引劳动力入股，进而将农民组织起来，抱团发展、规模经营，能够确保农民成为发展的主体，合理分享发展的成果，烟台市的"党支部领办合作社"是最好证明。[5] 党组织引领下发展集体经济有以下优点：一是党组织的纪律、规范能够延伸到集体经济组织、合作社，进而建立一套包含注册、经营、分红等各环节的运营体系和制度体

---

[1] 包括经营性资产、公益性资产和到户类资产。
[2] 涂圣伟：《脱贫攻坚与乡村振兴有机衔接：目标导向、重点领域与关键举措》，《中国农村经济》2020 年第 8 期。
[3] 崔超：《发展新型集体经济：全面推进乡村振兴的路径选择》，《马克思主义研究》2021 年第 2 期。
[4] 《乡村振兴战略规划（2018-2022 年）》，人民出版社，2018，第 35 页。
[5] 江宇：《党组织领办合作社是发展新型农村集体经济的有效路径——"烟台实践"的启示》，《马克思主义与现实》2022 年第 1 期。

系。二是在党的领导下，严格选拔干部，打造一支"政治坚定、组织力强、管理水平高"的基层队伍，提升其管理能力，领导集体经济的发展。三是充分发挥党支部"统"的作用，坚持土地集体所有制的同时明确集体产权股份设置，能够将农民组织凝聚起来，最大限度调动农民生产的积极性并激发内生动力。此外，还需加强党领导下的政府保障，如发挥政府在金融、资金、人才等方面的支持作用以及上级党组织的指导、督促、防控风险等作用。因此，基层党组织的有力领导是村集体经济发展的根本保障。

## 第三节　加强农村"软硬件"建设是农村发展的支撑

改善人居环境、加强基础设施建设、完善基本公共服务等"软件"和"硬件"建设，是全面推进乡村振兴和发展集体经济的题中应有之义，也是解决农村多维贫困，实现兜底保障的需要。这些举措既可以从生产力建设维度促进"人"这一关键性生产力的发展；也可以从生产关系维度构建制度实现兜底保障。因此，加强农村"软硬件"建设，是新发展阶段改变农村面貌的重要举措，也是拉动农村内需、实现国内大循环的现实需要，是推动农业农村现代化，进而缓解农村相对贫困、实现共同富裕的重要抓手。而持续改善农村人居环境、扎实推动农村基础设施建设、统筹城乡基本公共服务、织密社会保障安全网是满足农民多维需要、提高农民生活质量的重要任务。

### 一　持续改善农村人居环境

良好的人居环境能够有效提升居民的幸福感和获得感，是实现美好生活需要，促进物质和精神富裕的重要内容。提供良好的生态屏障和生态产品是农村的重要功能，这也是保障人类生存和健康成长的基础和福祉。正如习近平所强调的，农村环境直接影响米袋子、菜篮子、水缸子，是城镇后花园[①]。然而，农村环境已成为民心之痛、民生之患，严重影响人民群

---

① 《习近平谈治国理政》第3卷，外文出版社，2020，第369页。

## 第六章 解决农村相对贫困的实践推进机制

众生产生活。① 由于长期以来人类对生态环境保护不够重视,农村生态环境恶化,"自然界都对我们进行报复"②,严重危害人民群众生态健康和生产发展。2014年,我国开始重视农村人居环境改善和整治,制定"三年行动计划",并将其作为污染防治攻坚战的重要内容。人居环境整治事关人民美好生态需求的满足,是破解新时代社会主要矛盾的有效途径,是建设美丽宜居乡村的重要内容,可以有效提升农村居民的生活质量。

随着全面小康的实现,我国农村人居环境得到有效改善,生活垃圾、污水治理取得显著成效,正在逐步实现"生态宜居"的目标。但农村人居环境问题没有得到根本扭转,形势依然严峻。例如,汪三贵基于2018年中国住户调查数据,以"非卫生厕所或非本户独用厕所"为指标,测算出2018年我国农村非卫生厕所或非本户独用厕所的贫困发生率为46.3%,其中,西部高达60.8%,中部为44.22%。③ 农村的污水处置率仍然偏低,如2019年,建制镇的污水处置率为54.43%,乡处置率为18.21%;在生活垃圾处理率和无害化处理率方面,2019年农村地区分别为88.09%和65.45%,而城市高达96.81%和94.81%,城乡差距大。④ 基于此,党的十九届五中全会提出,继续开展农村人居环境整治行动;2021年中央一号文件也提出,实施农村人居环境整治提升五年行动,并对具体任务做了规划和指导,提出要以厕所革命、污水处理、生活垃圾收运、村庄清洁绿化等为主攻方向。

随着"十四五"规划的推进和乡村振兴的全面展开,要接续推进农村人居环境的改善,实现农村垃圾和污水处理水平的提升,村容村貌明显改善,居民生活满意度大幅提升。各地基于农村发展状况和资源禀赋差异,要量力而行、因地制宜。具体而言,一要坚持党的领导,从顶层设计维度确定宏观目标和政策。尤其是要发挥农村基层党组织的作用,吸引相关领

---

① 《习近平谈治国理政》第3卷,外文出版社,2020,第368页。
② 《马克思恩格斯文集》第9卷,人民出版社,2009,第560页。
③ 汪三贵、孙俊娜:《全面建成小康社会后中国的相对贫困标准、测量与瞄准——基于2018年中国住户调查数据的分析》,《中国农村经济》2021年第3期。
④ 王宾、于法稳:《"十四五"时期推进农村人居环境整治提升的战略任务》,《改革》2021年第3期。

域的人才为村容村貌改善建言献策。完善奖惩机制，对工作效果显著的区县和村要予以表彰，鼓励先进，激励后进。二要以习近平生态文明思想为指导，树立绿色发展理念，努力建设人与自然和谐共生的现代化，满足人民群众对优美生态环境的需要，解决人民群众反映强烈的、威胁其身体健康的问题，建设宜居宜业和美乡村。三要充分发挥制度优势，动员各方力量参与。农村生活环境是所有农村居民的生活环境，是全国生态环境的屏障和农产品的供给地，事关全国人民的生活健康，要群策群力，群防群治，形成"政府主导、市场运营（企业支持）、农村参与"的多元主体协同治理机制，防止形成"干部干、农民看"现象。不仅要充分发挥党组织的引领作用，更要激发农民参与的积极性，提升农民的健康意识和环保意识，引进企业的技术，建立长效运营和管控机制。四要因地制宜、分区分类推进。我国国土辽阔、区域发展差距大，各地要基于实际情况，勾画技术路线图。东部地区打造样板间，为其他地区提供经验借鉴，中部地区尽量实现"五年行动"各项目标，而西部地区在巩固脱贫成果的基础上，有条件地推进改善。国家的支持力度也要向中西部倾斜，如2022年中央一号文件提出的，在厕所改造方面，基于各地实际推动厕所类型改造，有条件的地区推广水厕；优先处理人口集中村庄的污水和生活垃圾。[①]

## 二 全面加强农村基础设施建设

推动农村基础设施建设提档升级，对于改善农民生产生活条件，推动农村经济增长，增进民生福祉发挥了重要的支撑和保障作用。建设现代化的农村基础设施是满足农民美好生活需要的前提和基础，是缩小城乡差距、缓解相对贫困的迫切需求。党中央历来重视农村基础设施的建设，历年中央一号文件也都强调农村的水电路气等传统基础设施和重大基础设施建设，近年来也开始强调农村新型基础设施建设。

农村基础设施是农民生产生活所需要的公共服务设施的总称。根据用途指向一般分为生产性和生活性基础设施，进一步细分还包括生态环境和

---

[①] 《中共中央国务院关于做好二〇二二年全面推进乡村振兴重点工作的意见》，《人民日报》2022年2月23日，第1版。

## 第六章 解决农村相对贫困的实践推进机制

社会发展基础设施。具体而言，生产性基础设施主要包括用于农业生产的电力、水利和交通运输等设施；生活性基础设施主要包括用于提升农民生活水平的饮水、道路、能源、厕所、垃圾处理等设施；发展性基础设施主要包括用于农民和农村社会发展的医疗卫生、教育、文化、网络等设施；生态环境基础设施主要包括用于农村生态环境保护和修复的设施、山林水草湖田保护设施。农村基础设施属于纯公共物品和准公共产品，供给主体一般是政府。近年来，在脱贫攻坚战的大力开展下，农村基础设施建设取得了历史性成就，但部分地区以及部分设施欠账过多，还有待进一步完善。具体而言，基于本书的测算，2018年西部地区还有15%的农户存在饮水贫困（缺乏自来水或者净水设备）；使用炊用柴草或者没有使用清洁燃料的农民较多，全国有44.1%的农户存在燃料贫困，东中西部分别为33.8%、39%、58.6%；就农户的就医条件满意度而言，全国有30.5%的农户就医不便和不满意，东中西部分别为28.5%、31.2%、32.1%。可以发现，我国农村的发展性基础设施、生活性基础设施以及生态性基础设施都还有待提升，尤其是西部原深度贫困地区。

党的十九届五中全会提出，要加强传统基础设施和新型基础设施建设，健全城乡基础设施统一规划、建设和管护机制。具体而言，一要加大对脱贫地区生产生活性基础设施的建设，谋划"一批高速公路、铁路、机场、通信网络等跨区域重大基础设施建设工程"[1]。推进脱贫县"四好农村路"建设，解决中西部部分地区的饮水安全工程建设，推进脱贫地区县乡村物流体系建设等。二要分区分类推进全国基础设施建设，如东部地区主要推进新基建、数字乡村建设，为中西部地区树立典范；中西部地区要加大天然气等新能源燃料建设、饮水工程、厕所革命等生活性基础设施建设，有条件的地区逐步推进互联网、物流等发展性基础设施建设，缩小城乡数字鸿沟，促进农村电子商务发展。三要加强农村交通、通信和环保建设。有关研究表明，城乡在交通、通信和环保三类基础设施方面的差距缩

---

[1] 《中共中央国务院关于实现巩固拓展脱贫攻坚成果同乡村振兴有效衔接的意见》，人民出版社，2021，第11页。

小,可以有力地推进农民的收入增长,缩小城乡居民收入差距。[1] 尤其是对水利、交通和水电等生产和生活性基础设施的投资,能够有效减贫,缩小收入差距。[2] 因此,要加大农村交通建设力度,实现"村村通"和农业发展基地通,消除现代农业发展的交通瓶颈。加强农村通信等基础设施建设,加强5G和物流设施建设。此外,也应汲取浙江经验,建设"千万工程",吸引国有企业、民营企业、社会组织的参与。

### 三 统筹城乡基本公共服务

完善基本公共服务是有效解决民生问题的重要手段,是解决社会主要矛盾的必然要求。党的十九届五中全会提出,要促进实现基本公共服务的均等化,显著缩小发展差距。基本公共服务的普惠普及是促进农村农民共同富裕的重要举措。然而,正如前文所述,我国公共服务面临着城乡区域供给不均衡且供给质量不高的现状,致使农村居民多种发展性需求难以满足。这种"资源不平等"极大地影响了部分群体"实质自由"的实现和"可行能力"的提升。[3] 在绝对贫困治理时期,我国实现了贫困人口的"三保障",而在解决相对贫困时期,其覆盖的范围和可及性问题要大大提升。因而,农村基本公共服务的供给要调整思路、转变方向、构建机制,让全体公民能够公平可及地获得基本公共服务[4]。如建设城乡学校共同体、医疗卫生共同体,对于促进社会公平正义、缓解相对贫困、实现共同富裕具有重要意义。

基本公共服务是实现公共服务的"最低纲领",是中国学者基于中国国情提出的,其覆盖范围比公共服务要狭窄很多,是公民应该享有的"最小范围"的公共服务[5]。基本公共服务是政府为了维护社会经济稳定、实

---

[1] 骆永民:《中国城乡基础设施差距的经济效应分析——基于空间面板计量模型》,《中国农村经济》2010年第3期。
[2] 转引自陈宗胜、朱琳《论完善传统基础设施与乡村振兴的关系》,《兰州大学学报》(社会科学版)2021年第5期。
[3] 周明海:《资源平等·实质自由·基本公共服务均等化——基于农民发展的理论观察》,《求实》2008年第7期。
[4] 《国务院关于印发"十三五"推进基本公共服务均等化规划的通知》,http://www.gov.cn/zhengce/content/2017-03/01/content_5172013.htm,最后访问日期:2023年12月1日。
[5] 姜晓萍等:《城乡基本公共服务均等化的实现机制与监测体系》,人民出版社,2020,第93页。

现国家长治久安，保障公民生存与发展的基本需求提供的公共产品和服务，具有公共性、时空性和政治性的特征。2021年4月国家印发了《国家基本公共服务标准（2021年版）》，内容涵盖了老百姓关心的"七有"和"两个保障"[①]。基本公共服务涉及人的不同阶段和不同需求，如出生、教育、就业、养老、衣食、居住、健康、文体等内容（见图6-2）。这些内容的完善，对解决相对贫困发挥着重要的兜底保障作用。脱贫攻坚时期，我国农村基本公共服务的供给，在深度贫困地区主要实现了"三保障"，然而，由于历史制度因素、自然因素等原因，我国城乡基本公共服务未实现均等化。农村的公共服务供给质量不高、部分供给偏离需求，投资结构失衡。随着减贫重心的转向，农村基本公共服务的供给也要转向，实现城乡基本公共服务供给的"一体化"、"高质量"和"精准化"发展。

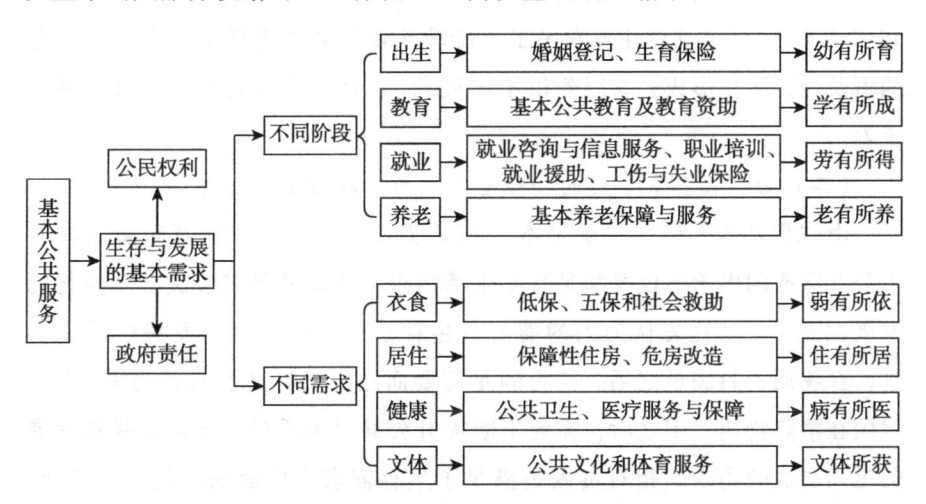

**图 6-2 我国基本公共服务的范围和清单**

资料来源：笔者根据基本公共服务"十二五"规划和"十三五"规划整理所得。

（一）由"差别化"转向"一体化"和"均等化"并存

由"差别化"转向"一体化"和"均等化"并存，这意味着基本公共服务的城乡差别供给要逐渐转向城乡一体化供给。全面进入小康社会，在"新阶段""新理念""新格局"的背景下，贫困治理的场域将由农村

---

① 具体指"幼有所育、学有所教、劳有所得、病有所医、老有所养、住有所居、弱有所扶"和"优军服务保障、文化服务保障"。

转向城乡,基本公共服务的城乡统筹是重要一环。随着绝对贫困的消除和相对贫困人口收入的逐步提升,相对贫困人口其他维度的不足将更加凸显,实现贫困人口的可持续性脱贫问题将成为重点。而解决相对贫困人口的文化贫困、能力贫困的关键是发展教育、文化、医疗和就业等基本公共服务,因而,发展性基本公共服务的完善至关重要。

尽管我国已经实现了"两不愁三保障",但总体上基本公共服务的一体化和均等化水平偏低,尤其是中西部农村地区,由于自然环境和资金技术等,部分地区的基础设施质量偏低,新基建发展滞后,社会保障力度偏弱。因此,2020年后,贫困对象空间动态变化面临着基本公共服务属地供给挑战,要规避城乡分割政策因贫困乡城转移而产生的目标偏误。[①] 因此,在实现全面小康之后,农村基本公共服务要从"差别化"转向"一体化"和"均等化",尤其要注意农民工、流动儿童和老人等享受基本公共服务的可及性,防止形成公共服务供给"死角",真正实现基本公共服务城乡统筹。

(二)由"保基本"转向"保基本"与"提质量"并存

由"保基本"转向"保基本"与"提质量"并存,这意味着农村基本公共服务的供给不仅要满足基本生活需求,更要满足多层次、多样化的发展性需求。马克思认为人的需要从生存性到享受性再到发展性依次递进,在物质资料满足之后,"为满足需要而用的工具又引起新的需要"[②]。我国在消除物质贫困之后,需要不断提升公共服务质量,满足享受和发展的更高层次的需求。相对贫困是满足了生存需求之后面临的收入、消费、能力等多维贫困,这就需要提升公共服务质量和范围,不断满足人民群众日益增长的多维需求。一直以来,我国对农村基本公共服务主要以"保基本"为目的,致使农村基本公共服务保障水平低且覆盖面较窄。2020年后的农村基本公共服务,要按照"提质增效、安全高效"的原则,一方面要"扩范围",尽可能地满足农村居民在政治、经济、文化、生态等多个维度的公共服务需要,提升农村居民的生活幸福感,从侧重生活转向生产、生

---

① 庄天慧、杨浩、蓝红星:《多维贫困与贫困治理》,湖南人民出版社,2018,第267页。
② 《马克思恩格斯文集》第1卷,人民出版社,2009,第531页。

活、生态"三生"同建①。例如,更加重视信息基础设施建设和智能化服务平台建设,加强乡村人居环境整治,增强居住的舒适度。另一方面要"提质量",即提升已有公共服务质量,满足人民群众的基本保障需求。例如我国实现农村教育有保障,但农村的教育水平仍然较低。目前,国家制定基本公共服务标准是当前一段时间基本公共服务的基础性文件,值得注意的是文件中部分服务的支出责任较为模糊,要防止地方政府由于财力紧缺提供较低水平的公共服务。各级政府要严格落实具体细则,不断完善农村基本公共服务,提升供给效率和质量。

(三)由"广覆盖"转向"广覆盖"与"促精准"并存

由"广覆盖"转向"广覆盖"与"促精准"并存,这意味着基本公共服务的供给不能仅以供给的全面化为目的,还需要实现精准化;不能以大水漫灌的方式使所有地区的服务一模一样,关键在于实现农民享受公共服务的机会均等,提升可及性。因此,不能以"撒胡椒面"的方式提供基本公共服务,而应该有所侧重,精准实施。尽管目前我国基本公共服务基本实现了"广覆盖",但覆盖的"精准度"和"可及性"还有待提升。由于政府以"自上而下"的方式建设基本公共服务,部分地区没有考虑农民对农村公共产品的实际需求,往往倾向于投资短平快项目,而一些农民确有需求,但见效慢的公共服务较为缺少,存在供给失衡。此外,还存在重视农村的传统基础设施建设,而忽略新基建的发展,重视"硬件"基础设施,而忽略"软件"设施的配备等问题。这些现状表明,在供给公共产品时,部分地区没有充分考虑农民的需求,从而导致部分农民没有享受到基本公共服务。面对提升发展质量和可持续发展的相对贫困治理诉求,要增加有效供给、减少无效供给和低端供给②,提高供给效率,切实解决阻碍人民群众生产生活生态的瓶颈问题,充分了解农民的实际诉求,厘清哪些是群众急需的、哪些是对农民和经济社会发展最有利的,从而实现供给组合的最优化,提升财政资金使用效率。在实现"精准化"的过程中,可以

---

① 马晓河、刘振中:《农村基础设施和公共服务需要明确攻坚方向》,《中国党政干部论坛》2020年第1期。

② 曲延春:《供给侧改革视域下的农村公共产品供给》,《行政论坛》2017年第3期。

充分利用大数据、人工智能等新技术[①]，例如在征集村民公共服务需求时，可以充分利用大数据进行反馈，整合数据资源，获取居民最为关切的公共服务信息，采用新技术，引进多元主体，使用多种方式供给。

此外，在促进城乡基本公共服务均等化的过程中，要构建"政府-市场-社会-公民"多方参与的供给格局，充分发挥各主体在构建基本公共服务中的优势，进而形成"委托-代理""引导-参与""监督-反馈"的协同治理格局，通过供给方式的多元化，发挥多元主体的联动效益。马克思指出，城市是"人口、生产工具、资本、享受和需求的集中"，而乡村则是"隔绝与分散"。[②] 其实质是过密地带（城市）与过疏地带（乡村）的关系重构，而一些乡村不但各方面基础设施和发展条件差，其人口也愈加稀疏，最终走向"崩坏"。从空间维度优化城乡基本公共服务，关键是加强农村基本公共服务的投入和发展，实现城乡空间融合，实现"三生"同建。加大财政支持力度，充分发挥中央和地方的财政支持作用，建立"央-地"共担机制，明晰支出责任、加大转移支付力度和社会资本的投入。

## 四 织密社会保障安全网

社会保障制度是调节收入分配、改善民生、缩小差距、实现共同富裕的重要举措，在反贫困进程中发挥着不可替代的作用。发达国家的反贫困实践已经证明，用发展解决贫困问题，只能获得"有限成功"，国家的贫富与个人的贫富并不完全等同，国家的贫富可以靠发展解决，而个人的贫富需要发挥国家的再分配功能，如构建社会保障体系对市场体系进行补充，可以针对弱势群体发挥兜底功能。[③] 社会保障制度可以为没有稳定收入、缺乏就业能力的弱势群体提供兜底保障，使这些群体摆脱绝对贫困。由社会保险、社会救助、社会福利等组成的社会保障制度，通过国家的税收调节再分配，发挥着"安全网"和"稳定器"的作用。在脱贫攻坚期党

---

[①] 高洪波：《城乡融合视域中的城乡基本公共服务供给与创新——基于新技术变革逻辑》，《人民论坛·学术前沿》2021年第2期。

[②] 《马克思恩格斯文集》第1卷，人民出版社，2009，第556页。

[③] 汪毅霖：《告别贫困，当代的经济现实与凯恩斯的失算》，《读书》2021年第3期。

## 第六章 解决农村相对贫困的实践推进机制

中央提出"社会保障兜底一批",社会救助和新农合等社会保障制度发挥了重要的减贫作用。经本书测算,2018 年全国仅有 1.1% 的农户没有医疗保险,这也说明我国的"三保障"成效显著。然而,我国农村居民中没有养老保险的比例较高,为 48.2%,这也反映了我国养老保险普及率不高,养老保险减贫效能有待提升。

社会保障的兜底作用可以增强相对贫困群体的抗风险能力,降低不可抗力因素导致的返贫和致贫风险。[1] 习近平总书记曾强调:"要把社会保障兜底扶贫作为基本防线……用社会保障兜住失去劳动能力人口的基本生活。"[2] 因此,相对贫困的解决需要健全社会保障制度,尤其要发挥社会保险的预防作用和社会救助的兜底作用。

社会保险强调权利与义务的统一,缴纳一定的费用可以获得一定的保险待遇。而我国农村地区的社会保险主要包括"新农合""新农保",资金源于政府补贴和个人缴纳,为农户医疗和养老提供相应保障。但正如前所述(第三章),我国"新农合"保障水平低,保障额度有限,不能有效降低因病致贫风险。因此,要建立防治结合的医疗保障制度,扩大报销范围,提高大病患者的实际报销率。同时结合医疗救助,发挥合力缓解就医难,防止因病返贫致贫。农村养老保险的缺口更大。一方面部分农民没有转变传统养老观念,不愿意购买养老保险。另一方面,农民领取的农村养老保险金很低,不足以抵御风险,甚至不能维持基本生活。为此,一要继续扩大农村地区养老保险的覆盖范围,国家可以帮助特殊贫困群体减免保费,实现老年人应保尽保。二要基于当地生活水平的实际,适当调整养老金额度,使其能够满足老年人基本生活需要。三要实现多元化多支柱的养老保障[3],鼓励政府、市场、社会和个人共同承担养老责任。如社会资本与政府合作参与养老项目建设,完善土地养老的作用,发挥耕地和宅基地的作用。

---

[1] 苏芳、范冰洁、黄德林、阚立娜、罗文春:《后脱贫时代相对贫困治理:分析框架与政策取向》,《中国软科学》2021 年第 12 期。
[2] 《习近平关于社会主义社会建设论述摘编》,中央文献出版社,2017,第 95 页。
[3] 刘玉安、徐琪新:《从精准扶贫看完善农村社会保障制度的紧迫性》,《东岳论丛》2020 年第 2 期。

社会救助作为社会保障体系的最低层次，是防止陷入贫困的最后一道"安全网"。通过财政补贴低收入人口，能满足其最基本的生存需求。社会救助包括生活类救助、专项类救助、临时救助（应急类、受灾救助）。而兜底保障中功能最强的、应用最多的为低保制度。2021年我国约有3600万农村低保人口。一直以来，社会救助是农村居民的"香饽饽"，许多居民享受了不想退，同时也出现"人情保""关系保"等情况。为此，一要完善低保的精准识别机制和退出机制，使其作用发挥到最大化，鼓励脱贫户及时退出低保，防止"福利依赖"思想的产生；二要提高低保标准，实现城乡统筹，如浙江已经实现了城乡低保标准一条线，有力地缩小了城乡差距；三要加强低保制度与其他社会救助制度、社会保险制度有效衔接，防止重复救助；四要加强组织保障，完善统一领导，强化责任追究机制。总之，要完善分层分类、城乡统筹的社会救助体系，基于困难类型给予救助，切实兜住困难群众基本生活底线。[①] 最后，要完善社会福利制度，尤其是针对农村的老人、残疾人、妇女儿童等特殊群体，为其提供福利补助、社会服务等，提高其生活质量。

---

[①] 《中共中央国务院关于支持浙江高质量发展建设共同富裕示范区的意见》，人民出版社，2021，第17页。

# 第七章 解决农村相对贫困的多维保障机制

解决相对贫困需要强化政策支持和力量保障，包括主体保障、政策保障以及考核机制保障。这些长效保障机制的构建回答了"谁来扶"和"如何扶"的问题，是对"扶什么"问题的具体展开。因此，在力量保障维度，要在相对贫困解决与乡村振兴统筹推进框架下，坚持党对解决相对贫困的全面领导，发挥党总揽全局、协调各方的作用，完善多元主体协同的"大扶贫格局"。在政策支持维度，坚持和完善要素保障和政策支持机制，如"人、地、钱、技"等关键要素，完善规划、政策和机制保障，坚持和完善治贫成效动态考核机制，提升贫困治理效能，优化贫困治理政策。

## 第一节 完善党领导解决农村相对贫困的工作机制

党的领导是我国减贫事业中坚强而有力的保障。在党的带领下，我国打赢了举世瞩目的脱贫攻坚战，带领全国人民实现了"全面小康"。习近平总书记曾多次强调，办好农村的事情，关键在党。减贫重心转移之后，相对贫困更加复杂，加强和完善党对解决农村相对贫困的全面领导尤为重要，要加强党对解决农村相对贫困的顶层设计和统筹协调，完善党的领导体制，加强干部队伍建设。

### 一 加强顶层设计是解决农村相对贫困的首要任务

中国农村相对贫困呈现规模大、程度深、分布广的基本现状，且致贫原因复杂，贫困治理困境重重，是实现共同富裕的重大难题。顶层设计是首要任务，可以从整体上把握和解决相对贫困。因此，加强党对解决农村相对贫困的顶层设计要强化国家战略规划引领和战略行动设计。

第一，强化国家战略规划引领，形成减贫战略的梯次推进。坚持目标导向、问题导向和结果导向，根据党的十九大所提出的两个阶段性任务以及"十四五"规划和2035年远景目标的具体内容，可将我国的后脱贫时代的反贫困任务划分为3个阶段：第一阶段为2021~2025年，主要任务为巩固拓展脱贫成果，实现与乡村振兴的有效衔接；第二阶段为2026~2035年，主要任务为缓解多维相对贫困，促进城乡区域发展差距缩小，共同富裕取得更为明显的实质性进展；第三阶段为2036~2050年，共同富裕和乡村振兴基本实现，农村相对贫困得到解决。推进乡村振兴与解决相对贫困都是实现"全面现代化"的重要任务。搞好规划设计，一张蓝图绘到底，分阶段循序渐进，将是实现乡村振兴和贫困治理组合的最优选择。在国家制定的宏观目标基础上，地方政府基于此细化目标（如个人和区域目标、多维度目标）出台解决农村相对贫困与乡村振兴统筹推进的意见规划和工作条例，根据《乡村振兴战略规划（2018-2022年）》和《乡村振兴促进法》构建相对贫困治理的规划和法律法规，做到"尽力而为"和"量力而行"。

具体而言，规划衔接需要注意三点：一是分阶段推进。按照任务的轻重缓急，整体谋划和布局。"十四五"时期主要实现脱贫成果巩固与乡村振兴的衔接和协同推进，之后研究设计解决相对贫困与乡村振兴的衔接和协同推进。在实现"全面现代化"的第一阶段（2021~2035年）围绕"远景目标"中的"脱贫成果巩固、乡村振兴全面推进、全体人民共同富裕迈出坚实的步伐"[1] 进行规划，建立适应贫困群体发展性需要的减贫战略，以普惠性的减贫政策为重点，实现基本公共服务均等化。在第二阶段（2036~2050年）围绕农业农村现代化和共同富裕的基本实现开展，更加侧重实现人的精神富裕，使人们摆脱相对剥夺感，最终实现人的自由全面发展。二是分内容推进。遵循乡村建设规律，按照乡村振兴的"五个振

---

[1] 《中共中央关于制定国民经济和社会发展第十四个五年规划和二〇三五年远景目标的建议》，人民出版社，2020，第10页。

兴"要求，在农业产业发展、易地扶贫搬迁后续扶持、基础设施提档升级、生态、文化等各个方面形成宏观的发展规划，各省、市、县再根据各地特色和实际情况在已有规划基础上形成具体衔接规划和细则，进而实现"治贫"与"振兴"的"同频共振"。三是分区域推进。由于我国区域发展差距大，各地脱贫时间和乡村振兴发展进程不一，各地区在国家宏观规划的基础上，也需要根据各地实际发展情况调整。对于刚脱贫的原深度贫困区，主要任务为脱贫成果巩固，在五年过渡期内，坚持脱贫成果巩固与乡村振兴"两手抓"，设置一批乡村振兴重点帮扶县，加大帮扶力度，增强内生动力，使其迎头赶上其他县的发展。对于发展较好的县，主要实现相对贫困治理与乡村振兴的结合，推动基本公共服务均等化和城乡融合发展。

第二，科学谋划一些重大战略行动和工程，围绕农村发展各方面部署制定治理体系。对于减贫而言，要建立系统的政策体系、工作体系和考核体系；此外，针对某一维度开展行动规划，如目前正在推进的人居环境整治3年行动，制定乡村振兴重点帮扶县发展计划等。建立一批系统的人才、就业、土地、财政、金融和科技支持政策等，为解决相对贫困制定完善的政策体系，实现系统化的顶层设计。

## 二 完善党的领导体制是解决农村相对贫困的根本保证

中国共产党的领导是中国特色社会主义最本质的特征和最大的优势，党的领导贯穿我国减贫事业的始终。脱贫攻坚期，我国形成了党对减贫的全面领导体制，包括分级管理体制，五级书记抓扶贫的责任机制以及政府主导、全社会参与的帮扶机制。这些体制机制对消除绝对贫困发挥了重要作用，根据相对贫困的特点，贫困治理模式和策略也将发生转换，在新发展阶段需要结合实际适当调整。

（一）坚持中央统筹、省负总责、市县抓落实的管理机制

责任清晰对于提升减贫成效至关重要。在脱贫攻坚期，党中央就确定了中央—省—市县三级分工负责制，明确了各级党委和政府的责任，为脱贫攻坚战的胜利提供了强大的力量保障。在减贫实践中，中央和地方分工

明确，中央负责"顶层设计"，省做好"政策转译"，市县做好"贯彻落实"，从而形成"央-地"协作治理机制。[①] 在绝对贫困治理中，中央的顶层设计是基于全国制定的整体性策略，然而地方的实际情况千差万别，地方政府在政策执行上，要注重政策执行的"在地性"，根据具体情况，在与中央决策保持一致的前提下，制定地方减贫的具体举措。

具体而言，在中央层面，中央负责顶层设计、资金筹备、考核督查等工作，为地方政府提供更大的可操作空间；在省级层面，各省进行组织动员、项目下达等工作，贯彻落实中央的精神，具有承上启下的作用，坚持资金、任务、权力和责任"四到省"责任机制[②]。省级党委和政府要完善相关治理政策，细化规划指导，做好监测评估，同时落实项目和工作进度安排、资金使用、推进实施等工作。各省在落实中央精神时需要基于各地实际情况，制定符合各省实际的具体对策。在市县级层面，市县强化组织动员、做好推进工作、资金使用、资源调配和项目落地，切实发挥一线总指挥作用，对于中央具体工作的落实起着关键作用。我国在脱贫攻坚时期形成了从中央到地方各司其职的工作机制，"央-地"关系得到了较大改善，地方权力有所扩大，但总体而言，县乡政府的自主性资源整合能力有待提升。因此，在推动脱贫成果巩固与乡村振兴的衔接时，要强化县域政府对乡村振兴和贫困治理的主体责任。不同部门各司其职、各负其责、有序运转，保证了扶贫工作的顺利推进，为贫困治理提供了良好的组织和工作保障。

在解决相对贫困时，要处理好中央和地方的关系，发挥党中央在解决相对贫困中的顶层设计、统筹协调和价值引领作用。平衡中央政府和地方政府的关系，既要树立制度权威、构建完善的制度保障，引导地方政府的行为，又要给地方政府一定的自由裁量权，实现差异化和精准施策。由于相对贫困的多维性和主观性的特点，基层政府在了解具体情况方面更具优势，有必要发挥县域治理的作用，强化主体地位和主体责任，落实县域政

---

① 尹利民、黄雪琴：《"央-地"协作与贫困治理——对Y县精准扶贫实践的扩展性讨论》，《江西社会科学》2020年第1期。

② 范小建：《党的领导是扶贫事业取得巨大成就的根本保证》，《党建研究》2009年第11期。

府在贫困治理中的自主权。一是赋予县域政府充分的规划决策权、产业发展权，缓解政府的问责压力，构建灵活的目标考核指标体系，提升行动主体的"德性"和"才情"。二是通过完善法律法规确定县域政府在贫困治理中的权、责、利内容。[1]

（二）坚持五级书记抓扶贫与乡村振兴

坚持五级书记抓扶贫与乡村振兴的责任体制，层层抓落实。在脱贫攻坚期通过五级书记抓扶贫，为脱贫攻坚提供了坚强的政治和组织保障。在解决相对贫困，实现乡村振兴阶段，需要继续发挥各级党委的积极性，自上而下统筹中央到地方的力量，能够有效地调动各级领导集体的积极性和党员干部的积极性，为"减贫"和"振兴"提供强大的执行力。全面消除绝对贫困之后，农村工作的重心是实现乡村振兴，但这并不意味着不重视减贫，而是将解决相对贫困统筹纳入乡村振兴，坚持"治贫"与"振兴"的协同推进。将五级书记抓扶贫的领导体制全面纳入乡村振兴，统筹中央到地方各级力量，充分发挥中央和地方的积极性。充分发挥"关键少数"的作用，完善奖励机制，调动其工作积极性。调整驻村干部的工作重点，把驻村工作队选派致富带头人，以及完善基层党组织结合起来，[2] 构成一支专业化、复合性的工作队。

（三）加强农村基层党组织建设

农村基层党组织作为党在农村的"神经末梢"，是党中央联系群众的"桥梁"和"纽带"，是乡村振兴战略和解决相对贫困的重要执行者和反馈者。农村基层党组织在农村发挥着多种功能，共同促成其整体功能的发挥，包括政治功能、服务功能、社会功能等。一方面农村基层党组织是党的基层组织，代表着本阶级和人民群众的利益，发挥着政策宣传、党员教育管理、政治监督的作用；另一方面，农村基层党组织是推动农村发展的行政组织，发挥着服务和治理功能，不断推动基层治理创新和农村经济社

---

[1] 翟坤周：《新发展格局下乡村"产业—生态"协同振兴进路——基于县域治理分析框架》，《理论与改革》2021年第3期。

[2] 高强：《脱贫攻坚与乡村振兴的统筹衔接：形势任务与战略转型》，《中国人民大学学报》2020年第6期。

会发展。归根结底，农村基层党组织主要体现为对内对外的双重功能，即政治功能和社会服务功能，二者不是割裂的，而是相互依存、相互促进的。在"新阶段-新理念-新使命"的语境下，要不断强化其政治功能，发挥政策宣传、思想引领和干部队伍建设的作用，同时优化服务功能，增强贫困治理、乡村振兴的能力。

第一，优化组织设置、强化组织建设，突出政治功能。从政治维度出发，基层党组织作为一种"政治性工具"，政治功能是其"本质的回归"[①]，是其核心功能。政治功能的有效发挥极大地影响组织振兴，而组织振兴是乡村振兴的根本保证和"第一工程"。因此，强化农村基层党组织政治功能，提升组织力，是乡村振兴战略下解决相对贫困的引擎。面对相对贫困治理常态化、制度化的要求，农村党组织要更有效地发挥政治、思想和组织引领的作用。一是加强理论教育，强化政治和思想引领。不断加强政治学习，提升"四个意识"，宣传党的主张，让人民群众深刻理解党中央对农村发展的良苦用心，使党在农村的工作部署和政策得到群众的拥护与支持。二是优化组织设置，强化组织引领。一方面，农村基层党组织设置要合理，不能简单根据人口密度设置，严格落实"三会一课"，严肃组织生活，严密组织纪律，改变其软弱涣散的状态，从严管理党员干部。另一方面，加强党员队伍建设，"外引"和"内培"相结合，不断吸引乡村发展能人和致富带头人加入党组织，选好配强村党组织书记，坚持第一书记选派制度。三是完善村党组织稳定运行的保障机制，如稳定村级组织运转的经费增长机制、健全人才吸引激励机制、健全监督考核机制等，确保乡村治理和建设的"人、财、物"保障。

第二，发展集体经济，优化治理机制，增强服务功能。政治功能寓于服务功能之中，村党组织的经济服务功能、治理功能的强弱影响着政治功能的发挥。调研发现，集体经济的强弱对整个基层党组织功能的发挥影响巨大，集体经济强的村庄，村干部积极性以及大学生等人才吸引力明显增强，而集体经济薄弱的村，村内矛盾冲突多，村党组织凝聚力、号召力和

---

① 曹胜亮、沈虹飞：《基层党组织政治功能实践的考量》，《学校党建与思想教育》2020年第7期。

人才吸引力弱。[1] 因此，要因村制宜发展集体经济，促进集体产权制度改革，促进村民收入的多元化。村集体经济的发展要坚持"输血"与"造血"的有机结合。一方面引进企业的资金、技术和管理，并基于当地特色发展产业。另一方面加大政策扶持，壮大集体经济，提升服务功能，促进村民增收。此外，要不断完善乡村治理机制，坚持自治、德治和法治相结合，不断创新治理方式，如构建互联网平台，构建多层次良性互动的基层协商治理格局，营造良好的治理环境，[2] 夯实农村基层党组织贫困治理的社会基础。

（四）加强组织动员和社会参与减贫

坚持党委领导下的多元主体合作治贫机制。脱贫攻坚期我国形成了政府主导、市场和社会参与机制、"三位一体"大扶贫格局和"一中心多部门"协同治理机制，但社会力量和市场力量发挥不充分，总体上仍然表现为政府统揽贫困治理。相对贫困的解决，要在党的领导下，充分发挥社会主义制度优越性，动员各方力量参与，将政府主导转变为多元合作治理，真正实现共建共治共享。

一是充分发挥党委领导下的政府各部门的作用，国家发展改革委、卫健委、人社部、财政部等通力配合和协同治理，实现城乡基本公共服务均等化。构建各部门的信息共享平台，加强协商和沟通，避免本位主义和分散主义的弊端，对国家下放的资源和项目要统筹使用，发挥规模效益。各部门的政策要加强协调衔接，发挥"组合拳"的作用。政府各部门切忌攀比，而应相互支持、互帮互助，共同促进地区发展，缩小收入差距，进而促进各部门实现利益组合最大化。

二是深化党委领导下的东西部协作和定点帮扶工作。东部地区向西部贫困地区注入资金、技术与人才，深化产业合作、资源协作、劳务协作，有助于形成区域协调、协同和共同发展的良好局面。组织各级党政机关、企事业单位、军队等开展定点扶贫，这样可以创新帮扶方式，提高帮扶实

---

[1] 谢忠平：《强化村级党组织整体功能研究——以天津市涉农区调研为例》，《中共天津市委党校学报》2018年第2期。

[2] 王国敏等：《中国特色社会主义新"三农"协同发展研究》，四川大学出版社，2021，第305页。

效，如广大高校可以利用先进的理念、人才、技术，推动各类资金、项目、管理等要素向贫困地区聚集，进而促进贫困地区脱贫致富。要深化完善这两种扶贫方式，推动其在巩固脱贫成果、实现乡村振兴中发挥更大的作用。

此外，我国还构建了专项扶贫、行业扶贫、社会扶贫等多方力量多措并举有机结合和互为支撑的大扶贫格局，积极带动社会、市场和个体参与，推动各主体联动、协同治理，促进优势互补、资源共享。解决相对贫困问题需要继续发挥大扶贫的优势，调动各方力量促进低收入户全面发展，使制度优势转化为解决相对贫困的治理效能。

### 三 加强干部队伍建设是解决农村相对贫困的重要支撑

致富不致富，关键看干部。[1] 无论是绝对贫困的消除还是相对贫困的解决，干部队伍建设尤为重要，尤其是与贫困群众密切接触的基层干部。习近平总书记指出："脱贫攻坚任务能否高质量完成，关键在人，关键在干部队伍作风。"[2] 同样，党员干部的能力、作风也严重影响相对贫困的解决成效。在脱贫攻坚期，我国的基层干部队伍主要有扶贫工作队、第一书记、驻村干部以及农村基层党员干部，既有外力的输入，又有内力的扶持。后脱贫时代解决相对贫困与乡村振兴要继续发挥驻村干部帮扶的作用，并充分发挥农村基层党员干部的作用。驻村干部制度是我党密切联系群众的具体体现，采取"反官僚"的做法推进减贫工作，在一定程度上增强了组织力、行动力和凝聚力，提升了治理能力。

就干部队伍而言，一是充分发挥党政一把手的领导力、组织力和动员力，对乡村振兴战略下统筹推进相对贫困治理起着根本性作用。江泽民曾说，"党政一把手是不是真抓实干，能不能把各方力量组织起来，形成合力"[3] 是扶贫能否取得胜利的关键。因此，要加强党政一把手的乡村治理

---

[1] 《习近平扶贫论述摘编》，中央文献出版社，2018，第43页。
[2] 习近平：《在决战决胜脱贫攻坚座谈会上的讲话》，人民出版社，2020，第13页。
[3] 江泽民：《全党全社会进一步动员起来，夺取八七扶贫攻坚决战阶段的胜利》，《人民日报》1999年6月10日，第1版。

能力和思想作风建设,让党中央的政策真正落实、落地。二是充分发挥驻村干部的桥梁作用。纵向上,他们代表党的意志,帮助宣传政策,改善干群关系,发挥政治作用;横向上,他们发挥着扩大社会资本的媒介功能,以及助推农村收入增长的作用。① 因此,后扶贫时代,要保持扶贫干部的相对稳定,坚持"摘帽不摘政策",防止扶贫真空,并按照"缺什么补什么……优化扶贫干部和人才结构"②。三是充分发挥基层党员干部的"领头羊"作用,加大对基层党员干部的培训力度,提升其带贫致富能力、制度执行能力和基层治理能力。

就干部队伍建设而言,要加强党政一把手、驻村干部以及基层党员干部队伍建设,通过思想作风、制度管理、教育培训等多个维度的建设,培育一支政治、作风和能力过硬的"脱贫"与"振兴"的干部人才队伍。在思想作风上,坚决维护党中央权威、执行党的决议,并对贫困治理起到"领路人"的作用,同时要加强干部的作风建设,树立求真务实、吃苦耐劳的精神,杜绝形式主义、官僚主义和基层"微腐败"现象。在制度管理上,明确各级党员干部责任分工,落实一把手负责制,完善干部工作的考核监督体系、问责与激励制度,用制度规范党员干部的行为。在能力建设方面,要加大对党员干部的培训力度,对各级领导分级培训,省部级负责人要进行轮训,全面提高政治能力,加强基层干部解决实际问题能力的培训,提升基层治理能力,从而培养一支"能征善战"的干部队伍,助力解决农村相对贫困。

## 第二节 坚持和完善多元主体协同减贫的联动机制

党的十八大以来,我国逐渐形成了多元主体参与的大扶贫格局。这种减贫主体格局体现了从"多元一体"到"一体多元"的转变,即"一体"

---

① 丁建彪、张善禹:《驻村工作队在农村贫困治理中的多重功能》,《社会科学战线》2021年第8期。
② 《习近平扶贫论述摘编》,中央文献出版社,2018,第43、71页。

主导下的多元配合及"多元"配合参与中的"一体"治理能力提升的统一。① 政府为主导,其他参与主体为补充。随着后脱贫时代贫困治理重心转换和质态转轨,贫困表现更加多维、贫困成因更加复杂,这要求更加注重发挥多种社会力量的作用,逐渐将"参与式扶贫"转变为"协同式扶贫"模式,将"政府主导"变为"政府引导",实现反贫困主体的合作型治理,以充分发挥各主体权能,提升治理效能。后脱贫时代,仍要继续完善东西部协作、定点帮扶和社会力量参与帮扶机制,以构建"多元治理共同体"。

## 一 完善东西部协作机制

东西部协作是具有中国特色的治理模式,是党中央着眼推动区域协调发展、促进共同富裕作出的重大决策②。由于我国区域发展不平衡,东部省份有雄厚的资金、技术、人才和管理技术,而西部省份有丰富的自然资源、劳动力和市场,地区之间的"扶贫协作"机制应运而生。通过组织发达省份对口帮扶中西部贫困地区,可以实现东西优势互补,推动区域协调发展、促进共同富裕的实现。这一机制不仅可以动员社会力量参与减贫,还可以通过协作共建,实现优势互补。这一机制是在国家支持下,双方形成的一种稳定的社会关系。③ 东西部协作机制是解决区域相对贫困的有效举措,在人才、资金、技术、劳务、慈善等方面开展协作,形成稳定的扶贫协作关系,以此开展深层次合作和帮扶。随着减贫实践的推进,扶贫协作从经济援助逐渐发展到灾害、医疗和教育等分类别的援助,其协作主体也从政府拓展到教育机构、民营企业和社会组织,④ 对区域协调发展和减贫贡献巨大。

---

① 杨平璋:《后脱贫时代反贫困研究——基于协同治理的视角》,中央民族大学出版社,2021,第140页。
② 《习近平对深化东西部协作和定点帮扶工作作重要指示》,http://www.gov.cn/xinwen/2021-04/08/content_5598368.htm,最后访问日期:2023年12月1日。
③ 李瑞昌:《界定"中国特点的对口支援":一种政治性馈赠解释》,《经济社会体制比较》2015年第4期。
④ 方珂、蒋卓余:《东西协作扶贫的制度特点与关键问题》,《学习与实践》2018年第10期。

## 第七章 解决农村相对贫困的多维保障机制

随着贫困治理重点的转换,习近平总书记指出,根据新形势和新任务,"扶贫协作"要作出"因适性"调整,即"聚焦脱贫成果巩固、乡村振兴,深化东西部协作和定点帮扶工作"[1]。当前,我国的东西部协作更多地体现为"输血式"的单向扶贫,且存在项目选择随意性大,协作不充分等问题,主要是扶贫协作双方的顶层设计不健全、政府大包大揽所导致的[2]。基于此,后脱贫时代开展东西部扶贫协作,要结合具体实际,调整优化帮扶关系和方式,将现有的"一对多""多对一"的帮扶办法调整为"一对一"并长期固定下来[3],进而建立起东西部协作的长效机制。

新发展阶段,东西部扶贫协作要在帮扶理念、帮扶内容、帮扶方式等维度实现转换和拓展。在帮扶理念上,要逐渐从单一的"输血式"单向供给和单向流入模式向双向互动、优势互补、合作共赢转变。[4]例如,在上海与云南的东西协作中,上海光明集团收购云南英茂糖业,实现三产融合和规模化发展,进而促进两省产业的共同发展、互惠互利,这种合作共赢的产业发展模式值得借鉴和推广。在帮扶内容上,更加注重"造血式"帮扶,激发其发展的内生动力。一方面,注重当地产业的扶持。发挥市场的作用,加大对资金、技术和人才的支持,发展优势特色产业,增强发展可持续性。另一方面,加大对医疗、教育等方面的支持,加强人才培训,构建"直接联盟"等模式[5]。比如通过东西部职业教育对口支援提升就业能力和就业率,帮助贫困人口脱贫,并为当地留下产业、人才、技术等"带不走的财富"。在帮扶方式上,一方面,要充分鼓励社会力量参与东西部协作。构建支援西部的志愿者服务平台,鼓励东部退休员工、大学生参与

---

[1] 《习近平对深化东西部协作和定点帮扶工作作重要指示》,http://www.gov.cn/xinwen/2021-04/08/content_5598368.htm,最后访问日期:2023年12月1日。

[2] 凌经球:《东西部扶贫协作制度创新的思考——基于广东对口帮扶广西的案例分析》,《改革与战略》2015年第10期。

[3] 《中共中央国务院关于实现巩固拓展脱贫攻坚成果同乡村振兴有效衔接的意见》,人民出版社,2021,第16页。

[4] 杨平璋:《后脱贫时代反贫困研究——基于协同治理的视角》,中央民族大学出版社,2021,第176页。

[5] 张晓颖、王小林:《东西扶贫协作:贫困治理的上海模式和经验》,《甘肃社会科学》2021年第1期。

东西部协作，鼓励东部社会组织通过多种方式帮扶西部，如教育帮扶、旅游帮扶、消费帮扶等，多措并举提升帮扶效果；另一方面，充分利用数据要素和平台优势开展帮扶，充分发挥东部地区人工智能、大数据和平台经济的优势，带动西部地方产业发展，通过远程门诊、远程教育促进东西部基本公共服务的均等化。此外，要严格考核监督，加强对内容、方式和结果的考核，不断深化完善协作机制，激励先进、鞭策后进。

## 二 完善机关单位定点帮扶机制

定点帮扶是社会扶贫的重要内容之一。所谓定点帮扶是指机关单位，包括国家机关各部门、企事业单位以及人民团体等，通过下派干部、定点驻村、帮扶行动等举措对特定贫困区域（县、乡镇、村）和贫困群体长期定点帮扶，助力摆脱贫困的帮扶行动。《中国农村扶贫开发纲要（2011-2020年）》明确界定了"机关单位的范畴"[①]，并提出，定点帮扶是国家机关单位了解民情、培养干部、联系群众的重要途径。下派驻村干部是定点扶贫的基本要求和内容[②]，这也成了脱贫攻坚时期一项制度安排。通过干部挂职，直接面向贫困户开展工作，通常以基础设施建设和产业发展为主要帮扶方式。这种扶贫模式双方主体明确，责任清晰，可操作性强，[③] 见效快且稳定，是我国扶贫实践的创新。在推进定点帮扶的工作中，我国也积累了丰富的经验，如坚持定点单位与贫困地区实际相结合，与内生动力提升相结合，与基层党建和干部队伍建设相结合，[④] 推动了贫困地区乡村发展、建设和治理，助力了贫困人口的脱贫致富。

中央单位各部门要强化组织领导，创新帮扶举措，完善定点帮扶工作机制，不断巩固贫困县脱贫成果，全面推进乡村振兴。立足新发展阶段，

---

[①] 中央和国家机关各部门各单位、人民团体、参照公务员法管理的事业单位和国有大型骨干企业、国有控股金融机构、国家重点科研院校、军队和武警部队。

[②] 下派干部包括派扶贫挂职干部、组建扶贫工作队、派驻贫困村第一书记三种形式。参见周恩宇《定点扶贫的历史溯源与实践困境——贵州的个案分析》，《西南民族大学学报》（人文社会科学版）2017年第3期。

[③] 胡兴东、杨林：《中国扶贫模式研究》，人民出版社，2018，第242页。

[④] 韩小伟、韩广富：《中央和国家机关定点扶贫的历史进程及经验启示》，《史学集刊》2020年第4期。

定点帮扶要促进原贫困县、贫困村高质量脱贫,接续推进乡村振兴。一要加强组织领导。保持帮扶机构基本稳定,层层落实责任,坚持定责任到单位和个人。面对新阶段、新形势和新任务,帮扶单位应深刻认识定点帮扶责任的重要意义,促进脱贫地区实现脱贫与振兴的衔接。二要推动"定点帮扶"向"定点治贫"转变,既要立足于"扶",更要着眼于"治"。[①] 要充分发挥部门和行业优势,将帮扶主体优势与贫困地区相对接,提高帮扶精准度和有效性。如网信办通过"互联网+"拓展乡村数字经济发展,为农村产业发展"赋能",自然资源部针对贫困县用地规划指导等。三要实现定点帮扶与行业扶贫有效衔接,定点帮扶和行业扶贫主要包括促进产业发展、公共服务、基础设施建设等内容,二者在内容上是交叉的,因此,相同的内容可以整合衔接,避免浪费扶贫资源。四要坚持定点帮扶与基层党组织建设、干部培养以及贫困群体内生动力相结合。驻村干部以及第一书记在帮扶贫困村时,要注重加强村基层党组织建设,提升基层党组织的战斗堡垒和带贫致富作用。坚持定点帮扶与培养干部相结合,一方面对表现优异的扶贫干部进行提拔,另一方面注重对村干部的培养,形成一支"赶不走"的扶贫工作队。此外,要加强对帮扶单位的考核,确保各单位落实帮扶责任。总之,后扶贫时代的原贫困地区的定点帮扶要围绕脱贫成果巩固、解决相对贫困开展,根据贫困性质、特点不断调整帮扶方式,完善帮扶工作机制。

### 三 完善社会力量参与帮扶机制

党的十九大提出,"打造共建共治共享的社会治理格局"[②]。多元治理共同体的构建,除了需要中央机关、企事业单位的定点帮扶与东西结对帮扶,还需要鼓励民营企业、社会组织和个人的参与。发挥制度优势,动员社会力量,是我国脱贫攻坚胜利的重要法宝,也是我国特色减贫道路的重

---

① 杨平璋:《后脱贫时代反贫困研究——基于协同治理的视角》,中央民族大学出版社,2021,第177页。
② 习近平:《建成小康社会 夺取新时代中国特色社会主义伟大胜利——在中国共产党第十九次全国代表大会上的报告》,人民出版社,2017,第49页。

要内容,集中彰显了我国社会主义制度优势。脱贫攻坚期,我国"民营企业、社会组织和公民个人热情参与,'万企帮万村'行动蓬勃开展"①,形成了反贫困的共同意志、共同行动,弥补了政府失效和市场失灵造成的后果②,提升了社会治理能力。但脱贫攻坚战更多在政府的主导下进行,市场、社会主体参与不足,且主动性不够。而随着贫困治理重心的转换,道德义务思维和全能政府思维已经不能满足相对贫困治理的常规化要求,需要构建起系统完备的法律规范体系,树立法治思维。③ 这就需要将之前的"政府主导"转为"多元共治",由"主体偏向"转为"主体均衡"。我国当前的多元治理存在治理主体交集较少的问题,没有打好"配合",导致扶贫资源利用率不高、贫困主体受益度低。治理主体基于政府的项目参与扶贫,扶贫界限不明确④。治理主体的地位不平等,多元治理的成效不明显。

贫困治理的转型必然要求贫困治理社会化,体现为社会主体多元化、政府与社会互动合作、"靶向滴灌"和"个人定制"⑤,更关注贫困户的参与度和自主性。因此,要积极完善社会力量参与机制,完善相关法律法规和激励政策,促进相对贫困治理社会化。具体而言,要做好以下几点。

第一,要加强社会参与主体培育,完善社会动员机制。首先,发挥社会组织的"毛细血管"作用,加强社会组织的参与,发挥社会组织的专业化、低成本、灵活性优势。目前社会组织的扶贫资源不足、能力有限,内部管理体制有待提升。需要从外部制度环境和内部治理结构两个维度完善社会组织,从外部构建保障机制和政策,从内部完善治理结构和运作机制。多渠道吸引公益资源,培育地方贫困治理组织、公益性贫困治理组织、慈善性贫困治理组织,通过组织培育从多个维度强化帮扶责任,增强

---

① 习近平:《在全国脱贫攻坚总结表彰大会上的讲话》,人民出版社,2021,第 15 页。
② 仲德涛:《精准扶贫中的社会扶贫析论》,《理论导刊》2018 年第 4 期。
③ 梁育、张润峰:《从攻坚式到制度性:后脱贫时代相对贫困治理的范式转换》,《理论月刊》2021 年第 4 期。
④ 吴映雪:《精准扶贫的多元协同治理:现状、困境与出路——基层治理现代化视角下的考察》,《青海社会科学》2018 年第 3 期。
⑤ 陈健、吴惠芳:《贫困治理社会化:路径转向、类型划分与嵌入式设计》,《中国农业大学学报》(社会科学版) 2020 年第 5 期。

社会组织的自主性和独立性，发挥其治理和监督的双重作用。社会组织以促进发展和缓解贫困为双重目标，涵盖教育、卫生、环境、健康等多个方面，有效弥补了落后地区的公共服务不足和发展不充分问题。社会组织以其非营利性、专业性和志愿性成为应对"政府失灵"和"市场失灵"的有效扶贫主体，如中国扶贫基金会实施的"母亲水窖"项目有效解决了当地妇女饮水问题等。其次，发挥民营企业的作用，民营企业是社会力量的重要分支，也是重要的市场主体，在帮扶中有资金、技术和人才等方面的优势，且能帮助产业有效对接市场，提升帮扶效果。因此，政府可以发展多种帮扶项目和优惠政策吸引民营企业参与，完善鼓励市场、社会组织参与的法律法规和相关政策，为各主体的参与牵线搭桥，并对治贫主体进行适当监督。再次，发挥个人的作用，个人不仅包括自愿参与减贫的个人，也包括贫困者自身。要在全社会营造良好氛围，凝聚扶贫济困的广泛共识，引导社会力量自觉参与。对于贫困者个体而言，要明确其主体责任，增强造血能力，促进贫困人口能力再造。此外，通过规章制度完善多元主体间的权责界限，通过完善多元主体参与治贫的立法明晰各类主体的权责利关系，实现治贫过程中的"主体均衡"，避免"搭便车"行为。

第二，要完善社会参与工作机制。树立共建共治共享理念，打造贫困复合治理共同体。各治理主体不仅要充分发挥各自优势，更要相互协商，信息共享，分工协作，及时反馈，实现治贫资源的最优化和治贫效果的最大化，实现"1+1>2"的效果。促进资源整合，将企业、社会组织、个人的帮扶资源进行归类整理。促进社会扶贫主体协调，一方面实现社会内部各主体项目、帮扶行动的协调，另一方面实现社会帮扶主体与政府主体的协调。促进政府和社会治贫行动的良性互动，将"有为政府"与"有效社会"相结合，如政府可以购买社会扶贫服务，充分利用大数据，构建治贫的信息服务平台。

第三，完善多种保障激励措施。通过税收、人才认定、社会福利保障等给予政策倾斜和激励，激发企业、社会组织、个人参与扶贫的积极性。通过完善相关法律法规，为社会帮扶提供健全的制度环境和身份认同，提升社会帮扶公信力。

## 第三节 坚持和完善体系化的制度和政策支撑机制

随着减贫重心的转移，贫困治理目标、治理范式和治理策略也将随之转向。在脱贫攻坚期，我国形成了组织推动、要素保障、政策支撑、协作帮扶等工作机制，要不断完善并将其运用到相对贫困治理与乡村振兴实践中。持续推进解决相对贫困，需要完善体系化的制度和政策支撑机制，特别是破解"人、地、钱、技术"等主要难题的政策体系，不断构建乡村人才回流和激励机制、土地资源合理配置机制、乡村发展的资金保障机制以及科技支撑机制，为解决相对贫困提供坚实的保障和政策支撑。

### 一 完善人才支持政策

人才是乡村振兴和解决相对贫困的关键。就人才的类型而言，农村的高质量发展需要农业科技专业人才、创新创业人才、乡村治理人才。就人才的来源类型而言，包括农村帮扶队伍、农村本土人才和外来引进人才。在脱贫攻坚期，为了解决因农村空心化而缺人的问题，采取了派驻农村扶贫工作队和第一书记，加强东西部协作的干部帮扶等举措，为脱贫攻坚战的胜利输入了大量干部人才。但这种"输血式"的人才队伍最终不能解决根本性问题，乡村要发展，关键要靠本地人才。并且，部分地区的帮扶队伍不能满足当地的需求，没有派来当地急缺的人才队伍，存在结构性不足，如乡村发展的金融人才、互联网人才缺乏。为了促进低收入人口和脱贫人口的可持续发展，实现农村经济社会发展，要充分发挥"人"的作用，实现乡村人才振兴。

后脱贫时代，在现有人才政策基础上，要继续优化人才结构，坚持外引和内培相结合，并不断完善人才支持机制，让引进来和培养出的人才"留得住""沉得下"。一是优化帮扶队伍人才结构。在坚持帮扶队伍不散的同时，注意将帮扶队伍与乡村需要的人才类型匹配，更好地发挥帮扶干部在贫困治理中的"尖兵"作用。二是构建以农民主体性为依托的内培机制。一方面不断激发本土人才的主体意识，积极参与乡村发展。另一方面不断加强对本土农民的培训,尤其是培育一批新型职业农民和经营主体,发挥其带动效应。三是构建以城乡融合为依托的外引机制。一方面,通过产业发展、政策吸引,并以亲情、乡情和友情为纽带,不断吸引外流人才回归。这类人才既有本土经验,又有广阔视野,是重要人才,能逐渐发挥出"新乡贤"作用[1]。另一方面,吸引城市各类人才下乡定期开展工作,如鼓励城市科技人才下乡帮助农民提升农业技术,鼓励城市医生定期开展农村免费问诊。

制定相关政策激励人才参与扶贫和乡村振兴。具体而言,针对本土人才,主要是制定各类人才的专业技能培训政策,从培训主体(政府、市场、社会组织、农民)、内容(生产经营、就业创业和管理技能)、形式(田间课堂、农民夜校、线上与线下相结合)等多个维度制定具体的政策,并制定具体且明确的培训目标和补贴政策,以激励和吸引本土居民参与。还要针对公共服务领域的人才进行培训,如教师、医生和文化传承人等,开展定向培养政策,校企合作制度等。针对外来人才,出台城市人才下乡服务的激励政策[2],如通过资金支持鼓励城市人才回乡发展产业,建立新乡贤吸纳机制。建立人才定期服务乡村机制,如与相关企业、高校开展合作,定向培养人才、定向开展基层服务和志愿服务等。此外,要搭建人才服务平台,重构薪酬奖励和晋升机制[3],不断完善农村基本公共服务和基础设施,形成对人才的强大拉力和推力。

## 二 完善土地保护政策

土地资源是农民最重要的生存、生产要素,是某些贫困地区"沉睡"的资源和资产。[4] 改革开放至今,土地要素在不断消除"环境"因素重视

---

[1] 刘祖云、姜姝:《"城归":乡村振兴中"人的回归"》,《农业经济问题》2019年第2期。

[2] 《中共中央国务院书关于做好二〇二二年全面推进乡村振兴重点工作的意见》,人民出版社,2022,第21页。

[3] 曹丹丘、丁志超、高鸣:《乡村人才振兴的现实困境与路径探索——以青岛市为例》,《农业现代化研究》2020年第2期。

[4] 臧玉珠、刘彦随、杨园园、王永生:《中国精准扶贫土地整治的典型模式》,《地理研究》2019年第4期。

"努力"因素的过程中,为农业农村实现包容性发展提供要素基础,[①] 也为贫困治理中的产业发展、易地搬迁、生态保护等脱贫举措提供土地要素保障。土地资源匮乏、土地流转困难、利用效率低,制约着农村规模化经营和生产效率的提升,不利于贫困地区发展。许多进城务工的农民工没有将土地成功流转,导致大片的耕地撂荒,2019 年,土地流转比例大大滞后于农村劳动力转移比例[②],且农民之间的土地流转呈现随意化、非正式的特点,土地流转持续性低,这些情况都严重制约了我国土地资源要素的激活。加强土地要素的整合和治理是实现脱贫的重要途径。在脱贫攻坚期,我国已经形成了多种土地整治模式和土地政策,为贫困地区的发展增加了土地资源禀赋和生产条件,提升了农民的生产性收入。例如,从土地要素流向帮扶个体的直接路径来看,可以采取增加耕地数量、提升质量的方法提升种植效率、促进土地流转,或者通过易地搬迁调整居住用地。从土地要素流向集体的间接路径来看,通过整治资源环境促进生态修复,规划建设用地,促进产业发展、指标异地流转,积累发展资本[③]。通过这些政策举措,促进土地要素的整合,既发挥其作为资源的作用,又发挥其作为资本和资产的作用,进而提升土地价值,助力减贫。

土地要素的有效利用对于农村减贫和乡村振兴具有重要意义。后脱贫时代,要克服现有土地整治缺陷,如前期规划不够、社会资本参与程度低、统一政策缺乏等,进一步创新和完善土地政策,促进制度改革,如深化宅基地改革试点,完善城乡建设用地增减挂钩政策[④],为乡村治贫与振兴提供土地要素保障。就宅基地而言,由于农村人口的大量转移,农村宅基地大量空废,有必要完善宅基地制度改革,盘活这些沉睡的资源。当前农民对宅基地缺乏自主权,无法抵押,且"资产盘活"和"退路保障"还

---

[①] 孔祥智、张琛:《新中国成立以来农业农村包容性发展:基于机会平等的视角》,《中国人民大学学报》2019 年第 5 期。

[②] 刘同山、张凤:《大变革背景下中国农村土地制度再审视》,《东岳论丛》2021 年第 4 期。

[③] 臧玉珠、刘彦随、杨园园、王永生:《中国精准扶贫土地整治的典型模式》,《地理研究》2019 年第 4 期。

[④] 《中共中央国务院关于构建更加完善的要素市场化配置体制机制的意见》,人民出版社,2020,第 3 页。

存在冲突。① 因此，今后要不断放活宅基地使用权权能，结合宅基地制度改革，促进宅基地流转，推进权能显化。就集体经营性建设用地而言，拓展建设用地来源，坚持规划引领项目，土地跟着项目走，构建城乡统一的土地市场，明确收益主体，保护农民利益。就城乡建设用地而言，增减挂钩的实质是级差地租的共享化②，有助于促进土地资源的共享发展。要继续发挥国家出台的增减挂钩结余指标跨省调剂政策，注意交易过程中维护贫困地区利益，实现土地和资本要素的共享发展，为贫困地区的发展提供资金。同时要充分保障农民集体建设用地收益权，改革征地制度，赋予农民充分的建设用地交易权。此外，要继续坚持土地"三权分置"制度改革，推进土地经营权有序流转，稳定承包权、搞活经营权。

## 三 完善财政投入政策

在精准脱贫的要求下，"资金使用精准"是"六个精准"的内容之一，而财政投入是扶贫资金体系的主体。脱贫攻坚期，我国形成了健全的投入体系，脱贫资金的来源由财政为主转变为多元化筹措，财政资金由中央为主转变为各级共担，为脱贫攻坚战的胜利提供了强有力的资金要素保障。党的十九届五中全会提出，"要保持财政投入的总体稳定"。《中共中央国务院关于实现巩固拓展脱贫攻坚成果同乡村振兴有效衔接的意见》提出"优化支出结构，调整支持重点"③，实现财政投入政策的衔接。2022年中央一号文件提出，"中央预算内投资进一步向农业农村倾斜"④，意味着扩大对农业农村的投入。后脱贫时代，基于"三农"重心转移的具体实际，尤其是加大对刚脱贫地区的投入力度，建立长效投入机制，实现"治贫"与"振兴"资金的统筹使用，接续推进脱贫地区的发展，加大对农业农村

---

① 严金明、李储、夏方舟：《深化土地要素市场化改革的战略思考》，《改革》2020年第10期。
② 戴琼瑶、张启文：《共享发展：城乡建设用地增减挂钩与精准扶贫》，《甘肃社会科学》2018年第3期。
③ 《中共中央国务院关于实现巩固拓展脱贫攻坚成果同乡村振兴有效衔接的意见》，人民出版社，2021，第17页。
④ 《中共中央国务院关于做好二〇二二年全面推进乡村振兴重点工作的意见》，人民出版社，2022，第20页。

发展的支持，进一步缩小发展差距，实现共同富裕。

就投入而言，要继续坚持对后脱贫时代减贫的财政支持。一是构建投入长效机制，优化原扶贫专项资金，完善转移支付、税收优惠和贴息贷款的财政投入方式，有效运营和管理扶贫和振兴资产。一方面加大省级财政的投入，规范各省投入的规模和标准，另一方面，构建多元投入机制，完善东西部协作、定点帮扶等社会扶贫的投入，整合全社会的力量。二是加强投入的资金整合，确保精准使用。搭建涉农资金统筹平台，将投入农村的资金统一管理使用，提升资金使用效率。根据不同地区不同需要有计划地拨付资金，适当向乡村振兴重点帮扶县倾斜，针对相对贫困的发展性特征，要侧重于投向增强可持续发展的行业和内容，更多投向农村基本公共服务和基础设施等乡村建设运动以及乡村产业发展。三是优化财政对乡村产业的支持，有效解决补贴发放的"最后一公里"问题。四是完善资金常态化监管机制。将大数据、人工智能等新技术融入资金管理系统，实现实时监测和比对数据信息不对称情况，[1]加强对资金使用的源头监督、使用情况监督和事后追责机制，严格落实公告公示和信息共享平台，实现阳光化管理，保证公民的知情权和监督权。

## 四 完善金融服务政策

金融减贫是金融机构通过提供多样的金融服务，提高贫困人口的发展能力和机会，或者创造利于发展的环境。广义来看，金融包括银行、证券和保险等多个方面，狭义上主要为银行业务。在我国的金融扶贫中，银行仍占主导地位，当然也不能忽视其他金融产品的作用，尤其是保险的作用。在精准脱贫中，金融扶贫占据重要地位。后脱贫时代，提供高质量的金融产品，能够有效防止"返贫"，增强贫困人口的自我发展能力，解决贫困人口的多维贫困问题。改革开放以来，我国一直重视农村金融对"三农"发展的重要支撑作用，构建了较为完备的农村金融体系，如建立农村信用社、发展小额信贷等。近年来，我国通过税收优惠、贴息、保费补贴

---

[1] 宋凤轩、孙颖鹿：《我国财政精准扶贫的问题与优化路径》，《甘肃社会科学》2019年第6期。

等手段，加大农村金融改革，建成了较为完善、覆盖面较广的农村金融服务体系，对农村脱贫攻坚、保供给、促增收起到了重要作用。例如，加大政策性金融支持力度、构建政府性融资担保体系，构建了多元化的农业保险体系。然而，目前农村金融服务供给不足、体制机制不健全，农村资金仍呈外流趋势。

未来要继续加大金融供给、满足乡村振兴多样化的金融需求。一是进一步完善政策性、开发性银行的基础性作用[1]，如易地扶贫搬迁后续发展贷款、基础设施建设贷款以及产业发展贷款，弥补政府和市场的空白。二是深化农村普惠金融服务。扩大服务的广度和深度，让农村普惠金融能够惠及更多弱势群体以及新技术、新模式的经营主体，增加评价体系和机制，扩大覆盖面。根据农民资金少、抗风险能力低等特点，开发小额、低风险的理财产品，让农民能够在基金、债券、保险等金融产品中获得收益。要进一步发展农村合作金融和小额信贷，鼓励有创业需求的农民申请担保贷款支持，制定并完善支持创业的金融政策，对符合条件的贫困户"应贷尽贷"。三是农村金融服务要以支持产业主体为抓手，产业是农村发展的核心，金融服务要积极为农村各项产业的发展提供金融支持，建立健全金融风险分担和补偿机制[2]，通过财政补贴、税收优惠降低金融成本和服务门槛，发挥不同主体的风险分担功能，降低农业经营风险，加大支农专项贷款力度、养殖贷款贴息等，促进对口服务产业振兴和农村发展。不断拓宽抵押物范围，如开展农村土地经营权和宅基地使用权贷款。对农村新型农业经营主体加大贷款服务，使农村各类主体有发展农业产业的资金。四是加大农村金融与社会资本的合作。通过PPP模式，引导社会资本流向农村，促进农村产业发展，从而创造更多的就业和发展机会，实现利益共享。完善农业、农民保险制度，鼓励各地开发特色农产品保险，完善和构建"返贫保""致贫保"等小额保险，既为中低收入人口提供风险保

---

[1] 周孟亮：《脱贫攻坚、乡村振兴与金融扶贫供给侧改革》，《西南民族大学学报》（人文社会科学版）2020年第1期。
[2] 刘晓东、陈江：《乡村振兴视阈下农村金融供给改革与制度创新》，《西南金融》2020年第1期。

障,也为贫困地区的发展提供资金。五是利用互联网创新金融服务。提高金融服务的信息化水平,创新融合模式,推动数字金融、网络金融的发展,进而提升服务效率,降低交易成本。六是加大对金融机构的监督管理,实施金融减贫奖惩政策,对金融机构收支台账进行审核监管。

五 完善科技支撑政策

我国减贫事业所取得的辉煌成就,离不开科学技术的重要支撑。技术日益成为国家治理(包括贫困治理)不可或缺的力量。[1] 在减贫过程中,农业技术、信息技术和智能技术等以显性和隐性的方式发挥着重要作用。尤其是互联网、大数据和人工智能等新兴技术的应用,可以推动贫困治理关系的重塑,如通过数据共享,实现减贫主体多元化的合作治理,通过整合各部门数据,减少人为干扰,推动贫困识别的精准化,并进行动态跟踪监测,防止返贫,[2] 还可以对贫困资源输送进行全过程监督和绩效考核[3]。因此,通过技术嵌入贫困治理,能有效减少贫困治理过程中的人格化特征,提升贫困治理效能。

然而,目前我国技术治理的运用还有待提升,如对贫困户发展生产的技能不够,部门之间的数据没有实现有效共享,基层工作人员技术不够熟练,数据挖掘的能力欠缺。在巩固脱贫成果、解决相对贫困、实现乡村振兴和农业农村现代化的新阶段,技术治理还大有可为,国家要采取多种举措激励科技研发助力乡村发展。一是推进现代技术下乡。一方面,根据农民和产业发展需求,开展技能培训,比如种养管理技术、互联网电商技术,推动建立绿色农业、智慧农业,延长产业链,增加农民收入。另一方面,坚持派驻科技特派员,为农民的生产实践答疑解惑。二是加大新技术的创新和示范带动,攻坚克难,突破"卡脖子"技术,推动技术的可持续

---

[1] 谢治菊、范飞:《建党 100 年的技术变迁与贫困治理》,《济南大学学报》(社会科学版) 2021 年第 5 期。

[2] 谢治菊、范飞:《建党 100 年的技术变迁与贫困治理》,《济南大学学报》(社会科学版) 2021 年第 5 期。

[3] 谢治菊、范飞:《区块链扶贫监管:优势、风险和路径展望》,《电子政务》2020 年第 10 期。

供给，如种子技术、无污染无害化种植技术，推动实现农业现代化。同时，打造农业科技产业园、示范村、示范户①，以发挥示范带动作用。三是推动技术嵌入贫困治理，在贫困监测、识别中运用大数据对其升级改造，如贵州的"扶贫云"平台，依托大数据和云计算对贫困人口的贫困程度进行量化，确保扶贫对象的精准识别。利用新技术对扶贫资产进行监督和管理等，不断发挥其技术提升治理效能的作用。四是加强技术对农业的支撑，通过发展绿色高质高效新技术，推广优质高效新品种，提升农民种粮积极性。在旱区推广旱作节水农业技术，推广有机肥代替化肥。改善生产及配套仓储保鲜设施设备，以推动农业全产业链标准化生产。发展数字经济、平台经济，实现农产品出村进城，并通过数字赋能提升农业生产社会化服务水平。

## 第四节　坚持和完善减贫成效考核机制

考核是绩效管理的重要一环。考核是为了评判一个行动或者政策的实践意义和作用，并将有用的信息反馈到决策中。② 加强对治贫效能的考核评估是推进反贫困的重要手段。③ 它是减贫行动顺利推进的"指挥棒"、"温度计"和"质检仪"。科学考核反贫困成效，既要对接反贫困目标，又要回应政策实施过程和政策实施效果；既要加强全方位全过程考核，又要引入第三方等多主体评估；既要立足当前考核结果的激励作用，又要凸显考核结果对政策完善的长远意义。因此，后脱贫时代，要根据贫困的多维性、发展性、次生性、长期性特征，基于反贫困目标的战略意义构建考核指标体系，加强多元动态考核并强化对考核结果的运用，最大化提升治理效能。

### 一　加强对目标、过程和结果的考核

贫困治理效能的考核首先需要构建多维度的考核指标体系。考核指标

---

① 邢鹏：《科技扶贫的历史演进、阶段特征与未来展望》，《地方财政研究》2020年第5期。
② 唐丽霞：《精准扶贫第三方评估要规避四大误区》，《改革》2018年第1期。
③ 杨平璋：《后脱贫时代反贫困研究——基于协同治理的视角》，中央民族大学出版社，2021，第295页。

体系的构建需要囊括治理主体、目标客体、治理效能等多个维度。其评估内容包括政府主体的责任体系、政策供给、组织实施等，贫困群体的贫困改善状况、精神风貌等，贫困地区的经济社会发展状况、贫困发生率等。从减贫目标、减贫过程和减贫结果全方位地回应考核内容，推动考核指标体系的动态调整，促进治贫效益最大化。

（一）基于减贫目标转变评估话语体系

话语体系是一定时期经济社会发展状态和需求的综合表达，属于观念上层建筑，由经济基础决定，并反作用于经济基础和社会发展。而治贫效能评估的话语体系也是由特定时期的社会存在和发展目标所决定的。脱贫攻坚期，脱贫目标是"两不愁三保障"，最终全面建成小康社会。该时期时间紧、任务重，扶贫效果的评估相对短效。随着这一重大而紧迫的政治任务的完成，我国进入以解决相对贫困为重心的新发展阶段，其贫困治理的任务是缩小发展差距，提升贫困人口的生活质量，实现共同富裕。因此，我国贫困治理考核体系必然要发生转型，其具体指标需要更多考虑治贫的价值目标，考虑贫困群体的赋权增能和精神贫困的改善，进而实现考核体系从"短期治标"向"长效治本"转变。

农村相对贫困呈现支出型贫困、脱贫返贫风险、基本公共服务滞后、内生性贫困显著等问题[1]，要求农村贫困的治理任务转型，从功能性减贫转变为"巩固、调整、充实、提高"[2]的减贫思路，而贫困治理目标结构将转为"人的全面发展"和"分配正义、参与正义、能力正义和承认正义的多维正义取向"[3]。相对贫困治理的最终目的是使人人都能够在发展中逐步"同等地、愈益丰富地得到生活资料、享受资料、发展和表现一切体力和智力所需的资料"[4]。因此，在贫困成效考核话语体系构建中，要时刻树

---

[1] 王立剑、代秀亮：《2020 年后我国农村贫困治理：新形势、新挑战、新战略、新模式》，《社会政策研究》2018 年第 4 期。

[2] 周绍杰、杨骅骝、张君忆：《中国 2020 年后扶贫新战略——扶贫成就、主要目标、总体思路与政策建议》，《中国行政管理》2019 年第 11 期。

[3] 张明皓：《2020 年后中国贫困治理的价值导向、机制转型与路径创新》，《中国行政管理》2020 年第 11 期。

[4] 《马克思恩格斯选集》第 1 卷，人民出版社，2012，第 326 页。

立包容共享的理念、不断赋予贫困群体发展权能，消除物质贫困和精神贫困。在政策制定中注重"造血式"治贫、基本公共服务的改善、多元主体参与，突出人的全面发展和共同富裕目标理念，积极回应贫困治理的多方关切，实现贫困治理的可持续性目标。

（二）基于减贫过程推进评估精细化

减贫本身就带有"过程"意蕴，有必要加强过程评估，提升事前决策的科学性和事中的有效性，不断对治贫过程中的决策、政策和项目实施进行纠偏和修正，提升脱贫时效，达到低成本、高效益的目的。若仅仅以结果为导向进行考核，执行主体必然会为了达到目标而在执行过程中采取短效措施，影响治贫的实际效果，且各地实际情况不一，最终结果不能完全反映脱贫成果和绩效水平。基于此，在贫困治理的过程中，要注重过程考核。贫困治理是一项长期事业，处于不断动态发展中，要建立动态监测和考核机制，实时监测治理过程的规范性和政策有效性，不仅关注脱贫数量，更要关注脱贫质量[1]。

基于各地实际情况制定差异化、多元化的考核程序和指标体系，同时监测考核全过程，确保治贫进程的顺利推进。具体而言，一是政策执行过程的考核，分阶段考核政策执行过程、相对贫困治理的有效性，以及是否回应了政策制定的初衷。二是资金使用与管理的监测，全程对资金进行监测管理，在确保县级政策的资金使用权基础上对其进行监督，防止个别地区因为绩效考核将资金挪作他用，打造"形象工程"，造成资金浪费。三是项目推进的考核，在产业项目推进中，要对实施过程和操作管理进行监测，评估项目是否按照预期开展，是否符合治理目标，扶贫资源的配置是否体现公平性效果，贫困群体的参与和覆盖情况是否达到预期目的等。通过对资金、政策和项目的监测、跟踪、定期考核，能够使贫困治理在预定轨道上顺利进行，保持贫困治理的可持续和有效性。

（三）基于减贫结果评估多维效能

结果的评估意味着对贫困治理绩效的评估，包括成绩和效果。治理

---

[1] 王晓毅：《贫困治理：从技术精准到益贫发展》，《宁夏社会科学》2017年第5期。

绩效的评估是一种事后评估或阶段性评估。① 一般而言，结果评估要客观、科学、系统、全面，既要体现经济、社会效能，又要体现生态、文化和政治效能，既要回应脱贫标准，又要考虑其效用是否长效可持续。

从整体上讲，治理效能可以基于"五位一体"总体布局设计具体的指标体系。具体而言，经济效能要考虑人均可支配收入、消费支出、恩格尔系数、乡村产业发展、农业经营主体、合作社等指标，考核贫困治理的可持续性。政治效能要考虑贫困人群的权利保障、基层党组织的组织力、政策和制度效用等指标，考核乡村治理的有效性。文化效能是衡量贫困个体是否摆脱精神贫困、农村精神风貌是否发生改变的根本维度，要着眼于受教育水平、精神状况、生活习性、基本公共文化服务以及乡村文化的传承发展等指标。社会效能在于贫困治理后对农村社会民生方面的效用，如贫困群体的就业率、参保率、居住环境、交通通信和公共服务的供给水平、公共安全等，着眼于农民的切实感受和满意度。生态效能基于乡村振兴"生态宜居"的总要求，考量是否实现有效的环境治理和生态修复，如农村污水处理、厕所革命等。结果的考量要回应价值目标，以实现"美好生活"为考核方向，基于现实状况从多个维度进行考量。

此外，脱贫攻坚期，我国形成了对省级党委和政府扶贫成效的考核评估、贫困县退出的考核评估、定点帮扶和东西部协作的考核评估、扶贫领域专项考核评估、监督巡查和脱贫攻坚普查等一系列中国特色的脱贫考核评估制度。其中，省级党委和政府扶贫成效考核、定点帮扶、东西部协作的考核意义重大，对于2020年后相对贫困治理和脱贫成果巩固同样适用。针对不同的帮扶主体进行考核，并设置不同的考核内容，有助于优化帮扶内容，提升帮扶效率。如省级党委和政府的考核，要着眼于责任落实、政策落实、减贫总体成效以及群众满意度；定点帮扶考核主要聚焦帮扶成效、选派干部、基层满意度、工作创新等；东西部协作考核要注重人才和资金支持、产业合作、劳务协作等内容。

---

① 沈传亮：《全面深化改革——十八大以来中国改革新篇章》，人民出版社，2017，第14页。

## 二 加强动态监测和多元主体考核

治贫成效的考核需要构建动态监测机制，对治贫前、治贫中和治贫后的全过程进行监测和加强社会监督，不断调整政策、手段，使其达到预期目标和效果。同时，继续优化完善省际交叉考核、第三方评估等手段，做到客观公正全面，改变政府既是"运动员"，又是"裁判员"的状况。

### （一）完善减贫动态监测和监督机制

对贫困过程的考核，要求对治贫成效进行动态监测，对农民的收入、就业等相关状况实时跟踪监测和全员监督，并基于此信息及时调整优化政策。具体而言，一是加强建设监测的信息平台。完善现有数据库，对贫困个体和贫困区域发展的多维数据进行追踪管理，动态掌握贫困治理进展情况和成效。要充分运用大数据和地理信息技术，一方面对财政、民政和政府各部门的数据进行互联互通，信息共享，联合监测贫困区域经济社会发展变化状况、农民收入变化状况、项目推进状况、产业发展状况等，根据治理效能调整帮扶措施。另一方面，借助遥感系统和地理信息系统，对贫困户和贫困区域的变化进行实时更新，精准定位贫困区和贫困户。二是加强全社会监督。贫困治理是一个复杂的系统工程，需要进行全面监督，形成一个自下而上监督和自上而下监督相结合、部门相互监督和社会群体监督相结合、党内监督和党外监督相结合的综合监督系统，保证各环节的顺利推进。三是定期调查研讨，调整优化政策。[①] 在动态监测和社会监督的基础上，定期评估治贫成效，及时根据评估结果进行总结、调整和优化，对有成效的项目、政策继续沿用，对于成效甚微的项目、政策及时纠正，并总结经验，及时推广。

### （二）"上下评"和"交叉评"相结合

脱贫攻坚期，我国脱贫绩效评估的主要方法有针对各级党委和政府的省级交叉考核、第三方评估、媒体暗访等。在政府内部的考核中，除交叉考核外，还要加大"上评"和"下评"力度。就"上下评"而言，在以

---

① 杜永红：《大数据背景下精准扶贫绩效评估研究》，《求实》2018年第2期。

往的考核过程中，更多注重上级政府对下级政府的工作绩效考核，缺乏下级政府对上级政府的考核。上级政府的层层施压，导致基层压力过大，甚至出现为了达到考核目标而采取短期行为，不注重治理实效的现象。因此，一方面，要继续完善上级对下级的考核，检验基层治理的实效；另一方面，要加大下级对上级的考核，重点考核上级政府政策制定、目标制定上的正确性和实操性，是否有层层施压等状况，在一定程度上消除为达到短期目的而采取短效措施，造成资源浪费的现象。就"交叉评"而言，对贫困治理现状较一致的省份，随机进行交叉考核。各省份组织一支懂政策、懂基层的评估队伍组成考核组，通过座谈会、查阅资料、入户走访等方式，考核党委和政府的具体工作情况和成效，互相找出治贫工作中存在的问题，总结各地好的治贫经验，并加以宣传推广和应用。

### （三）完善优化第三方评估机制

第三方评估是引入治理者（第一方）和治理对象（第二方）之外的第三方主体，具有客观公正、中立专业优势，能有效弥补政府评估的权力寻租缺陷，是政府自我评估重要的补充形式[①]。在脱贫攻坚的贫困治理绩效评估中，第三方评估发挥了"质检仪""温度计"的重要作用[②]，以评促改，是贫困治理的"优化器"，能够推动帮扶政策的落地与落实。目前，我国的第三方评估主要是由高校、科研院所的专家、学者组成的专业性评估队伍，其中，很大一部分是经过培训合格的高校研究生。在精准扶贫时期的第三方评估实际上是社会监督，通过"委托—代理"的方式，授权给第三方组织进行评估。因而，其评估结果相较于政府的自我评估，更为客观、中立、公正，能够提升评估结果的公信力和可信度，保障了贫困群众的话语权[③]。第三方组织通过构建指标体系、问卷访谈、实地考察和干部座谈等方式，对政策需求、项目进展、治理过程和治理结果等进行评估，

---

[①] 汪三贵、曾小溪、殷浩栋：《中国扶贫开发绩效第三方评估简论——基于中国人民大学反贫困问题研究中心的实践》，《湖南农业大学学报》（社会科学版）2016 年第 3 期。

[②] 张涛：《科技创新助推脱贫攻坚 第三方评估支撑精准施策》，《中国科学院院刊》2020 年第 10 期。

[③] 丁先存、汪卉卉：《安徽省精准扶贫成效第三方评估的实践研究》，《华东经济管理》2018 年第 8 期。

促使贫困治理工作更加精准有效。

进入后脱贫时代,我国农村贫困治理需要与乡村振兴、城乡融合等战略深度融合,完善评估体系,将贫困治理纳入乡村振兴统筹评估,优化第三方评估机制,使考核结果更具科学性和公信力。这就需要:一是完善贫困治理主体,打造一支专职评估队伍,强化资格认证和技能培训工作,加强对第三方评估机构的建设和科研投入,不断增强评估队伍的能力和素质。二是加强第三方评估的制度化、法治化建设。当前,相关法律法规仍没有对第三方评估的权利义务作出明确规定,二者仍然是"委托—代理"关系,这导致第三方主体仍然受制于委托方,其评估的独立性空间不够。因此,需要借助法律手段规范第三方评估主体的合法地位和具体的"权力边界",建立健全监督机制,防止第三方评估主体与委托方形成利益关联。三是促进评估方法和手段专业化,通过问卷和指标体系设计专业化、抽样专业化、信息采集专业化,提升评估结果的效用。在此基础上,加强考核结果利用,公开发布评估结果,使其广泛应用于提升治理成效和干部培养等方面。

### 三 扩大考核结果的运用范围

结果运用是考核评估的关键环节[1],考核评估的最终目的是有效运用考评结果。将考评结果运用好,能有效提升治理效能,促进问题整改,推进治贫工作的落实及相关政策的顺利推进,并达到预期目的,甚至超额完成任务。这就要求在贫困治理中,充分重视考评结果的运用,不断扩大考评结果的运用范围,推进奖惩措施的完善,总结经验教训,构建双向激励机制,优化调整政策,使工作沿着既定目标纵深推进,不断提升群众满意度和获得感。

(一)将考核结果与效能优化相结合

考评目的之一在于解决实际问题,并完善相关政策,进而提升治理效能。通过完善目标设定、过程管理、考核评估等环节找到贫困治理中存在

---

[1] 杨平瑋:《后脱贫时代反贫困研究——基于协同治理的视角》,中央民族大学出版社,2021年,第323页。

的问题,并及时整改。因此,不能为了考核而考核,不能因为考核结束就偃旗息鼓、消极懈怠,而应该采取有效措施运用好考核结果。这就需要将考评结果反馈给政府部门,由上级政府部门全面分析考评结果,总结经验教训,对于较好的政策,贫困村、贫困县和相关党政部门,应继续坚持实施和执行;对于存在的问题,积极反思并分析其产生的原因,及时对症下药,制定整改措施。通过考核找到治贫过程中出现的问题,进而加以解决,才能有效地推动贫困治理的可持续发展,达到考核的最终目的。值得注意的是,贫困治理的考核不是一次性完成的,需要阶段性地推进,并形成闭合的良性循环,进而不断优化治贫绩效。

(二) 将考核结果与奖惩激励相结合

脱贫攻坚期,习近平总书记就多次强调要注意考核结果的运用,实施严格的考核评估,完善奖惩制度。对作风不正、挪用公款的要严肃处理,对数字脱贫、形式脱贫的要严肃问责;[1] 对考核结果好的要给予表扬和奖励,以鼓励先进,激励后进。后脱贫时代,要继续将考核结果与奖惩机制相结合,激发干部群众干事创业的积极性。乡村振兴战略下贫困治理考核,更加注重从整体上考核乡村振兴,将乡村振兴的考核结果与县、村干部群众的工资薪酬奖惩制度直接挂钩,不仅能够促使考核更加有效,还能够调动各地发展乡村振兴和致富增收的积极性。就贫困县和村而言,对乡村振兴和贫困治理评估结果较好的县和村要加大资金支持力度和政策优惠,并予以表彰;而对于做得不好的县和村,要积极寻找原因,并提出批评,责令限期整改。就干部和责任人而言,对于在贫困治理中干出实绩的要给予表彰和物质奖励,对于在贫困治理中敷衍塞责、思想上不重视、工作上不得力的党组织和负责人要提出批评和自我批评,并减少绩效奖金或者工资降级。将个人利益和地方发展利益与考核相挂钩,才能激发其创造性、积极性,增强内生动力。

(三) 将考核结果与人才培养相结合

将考核结果与人才队伍建设结合起来,使其成为干部选拔任用、培养

---

[1] 习近平:《强化支撑体系加大政策倾斜 聚焦精准发力攻克坚中之坚》,《人民日报》2017年6月25日,第1版。

第七章 解决农村相对贫困的多维保障机制

教育、问责追责的重要依据,一方面保证了干部提拔和人才任用的有据可循和公平公正;另一方面,能够鼓励先进、鞭策后进,严厉治庸治懒,[①]调动基层干部工作的积极性和创造性,促进贫困治理成效的提升。人才队伍是乡村振兴和贫困治理顺利推进的关键。因此,将治贫绩效与人才队伍建设相结合,一方面推动完善人才队伍管理机制,另一方面完善贫困治理绩效考核机制。对那些在贫困治理中干实事、能干事、有实绩的干部及时提拔,反之,对那些态度不端、混日子、无实效的干部果断问责和清退,树立起选人用人的鲜明导向,激发基层干部的干劲。对考核优秀的干部,提拔任用的同时,要树立典型示范作用;对考核结果不理想的干部要加大思想政治教育和能力培训力度;对考核结果较差、有作风问题的干部要严厉批评,并进行职位调整甚至清退。要将考核结果运用于干部的日常管理中,使其在日常工作中牢记工作任务和原则。当然,领导干部的选拔是少数,而对于做得较好的普通干部,要注重精神和物质激励。[②]

---

[①] 《党政领导干部考核工作条例》,人民出版社,2019,第18~19页。
[②] 万君、张琦:《制度设计及影响:贫困县考核机制效果评估——基于贵州省的实证研究》,《贵州社会科学》2016年第2期。

# 结　语

"共同富裕是社会主义的本质要求,是中国式现代化的重要特征。"[1]一百年来,在中国共产党的带领下,我国"全面建成了小康社会,历史性地解决了绝对贫困问题"[2],走出了一条中国式贫困治理现代化道路,为发展中国家反贫困提供了"中国范本""中国经验"。绝对贫困问题的解决意味着我国在实现共同富裕的道路上前进了一大步,但并不意味着贫困问题的彻底消除和贫困议题的终结,而是意味着相对贫困问题成为实现共同富裕的主要难题。只有有效解决相对贫困问题,才能真正实现共同富裕。在实现共同富裕的新征程中,如何破解中西部原深贫区返贫风险高、全国城乡区域发展差距大、农村增收可持续性低等现实问题,是当前解决中国农村相对贫困问题的现实关切点和主要着力点。

党的十九届四中全会提出,要"建立解决相对贫困的长效机制";2020年中央一号文件提出"将相对贫困问题纳入乡村振兴统筹安排",这为实现全面小康后解决相对贫困及长效机制的建立提供了根本遵循。鉴于此,本书坚持问题导向,以"解决农村相对贫困长效机制研究"为主题,以马克思主义关于贫困与反贫困理论和共同富裕理论为指导,从理论上分析解决农村相对贫困长效机制的必要性和可能性,并对我国农村相对贫困进行现实评估,从理论与实践、历史与现实维度建构了"理论认知-现实判断-机制建立"的研究思路,并从"识别-行动-保障"三个维度构建长效机制,从而促进我国解决农村相对贫困的一体化、常规化、现代化。

---

[1] 习近平:《扎实推动共同富裕》,《求是》2021年第20期。
[2] 习近平:《在庆祝中国共产党成立100周年大会上的讲话》,人民出版社,2021,第2页。

# 结 语

## 一 研究结论

按照"理论分析—现实分析—实践分析"相结合的研究思路,本书系统地分析了我国建立解决农村相对贫困长效机制的理论认知、现状研判以及国内外实践经验,构建了较为系统的长效机制,主要研究结论如下。

第一,对解决我国农村相对贫困长效机制的理论认知是研究的逻辑起点。从必要性来看,从贫困的内涵释义的"元问题"出发,本书认为无论是绝对贫困还是相对贫困,都存在一个"贫困内核",即"基本需要",绝对贫困的"基本需要"即满足维持正常生命活动所必需的生存需求;而相对贫困的"基本需要"可以理解为在满足最低生存需求的基础上,满足社会一般水准的生活和发展性需要。因此,绝对贫困与相对贫困的区别主要在于其"需要"的范围和程度不同。相对贫困的本质属性包括主观性、动态性、多维性和长期性,这些属性必然要求构建解决该问题的长效机制。随着我国历史任务从"全面小康"到"全面现代化"的转变,相对贫困的解决成为第二个百年奋斗目标的重要任务。从可能性来看,中国共产党的领导核心为其提供根本政治保障,社会主义制度优势和贫困治理体系为其提供制度保障,共享发展理念提供价值引领,绝对贫困的全面消除和实践经验为其提供经验借鉴,乡村振兴的全面推进是战略机遇,这些有利条件有助于解决农村相对贫困的长效机制的建立。

第二,对我国农村相对贫困的现实判断是建立长效机制的前提和基础。基于当前我国的历史定位、现实国情和具体实际,本书分析了我国农村相对贫困的总体状况、贫困归因和实践困境。通过制定农村包含货币与非货币的多维相对贫困标准,对中国农村相对贫困的现状进行了全景式描绘和分析,得出结论如下。①我国农村相对贫困人口规模大,贫困人口不仅面临收入贫困问题,而且消费贫困和其他多维贫困问题凸显,贫困人口主要分布于中西部农村地区,贫困人口来源多元。②我国农村相对贫困的基本特征为"五个并存"。随着贫困治理的转向,贫困的主体、空间、样态、元要素、趋势也随之改变,主体的多元化与动态性并存、空间上的集聚性和离散性并存、样态上的主观性与客观性并存、成因上的结构性与次生性并存、治理上的长期性与艰巨性并存。③我国农村相对贫困的形成是多种因素综合作用的结果，包括经济社会发展的包容性不足，不可抗力的自然和社会风险，新中国成立后的城乡二元结构所形成的制度性偏差，小农经济导致的贫困文化和能力欠缺，等等。④解决我国农村相对贫困面临着"四难"困境，即难识别、难持续、难均衡、难转换。

第三，解决我国农村相对贫困应构建识别监测机制、实践推进机制和多维保障机制。基于 CFPS 2018 数据对我国农村相对贫困现状的研判，"四难"困境和贫困治理的内在结构，本书从"识别-行动-保障"三个维度构建了解决农村相对贫困的识别监测机制、实践推进机制和多维保障机制。其中，识别监测机制是前提和基础、实践推进机制是关键抓手、多维保障机制是对前面两个机制的保障措施，三者缺一不可，共同促进农村相对贫困的解决。

就识别监测机制而言，基于国际社会现有贫困标准及其实践经验，根据数据可得性和我国农村实际，本书构建了包含货币与非货币的多维相对贫困标准，剥夺维度大于等于30%则为多维贫困。并且，基于该贫困标准对贫困区域、人口、致因和类型进行了分析。对贫困人口的识别是关键，要在识别中动态调整贫困标准，以历史和发展的眼光动态识别，整合多维数据避免农户信息失真，基于多元主体（政府、农民和社会）对贫困人口筛选进行监督。此外，要构建相对贫困监测管理机制，构建贫困监测平台，对重点人群进行动态监测，对贫困户进行"二次识别"，构建贫困人口动态退出机制。

就实践推进机制而言，构建解决农村相对贫困的实践推进机制是回答相对贫困"扶什么"的问题，基于相对贫困的本质内容，在推进举措上，既要涵盖"相对性"，解决不平衡的问题，又要涵盖"贫困"，解决不充分的问题，实现经济增长与社会保障的良性互动。基于我国农村发展"难持续""难均衡"的困境，乡村振兴战略是推动城乡均衡发展的必由之路，既能解决发展的"不均衡"问题，又能解决发展的"不充分"问题。集体经济是农村内部共同致富的根基，而加强农村"软硬件"建设，尤其是基

## 结 语

础设施建设和公共服务提升,能够为乡村振兴和集体经济提供支撑,是实现农村发展的前提和保障,可以解决"贫困"和"相对性",达到"可持续""促长效"的目的。①为全面推进乡村振兴,实现贫困治理的可持续性,需要从城乡经济循环、农村产业发展、人才队伍培育、农村绿色发展以及文明乡风培育等举措出发,实现农村的可持续发展。②发展集体经济是跨越贫困的必由之路,要努力发展村集体经济,实现合作生产,促进农村居民的持续增收和农村全面发展。③加强农村"软硬件"建设,包括加强人居环境整治、基础设施建设、公共服务和社会保障制度,实现农村的发展和农民的兜底保障。

就多维保障机制而言,减贫行动的顺利推进,需要完善相关保障措施,加强力量保障和政策支持等,不断完善贫困考核机制,促进贫困治理效能优化,形成一体化循环管理。①坚持中国共产党的领导是解决农村相对贫困的根本保障,要不断完善党的顶层设计、领导体制、农村干部队伍建设。②构建起全社会力量参与的"多元治理共同体",坚持完善东西部协作和对口支援机制、完善机关单位定点帮扶机制、完善社会力量参与帮扶机制。③完善体系化的制度和政策支撑机制,如人才、土地、财政、金融和科技支撑政策。④加强对治贫成效的考核,这是贫困治理行动顺利推进的"指挥棒"、"温度计"和"质检仪"。在考核内容上注重目标、过程和结果的三维考核,在考核方式上加强动态监测和多元考核,在考核结果上,注重对其进行多方面运用,扩大运用范围。

识别监测机制、实践推进机制和多维保障机制,既是相互独立的运行机制,又有机统一于贫困治理实践之中,三者共同推动着贫困治理的螺旋式上升。

第四,中国建立解决农村相对贫困长效机制的价值旨归是实现共同富裕。本书分析阐释了相对贫困的概念内涵、理论来源、现实研判、贫困归因、实践困境和机制建立,但更加需要明确的是我国解决农村相对贫困的最终目的是什么,即相对贫困的"元问题"是什么,这是我国解决农村相对贫困的最终归宿。社会主义制度本身就要求消除贫穷,实现共同富裕。中国共产党的性质和宗旨也要求最终实现共同富裕。习近平总书记指出,

"共同富裕本身就是社会主义现代化的一个重要目标"①。脱贫攻坚战的胜利，为最终实现共同富裕目标打下了坚实的基础，但实现此目标还需要继续巩固脱贫成果，缓解相对贫困，在高质量发展中实现共同富裕，在共享发展中实现共同富裕。

## 二 研究展望

相对贫困问题是一个复杂的系统工程，需要研究者具备深厚的跨学科知识并深入中国农村进行社会实践、了解我国农村现实情况。受笔者学识和能力的限制，本研究还存在一些不足，仍需在今后进一步深入思考完善。其一，相较于理论阐释和定性分析，实证调查和定量分析不足。相对贫困问题是一个涉及社会学、经济学、管理学、政治学的跨学科问题。本书基于马克思主义理论的视角开展分析，未开展大规模实证调查，因此没有获得一手数据对贫困的现状进行定量分析。其二，贫困标准的制定可能存在局限。本研究基于国内外实践经验以及数据可得性制定了我国2020年后的多维相对贫困标准，但在具体指标的选取和阈值的设定方面可能存在适切度不够、全面性不足和设置不合理的问题。贫困标准的制定是一个复杂问题，需要运用多学科知识，并充分掌握我国贫困现状，积极参与贫困治理实践，未来需要进一步完善相对贫困标准的维度和指标。只有构建科学合理的指标体系，才能更加精准地识别我国农村相对贫困人口，在此基础上制定有针对性的治理策略。其三，研究层次不够多样。在理论研究、经验研究和机制构建层面主要从宏观和中观层面进行分析，对中观和微观层面的地方性实践探索的分析不足。因此，本书的重点是对中国农村相对贫困的概况做一个理论认知和基本判断，并基于此提出整体性解决相对贫困的长效机制。

解决相对贫困是一项长期且艰巨的任务，需要持续不断地进行系统研究。基于本书的不足，未来还需要着重从以下几个方面进行努力。

第一，加大对贫困状况和归因的实证研究。相对贫困具有动态性，因

---

① 《习近平著作选读》第二卷，人民出版社，2023，第140页。

此，对贫困状况和归因的分析也需要动态进行。今后，要进一步加强实证调研，在获取一手数据的基础上，对贫困人口多维贫困表现和多种影响因素进行分析，对影响较大的因素开展重点分析，并对症下药，靶向治疗，找到更科学精准的方法，推动相对贫困的有效解决。

第二，深化对多维相对贫困标准的识别研究。相对贫困标准的构建是治贫工作开展的前提。因此，要不断深化贫困标准研究，构建科学且符合我国实际的相对贫困标准。具体而言，不断深挖相对贫困的意涵，紧扣贫困人口的生活需求和真实困境，可以在制定相对贫困一般标准之后，基于不同人群、不同区域调适完善多维相对贫困标准，以精准识别农村相对贫困人口。在此基础上，加强对相对贫困人口的动态识别，收集跟踪调查数据，分析农村相对贫困人口的变化趋势，剖析不同识别维度和指标的变化特征与贫困贡献率的变化，有助于动态调整解决相对贫困的机制，提升治理效能。

第三，加大对相对贫困群体类别的研究。我国目前的相对贫困群体主要有老人、儿童、妇女等特殊贫困群体以及农民工等。在现有研究的基础上，要分析不同类别贫困群体的致贫原因，通过案例分析聚焦微观个体的真实情况，从而精准分析不同群体的贫困现状和贫困归因。例如对农村老年人进行跟踪调查，一方面深入分析致贫原因和贫困表现，另一方面不断调适老年人的社会保障政策；继续深化对农民工群体的相对贫困研究，农民工群体是我国的特殊群体，处于城乡治理的"夹心"阶层，要有针对性地研究和治理。因此，在研究相对贫困时，其中较为重要的是针对具体群体的相对贫困开展深入研究，基于每一类型群体的特殊需求制定不同的解决对策。

第四，基于不同"区域情"进行差异化研究。贫困的生成极其复杂，既受地理空间的影响，也受经济发展的约束。因此，解决我国农村相对贫困要立足各区域自然和经济条件，探索各地解决农村相对贫困的具体路径。本书将我国的31个省（区、市）分为东部地区、西部地区和中部地区。尽管就全国而言，健康状况、养老保险、炊用燃料、耐用消费品、饮水安全、人均纯收入、失业情况和信息获取等指标的贫困发生率相对较高,而住房、医疗保险和儿童入学等指标的保障相对较好,但不同地区在不同维度存在剥夺程度的差异,如东部地区的消费贫困、就业贫困、养老保障贫困等发生率更高,而西部地区的收入、生活条件、受教育程度等方面贫困发生率更高。因此,要基于"农情"、"区域情"和"省情",探索出符合实际的贫困解决机制,抓住主要矛盾对症下药,这也是笔者今后继续开展研究的方向。

第五,关于共同富裕和相对贫困在何种程度上是"实现和解决了"。习近平总书记在谈到共同富裕的内涵时指出,共同富裕不是平均主义,而是将差距"缩小到合理区间",而相对贫困也是发展差距超过"一定范围"或者"一定程度"才产生,目前学术界未对"合理区间"和"范围"作进一步的阐释,需要对此进行深入挖掘、系统论证,为共同富裕的实现和相对贫困的解决提供前提条件。

尽管目前我们迈向共同富裕还面临着诸多挑战,如发展的质量不高、农村的基本公共服务水平还有待提升等,但在中国共产党的领导下,在制度优势的引领下,不断完善收入分配格局、促进经济发展质量提升、保障和改善民生,实现共同富裕将成为不远的现实。因此,在未来解决相对贫困的实践和研究中,要始终不忘初心、脚踏实地、久久为功,不断研究"真问题",解决"真问题",才能完成我国第二个百年奋斗目标,并真正实现共同富裕。

# 后 记

从"大同社会"到"乌托邦",对幸福美好生活的向往是全人类孜孜不倦的追求。人类社会的历史就是一部不断与贫困作斗争并摆脱贫困的历史,从古至今反贫困斗争是人类从未间断过的社会历史性活动。纵观古今中外,无论一国的社会性质、价值取向和政治体制如何,反贫困一直都是其执政的重要目标。消除贫困、改善民生、实现共同富裕,是社会主义的本质要求,是我们党的重要使命,也是中国式现代化的重要特征。站在全面推动共同富裕和实现中国式现代化的新征程上,解决相对贫困成为实现共同富裕和社会主义现代化的关键一步和现实难题。而城乡发展不均衡、农村发展不充分的矛盾使得农村相对贫困成为推动共同富裕最薄弱、最艰巨且最易突破的地方。因此,解决农村相对贫困成为新发展阶段实现共同富裕的关键抓手和时代课题,这也是本书的研究缘起。

本书源自我的博士学位论文《中国解决农村相对贫困的长效机制研究》。站在"两个一百年"奋斗目标的历史交汇期,研究新征程、新阶段的贫困新形态,具有重要的理论与现实意义。对贫困问题的研究旨趣也源自我对贫困的切身感受。20世纪90年代,我出生于川东北国家集中连片特困地区——秦巴山区国家级贫困县的一个小山村,见证了这一国家级贫困县的发展蜕变过程,也感受到该县从绝对贫困到相对贫困的转变。改革开放以来,随着城市的大门向农村开放,许多农民纷纷涌入城市,我国特有的职业"农民工"应运而生,他们在光影交错的城市之中找到自己的一席之地,而我的父母也成为其中的一分子。从我记事起,他们便常年外出务工,成为"候鸟式"农民工,只有农忙时节或者新春佳节才会回来,我被贴上了"留守儿童"的标签,陷入爱的"相对贫困"。幸运的是,在20多年的求学过程中，诸多良师益友和家人的扶持与帮助，让我能够顺利完成学业，走上了想走的路！在此，我要特别感谢我的导师四川大学马克思主义学院王国敏教授，在博士学位论文选题、框架确定和写作的过程中对我的悉心指导；感谢四川大学马克思主义学院纪志耿教授、杜黎明教授、刘肖教授、王彬彬教授，电子科技大学的邓淑华老师，西南财经大学的曾狄教授给我的意见和建议；特别感谢罗静、工元聪、唐虹、翟坤周、工小川等师兄师姐对论文修改提供的帮助和建议；感谢社会科学文献出版社的谢蕊芬老师与李会肖老师为出版拙著付出的辛勤劳动！

  成书之路是一个艰辛的过程，由于笔者的学术能力和水平有限，本研究还存在不足之处。书中的观点仅是笔者个人的观察和思考，恳请同行、读者批评指正。

何莉琼

2023 年 8 月 24 日

## 图书在版编目(CIP)数据

解决农村相对贫困的长效机制研究 / 何莉琼著. --
北京：社会科学文献出版社，2024.11（2025.9 重印）
ISBN 978-7-5228-2657-8

Ⅰ.①解… Ⅱ.①何… Ⅲ.①农村-扶贫-研究-中国 Ⅳ.①F323.8

中国国家版本馆 CIP 数据核字（2023）第 200606 号

### 解决农村相对贫困的长效机制研究

著　　者 / 何莉琼

出 版 人 / 冀祥德
责任编辑 / 李会肖　胡庆英
责任印制 / 岳　阳

| 出 | 版 / 社会科学文献出版社·群学分社（010）59367002 |
|---|---|
| | 地址：北京市北三环中路甲 29 号院华龙大厦　邮编：100029 |
| | 网址：www.ssap.com.cn |
| 发 | 行 / 社会科学文献出版社（010）59367028 |
| 印 | 装 / 北京盛通印刷股份有限公司 |
| 规 | 格 / 开 本：787mm×1092mm　1/16 |
| | 印 张：19　字 数：290 千字 |
| 版 | 次 / 2024 年 11 月第 1 版　2025 年 9 月第 2 次印刷 |
| 书 | 号 / ISBN 978-7-5228-2657-8 |
| 定 | 价 / 128.00 元 |

读者服务电话：4008918866

▲ 版权所有 翻印必究